本书为『中日历史问题译丛』系列图书之一

田中义一

日本总体战体制的始作俑者

〔日〕缬缬厚 著

顾令仪 译

社会科学文献出版社
SOCIAL SCIENCES ACADEMIC PRESS (CHINA)

作者简介

纐纈厚

1951 年生，日本近代政治史、军事史学家。日本一桥大学政治学博士。山口大学前副校长、理事。现为山口大学名誉教授、东亚历史文化学会会长、殖民地文化学会理事，辽宁师范大学客座教授。主要著作如下。

『総力戦体制研究』（三一書房、1981）

『日本海軍の終戦工作』（中央公論社・新書、1996）

『日本陸軍の総力戦政策』（大学教育出版、1999）

『侵略戦争 – 歴史事実と歴史認識』（筑摩書房・新書、1999）

『近代日本政軍関係の研究』（岩波書店、2005）

『虚構の聖断と昭和天皇』（新日本出版社、2006）

『田中義一 総力戦国家の先導者』（芙蓉書房出版、2009）

『現代の戦争』（岩波書店、2003）

『集団的自衛権容認の深層』（日本評論社、2014）

『逆走する安倍政治』（日本評論社、2016）

《日本军国主义的过去与现在》（吉林文史出版社，2008）

《我们的战争责任——历史检讨与现实省思》（人民日报出版社，2010）

《何谓中日战争?》（商务印书馆，2012）

《近代日本政军关系研究：日本发动侵华战争的历史渊源》（社会科学文献出版社，2012）

《"圣断"虚构与昭和天皇》（辽宁教育出版社，2015）

序章

走上陆军军人之路

两个田中首相

在日本的历届首相中，有两个田中首相。

估计多数日本人都会马上想到田中角荣，他提出了"日本列岛改造论"，用他那独特的腔调博得了人气。

本书的主人公则是另一个田中首相。他就是昭和时代第一任总理大臣——田中义一。

田中义一是距今约80年前昭和初期军人出身的首相，与声名显赫的田中角荣首相相比，留给人们的印象大概早已非常淡薄。

但是，这两个田中首相是有若干共同之处的。田中角荣本是新潟县长冈市一个农民的儿子，却攀上了最高权力者的宝座；田中义一不过是长州兵营轿夫的三儿子，入伍陆军后竟扶摇直上，最后当上了首相。

由于这样的经历，田中角荣曾被称为"庶民宰相""当代丰臣秀吉"，他一就任总理，就在一般民众中获得了极高的人气。田中义一则操一口山口方言，说到自己总是"俺""俺"的，被叫作"俺俺首相"，也是在平民百姓中极有人气的。

田中角荣表面看起来大大咧咧，实际上心里致密的盘算无异于计算机，有着引率世事的能力。同样，田中义一表面看起来也是不太在乎细枝末节，可实际上却不放过任何一个有意义的情报。

田中义一是个军人，但是很早就对政治、经济、教育乃至思想意识等非常关心。同样，很早开始，他就不只是在军界，而且在政界、财界、官僚阶层等各个方面搭建起人脉关系。从而，他构思出了把政治、经济、教育等领域与军事统合起来的国家战略。

也是由于受到第一次世界大战的影响，20世纪20年代的日本，成为"大正德先生（大正民主）"的时代。摒弃战争、促进民主、要求普选的运动蓬勃发展，1925（大正14）年5月5日还颁布了《普通选举法》。在这样一个时代，军事要发挥一定的作用并得到国民认可，是件极其困难的事。

举国为战的战争形态出现后，对于在第一次世界大战之后看到这点并想尽快构筑举国为战国家体制的军事官僚们来说，大正时代明显是个逆风的时代。在这种气候下，要想一步步构筑举国为战国家体制，必然会想到一定要使军事和其他领域联合起来甚至融合起来。

田中义一比较早地认识到了这个问题，并且利用各种机会宣传他构筑举国为战国家体制的主张。作为一介武夫当上伊藤博文所组织的政友会的第四代总裁，最后担任了总理大臣，其背景正在于他是构筑举国为战国家体制的先导者。

为什么对田中评价不佳

就是在田中义一及其政友会执掌政权的时候，发生了炸死张作霖（1928 年 6 月）却编造谎言上奏天皇的事情，这使天皇勃然大怒。田中义一虽然志向未酬，也只能放手政权。这实在是他始料未及的。而被称为"满洲一起重大事件"的炸死张作霖事件，是田中义一之出身母体——日本陆军的激进派军官一手炮制的。

田中义一计划构筑的举国为战国家体制尚未完成，就被其同伙扯了后腿。在此期间陆军所犯的罪行，身为陆军总头目的田中难脱干系。因之，其身后评价不高。

不仅如此，作为田中乡党的长州（山口）籍的将官也都因此未能再任军中要职。过去在陆军中枢部门任职的长州籍者，以这个事件为转折开始遭到冷遇。

对于田中义一的评价，就是到了今天，也因他曾使天皇震怒这一事件而极为不佳。敢于对天皇谎奏，当然要遭到批判。但是，出现这种情况，实实在在是由于当时势力渐长的日本陆军尤其是关东军，已经开始拥有极大的发言权。

编造谎言上奏天皇，与其说是田中义一的本意，不如说是受到陆军军官们的压力不得已为之。田中应该负的责任是他未能抵制住军方的压力。考察田中义一的所作所为时，无视当时军方激进派的动向，恐怕也是不对的。

还有一件事给田中义一带来很大的负面影响，那就是所谓的"田中奏折"。

很长时间以来，一直有一种看法，认为田中义一亲手炮制的所谓"田中奏折"是后来侵略中国的蓝本，田中义一就是侵略中国的主谋或发起人。

战后，在学术界中也展开了"田中奏折"真伪之争。时至今日，"田中奏折"的真实性已经被否定了。然而，把田中义一视为亚洲太平洋战争主谋之一的声音依然很大，这是因为田中所铺设的举国为战国家体制之道路，与不久之后发生的满洲事变①有着密切的关系，而且也成为日中两国 15 年战事的起点。

的确，是田中义一所构想的举国为战国家体制把日本引上了战争的道路，这一点我也赞成，不过我还想附加一些保留意见。

不管是在战前还是战后，日本社会对于田中义一的评价，基本都是负面的。"三一五"镇压共产党事件、三次出兵中国山东、炸死张作霖的皇姑屯事件（所谓"满洲一起重大事件"）等都与田中义一有直接的关系，从而给人一种感觉，即田中义一就是日本军国主义的先导者。

———————

① 即九一八事变。

由田中义一奠定基础的举国为战国家体制，后来变得完全由军部掌控了，从而赤裸裸地暴露了完全依赖军事力量的实质，无论对内对外，都根本不重视运用政治去进行调整、交涉这一合理手段。

20世纪20年代即"大正德先生（大正民主）"时代，换言之，正是民主主义、和平主义扎根日本之时。而田中义一所标榜的举国为战国家体制的构想，可以说不仅渗透了军界，而且扩大到了政界、官僚阶层以至财界，从而使日本走上了战争的道路。

那么，20世纪20年代对民主主义和和平日渐关心的日本，怎么会转变成30年代军国主义和战争之日本呢？通过田中义一的政治生涯探讨这个问题，应该是很有必要且颇有意义的。

因此，本书打算暂且把因"日本军国主义现形"而臭名昭著的田中义一以及对他的评价放置一旁，从客观的立场看一看在大正至昭和初期的政治军事史上，田中义一究竟占有怎样的地位。

在讨论这个问题之前，先简单介绍一下田中义一是如何走上帝国军人之路的。

出生地——萩

明治维新开始5年之前的1864（元治元）年六月

二十日，田中义一出生于山口县萩南片河町（菊屋横町），其父田中信佑是担任"陆尺"（轿夫）的长州藩的一个小兵，处于士兵中的最下层。其母名美世。

现在的萩市，距山口县的政治经济中心山口市车程不到一个小时，已经成为一个以"萩烧"（萩市特种陶瓷）和观光旅游地闻名的山阴地区中小城市了。

1600（庆长五）年关原会战之后，原来称霸中国地方的毛利手中只剩下防州、长州两个州了，于是就把驻地定在了面朝日本海的边境小城——萩。

修建萩城用了3年8个月。但随1863（文久三）年移驻山口（现山口市），萩城被废弃，现在只剩下以郁郁葱葱的指月山为背景的断壁残垣了。

稍稍让人觉得不可思议的是，田中义一的出生地至今还留下了一角，位于环绕菊屋家（萩藩豪商）白墙的小巷（菊屋横町）的中段。而菊屋家是到萩市旅游者必去的地方。

讲明治维新史时不能不提到的奇兵队指挥官高杉晋作也出生在菊屋横町这条小巷上，参观高杉晋作出生地的旅游者络绎不绝，而相距不过百米的田中义一出生地，却是无人问津，形成了鲜明的对比。

在田中义一出生地立着一块不大显眼的牌子，如果不注意去找，很可能发现不了。牌子上写着：

田中乙熊于文久三年出生于此处，为幕府末期藩主轿夫田中信佑的三男。乙熊三岁时迁至平安古，长大成人后改名为义一。十三岁时成为新堀小学校的代课教师（非正式教师），在此期间参加了荻之乱，后进入陆军大学。大正七年后任陆军大臣，后晋升大将，再次任陆军大臣。大正十四年就任政友会总裁，昭和二年任总理大臣，并兼外务大臣、拓务大臣①。

从田中义一出生地沿菊屋横町走50米左右就到了吴服町大街。向左拐就能看到有一尊田中义一像立在高高的基座上。这尊田中义一像立在名叫素水园的一个小公园里，这里距离田中义一出生地直线距离不到300米。现在，素水园已经修备得非常漂亮了，荻市博物馆等均在此开馆，通往荻城遗址的交通也十分方便。建有田中义一立像的广场与荻城遗址之间的距离看上去也大大缩短了。

吴服町大街是一条笔直的大街，从菊屋家通向荻城遗址。就像在对未曾关注田中义一出生地和田中义一其人的游客发出呼唤一样，田中义一立像恰恰矗立在这条大街之中，挡住人们的去路。立像上田中义一的面部表情十分安详，略呈笑容，仿佛是在沉静地等候世人对自己一生的评价。

---

① 拓务省是日本政府1929（昭和4）年至1942（昭和17）年设置的机构，除掌管日本殖民地之统治事务、监督外，也负责监督南满洲铁道株式会社、东洋拓殖株式会社的业务，处理海外移民、殖民事务。其最高长官为拓务大臣。——译者注

图1　素水园中的田中义一像

田中义一立像上有个牌子写着"田中义一大将之像"几个字。这座像是萩町大正会立的。据萩市观光旅游科介绍，1932（昭和7）年3月21日，作为田中义一后援会的大正会建了一座田中义一立像，田中穿的是军装。二战中，准确地说是1944年，由于战争物资紧缺，日本政府命令民众把金属全都捐献出来，那座田中义一立像也未能幸免。现在的田中义一立像是1963（昭和38）年2月17日重新立的，田中穿的不再是军装，而是大衣。

说到穿军装的雕像，在萩市还有与田中义一很有关系的山县有朋的雕像。这座像立在萩市市民公园里，是凭雕刻长崎原爆公园和平纪念像而名声大作的雕刻家北村西望在二二六事件发生的1936（昭和11）年，应陆军青年将校之请创作的。雕像上的山县，是其任第一军司令官率兵出征时的形象，当时正值日清战争，① 曾经担任过总理大臣的山县有朋自告奋勇要求出战，所以雕像上山县穿着军装，骑着战马。1992年以前，这座雕像一直放在东京都武藏野市井头公园内北村雕塑展览厅的大门口。后来应萩市的要求，才把这座雕像移到了现在的地方。两座雕像距离一公里，遥遥相对，但是一个穿军装、一个穿大衣，形成了鲜明的对照。

---

① 即甲午中日战争。

山县有朋自从担任总理大臣之后，正式场合向来都是穿军装。不管是从留下的照片看还是从相关资料看，他不是穿军装就是穿和服。反之，田中义一从就任政友会总裁当天起，就痛痛快快地脱下了军装，换上了西服。

不知道是由于时代变化还是由于两人性格的差异，田中义一和山县有朋做派大不一样。山县当了总理大臣之后也还是把自己看成武士，拒绝穿西服，正像他讲话时候老是自称"一介武夫"一样。山县是个沉默寡言的军人，是个让人感到不好接近的孤高人物。与山县相反，田中义一话比较多，从保存至今的录音资料也能看出田中善于言谈。有一部纪录影片内容是田中义一在帝国国会的就职演说，他从头到尾不看稿子，左手背在身后，目光环视全场，侃侃而谈，滔滔不绝。田中的口才之好，是历届总理大臣中绝无仅有的。这部纪录影片现在在萩市的田中故居还可以随时看到。田中演说的内容姑且不说，我们可以从中看出田中的做派，这种做派不像军人，有这种做派的人在军人当中是很少见的。那么，田中义一的这种做派又是怎样形成的呢？这里我们就看一看他是如何走上军人之路的。

走上帝国军人之路

明治维新以后，以做雨伞、卖雨伞为业的田中家已经不可能全家都再沿着祖业发展了。田中家的老三田中义一必须离开家走自己的路，这是迟早的事。

少年时代的田中，谈不上什么一帆风顺。他很顽皮，这好像早已是定论。萩市是个教育很发达的地方，拥有很多非常好的私塾，最有名的就是藩校名校明伦馆。然而，田中义一却并未能顺利地找到学习的机会。或许，说他非常顽皮就是由此而来。

田中义一11岁时当了江向户长役场①的杂工，接着得到进育英塾学习的机会，得以师从著名汉学家冈田谦道。13岁时被新办的一所小学新堀小学校录用为代课教员。第二年，由他当时的老师石部诚忠（桂太郎的表弟，后来担任过冈山县令）推荐，离开萩市，当了时任长崎法院法官笠原半九郎的书童。这是1879（明治12）年4月的事。

据田崎末松《田中义一评传》（『評伝田中義一』）一书，田中义一就是在笠原半九郎处熟读了《资治通鉴》《韩非子》等中国古典著作。这是受了他在萩市时的老师石部诚忠的影响。石部诚忠认为，根据吉田松阴"应割易取之朝鲜、满洲、支那"的观点，田中应该增加对中国的了解和关心。

田中义一为什么把军人作为终生职业呢？许多评传的观点是，要想"割易取之朝鲜、满洲、支那"，做军

---

① 大致相当于街道办事处或者区政府。——译者注

人是最合适、最直接的道路。然而，这种看法只不过是一种推测，因为我们在田中义一的函件等文字记录中，没有发现他谈到过吉田松阴。田中义一对中国的"关心"，其精神土壤中如果说有吉田松阴的影响，也只是这个观点引起了他的兴趣。

田中义一20岁时，具体而言，是1883（明治16）年2月16日，进入了当时位于东京霞关、旨在培养基层军官的陆军教导团炮兵科，终于迈出了成为帝国军人的第一步。同年8月，参加陆军士官学校（简称"陆士"）的入学考试被录取，于12月8日进入该校步兵科学习。由此，田中义一走上帝国陆军军人之路。田中义一后来成为军官中的顶尖人物，最后登上很高的位置，拥有至高的权力。可是，他在走上这条路之前，绕了很大的圈子，经历了不少磨炼。

战前，陆军所需干部的培养、补充渠道，是从陆军幼年学校到陆军士官学校，再到陆军大学。但是这个制度是明治29年前后才建立起来的。为日本陆军奠定基础的山县有朋、大山岩、乃木希典、桂太郎等这些活跃于明治维新的长州人，都没有上过正规的军事院校。从"兵学校"（1867年创立，后改为"兵学所"）、"兵学寮"（1869年创立）等进入陆士学习的例子是后来才出现的。其代表人物有在日俄战争中战功卓著的儿玉源太郎、曾任首相的寺内正毅等军人。

图2 教导团学生时代的田中

田中义一等人结束了陆士的学习之后，一步步成为日本陆军的干部。从陆军干部的培养补充制度上看，若把山县有朋等看成第一代，把儿玉源太郎等算作第二代，田中义一等则是第三代。这一代一般是指陆士原第1期到第11期的军人。就是在田中义一毕业的前后，陆军士官学校的制度逐渐确定下来了。

军中历练

1883（明治16）年12月，田中义一从教导团到了陆军士官学校上学。采用同样办法进入陆士的只有少数人，不过其中不乏军界知名人物，如河合操（大分县人）、桥本胜太郎（岐阜县人）、柴胜三郎（茨城县人）等。和田中义一同期进入陆士的有大庭二郎（山口县人）、山梨半造（山梨县人）等。

在陆士上学期间，田中义一的学习成绩并不很出色，在200个学员中，只能排到第40位。他的同学、后来当了大将的大庭二郎说：论学习成绩，田中义一不能说好，他不是不行，是不愿意追求分数，不好好学，他要是好好学，肯定成绩好；田中热心助人，像个大哥，或者说像个领导似的（高仓彻一编『田中義一伝記』下）。

1886（明治19）年6月25日，田中义一从陆士毕业，当上了步兵第一联队（驻东京）的少尉。从少尉升到中尉，通常需要 4 年半乃至 5 年的时间，但是田中义一只用了 3 年半，此后更是官运亨通，青云直上。在晋升为中尉的同时，他获得了去陆军大学（陆大）学习的机会。

在陆军大学学习期间，田中义一也还是跟在陆士学习时一样，对课堂教学无甚兴趣，在战术、兵学等课的讨论中，他常常对所提问题给出与众不同的答案，而不拘泥于课本。当时的一个教官曾经说过：田中义一在率兵实战方面是有天才的，至于高等战术、兵学等课程，他学得并不好（保利史华『宰相となるまでの田中義一』）。

据说，后来田中义一除了官府公文之外，只读传奇小说。他不太擅长致密严谨的言辞，而是靠从容淡定、宽让大度的为人建立了很好的人际关系，由这一点也可以得到旁证。

1892（明治 25）年 12 月，田中义一陆大一毕业就担任了第一师团的副官，接着参加了 1894（明治 27）年爆发的日清战争。同年 8 月 30 日，田中义一所属的第一师团接到命令，一个半月之后的 10 月 16 日就从广岛县宇品港出发了。第一师团登陆后直接进入战斗，相继攻陷大连、旅顺。在此期间，田中义一屡建战功，当年 12 月 8 日便晋升为步兵大尉，调任第二旅团副官。第二年日军班师回国，1895（明治 28）年 5 月 21 日，田中义一经广岛县宇品港回到了东京。

参战之前，田中义一奉命制订了第一师团的战斗动员计划，这个计划获得了很高评价，成为战争期间的基本文件，被认为可以用于日俄战争。后也真的被用作对俄战争的内部动员文件。可见田中义一在当时已经被认为是陆军的优秀人才。

1896（明治29）年10月27日，田中义一被任命为参谋本部第二部干部。此后还担任过步兵第三联队长（1907年5月）等野战军指挥官官职，基本上活跃在陆军的中枢机关里。

田中义一缺少一个利于前途的条件，那就是他没有留过学，而许多优秀的军官都去德国留过学。不过，有一个机会做了弥补。他的上司、参谋本部第二部部长田村怡与造大校让他去了俄国。派他去俄国的原因也不难想象——当时日本和俄国的关系紧张起来了。日本方面在日清战争中打了胜仗，事实上已经把朝鲜半岛控制在了自己手中，而俄国方面在伺机侵入中国东北以攫取不冻港。在这种情况下，想要探听俄国的动向是理所当然的。能否摸清真实情况姑且不说，只要能去到敌对国俄国，让众人承认他是个"俄国通"，田中义一在陆军内的地位就会大大提高。

任驻俄武官时期

考察田中义一的早期经历，可以发现有几件事决定了他以后的政治行动、政治资质。其中特别值得注意的，就是田中义一在任参谋本部第二部干部（负责情报工作）时被派往了俄国。

图3　驻俄武官时代的田中

日清战争胜利后，日本要求清政府割让台湾、澎湖列岛和辽东半岛，而俄国联合德法两国对日本提出了劝告，希望日本放弃对辽东半岛的要求。日本很无奈地接受了这个"劝告"，这件事史称"三国干涉"（1895年4月）。

"三国干涉"之后，田中义一认识到将来和俄国必有一战，于是，根据参谋本部开始准备对俄作战计划的命令，担任了驻俄武官，目的就在于探听内情。

1898（明治31）年8月6日，田中义一抵达俄国首都彼得格勒，就任驻俄武官。直至日俄战争爆发前两年的1902（明治35）年4月底，田中在俄国生活了将近4年。这段时期的所见所闻，给他的社会观、世界观带来了很大影响。

据高仓彻一编《田中义一传记》（『田中義一伝記』），田中义一为了使自己像个俄国人，不惜一切地做了极大努力。他给自己起了个俄国名字，叫作"基伊奇·诺布斯克比奇·塔那卡"，不管走到哪里，都随身带着印有俄国名字的名片。他入了俄国的国教东正教，从外表到精神都成了俄国人。不仅如此，为了联络俄国人搞好人际关系，他还经常出入俄国贵族社会，在日俄战争期间，他和"军神"广濑武夫竟然学会了交谊舞——不止是像俄国人，简直彻头彻尾成了俄国人。

田中义一学会俄语以后，经常出去旅行，俄国各地无处不去。他亲眼看到了罢工运动，亲眼看到了政情不稳的种种景象，他知道革命的风暴即将来临。

田中义一能够很熟练地使用俄语，据说他后来担任首相兼外务大臣时，可以不用翻译而直接跟俄国大使举行会谈。

还有，在当时俄国陆军大臣库罗博特金大将（日俄战争时的俄方总司令）的特别安排下，田中义一被允许介入俄国陆军诺布奥丘尔卡斯克·亚历山大三世第一四五连队（驻屯彼得格勒）的工作，得以从内部仔细观察俄国陆军的实情。就是在那里，他看到了俄国官兵之间、军民之间缺少精神方面的沟通纽带，很不团结。

当时，参谋本部给田中义一拨有机密特支费，田中便大量使用这笔经费，用以沟通人脉、搜集情报，连战争时期俄军的运输计划也搞到了手。后来，他曾证言："在任驻俄武官时期，与我交往的人士中就有社会主义活动家。"不过这不足为信。不过，田中义一在彼得格勒任驻俄武官时期，倒确实是彼得格勒、莫斯科等地的社会主义团体和波兰的犹太人无产者同盟联合起来组成社会民主党，社会民主运动在俄国蓬勃展开的年代。这个俄国社会民主党的核心就是普列汉诺夫、列宁等人。据前面曾引用过的《田中义一传记》，田中义一当时亲眼看到了俄国全国各地频频发生的罢工运动，曾在后来的述怀中写道，"遇到几个运动领袖样的汉子，还和他们一起吃过饭"，不仅如此，还说有可能在西伯利亚或者普斯克夫跟列宁会谈过。西伯利亚是俄国的罪犯流放地，列宁就曾经被流放到那里，从那又回到了彼得格勒；普斯克夫是列宁曾经流亡过的地方。这都在暗示该书所说的"运动领袖样的汉子"中可能包括列宁。这些是不是事实，今天已经很难验证。但是，田中义一为了深入彻底地了解俄国内情，不管什么主义、不管怎样的主张，能接触到的人全都接触，这一点似乎是事实。可以说，田中义一联络人、建立人脉网的能力得到了充分发挥。

若干年后，田中义一担任了原敬内阁的陆军大臣，参与了以摧毁新生苏维埃为目的的西伯利亚出兵计划的制定，还支援过苏联境内的反革命势力，这些都利用了他当驻俄武官时所获取的情报和建立的人脉网。

田中义一在俄国还学习到了很多东西，例如，既学习了如何鼓动革命运动，也学习了怎样防御革命运动；看到俄国军民关系不好，也懂得了搞好军民关系的重要。这些都在他后来当陆军大臣和总理大臣时发挥了作用。不少政策的制定就参考了这些经验，还有一些付诸实施了。下面的章节中还会涉及这些内容，这里只举个例子。在镇压共产党（三一五事件、四一六事件）、压制劳动运动、扩充在乡军人会和青年团组织等行动中，他提出并力行"良兵即良民"的主张，并且对全民普及国防思想表示了极大的兴趣。

　　就是这样，田中义一在日本近代进程中寻找着施展自己才能的机会，在这个时代，日本政府、日本陆军以及国内外的政治环境究竟如何，以下几章将做具体分析。

第一章

大陆国家之构想

北守南进论

我们首先考察一下日清战争（1894～1895 年）到日俄战争（1904～1905 年）前后日本大陆政策的大致形成过程。

山县有朋有"陆军太上皇"之称，而且不论在政界还是官界都拥有与伊藤博文旗鼓相当的实力，那么山县有朋提出的"大陆国家日本"论究竟内容如何？让我们以时间为轴来看一看。

首先，可资参考的是 1871（明治 4）年时任兵部大辅的山县向明治政府提交的《军备意见书》。山县有朋一边提倡采用征兵制，一边强调要针对俄国扩充军备，并且很早就提出了北进论。

之后，山县有朋在 1890（明治 23）年的《外交政略论》中论述了朝鲜半岛才是日本的"利益线"，日本有必要在俄国占领朝鲜前使朝鲜成为日本的领土。事实上，山县的这一理论通过日清战争得到了具体实践。在1895（明治 28）年的《军备扩充意见书》中，山县写道："欲进而成为东洋之盟主，必先考虑拓展利益线"（『山県有朋意見書』）。

此后，日本因"利益线"在中国满洲与俄国发生冲突，双方以满洲为战场进行了战争，即日俄战争。尽管日本只是险胜俄国，但山县以这次胜利为基础，开始进一步推行他的"拓展利益线"政策。

日清战争中日本大获全胜，使得日本陆海两军在政治上获得了更大的发言权。例如，政党为了扩张势力于1897（明治30）年10月制定的《台湾总督文官案》，就因军队的反对而落空；此外，1900（明治33）年5月，军队又成功地使原本退役军人也可以担任军部大臣的制度，变更成只有现役军人才能出任军部大臣的"军部大臣现役武官制"。

与军队在政治层面的活跃相对应，该时期分别统率陆军、海军的山县有朋和山本权兵卫，凭借陆海军内部一贯由藩阀进行统治的传统，极大地强化了二人对日本政界人事和政策的影响力。

日清战争后，日本将从清王朝掠夺来的战争赔款拨给军队，使山县和山本统率的陆海军得以真正实施大规模的扩军。第10次议会上通过了海军"六六舰队计划"，陆军则着手将平时的7个师团扩充近一倍，变为13个师团。

那么，这个时期海军和陆军的战略方针到底是什么呢？其实并非如我们此前所想，日本在日清战争之后并没有直接形成对俄作战的设想。

虽然海军和陆军是以准备对俄作战为理由实施大规模扩军，但日清战争之后军队及政府共同考虑的国家战略，是以对俄"融和"①、分割中国为主体的"北守南

---

① 所谓"对俄融合政策"，是指日本将中国东北的控制权让给俄国，换取对朝鲜半岛控制权的政策。日俄战争之后，日本不仅拿下了朝鲜半岛，而且将中国东北变成其继续侵略的桥头堡。——译者注

进"论。

作为陆军的"太上皇",拥有绝对权势的山县有朋在这一时期的《朝鲜政策奏折》(1894年11月7日撰)和《关于征清作战奏折》(1894年12月撰)中都主张积极侵略中国。日清战争的胜利更是推动了对俄融和论,形成了构建一个范围由中国到印度,囊括整个东亚和南亚的大陆国家的设想,即"大陆国家日本"论。

由于德国、法国、英国的干涉,日本不得不将已经到手的辽东半岛还给中国。构建"大陆国家"这个充满野心的设想,在现实面前遭遇到了挫折。但是,日本在日清战争中的胜利刺激了西方列强,使得帝国主义瓜分中国的野心越来越露骨地显现出来,最终引发了1900年的义和团运动。

山县有朋在义和团运动期间提出的《北清事变善后策》(1900年8月20日)中留下了这样的文字:

> 俗语曰,追二兔者,一兔不得。今各国皆狩猎于支那,吾国应先追南方之兔,待捕获之后再追北方之兔,未为晚矣。可先还辽东、弃威海卫,继续巩固日俄协定,深察东亚之大势,顾国力之虚实,持北守南进之国略。(『山县有朋意见書』)

具体而言,即虽然日本迫于国际政治的压力不得不放弃辽东半岛和山东半岛的威海卫,但还可以以瓜分朝鲜半岛为交换条件对俄实施"融和"政策。这也就是山县有朋提到的"北守"。

与此同时，山县有朋还提到"我国南门之经营需全面发展工商业，不可不占领福建、浙江等要地。何况当前是大好时机"（『山県有朋意見書』）。山县有朋在坚持"北守"的同时，提出了占领当时英法利益所在之华北和华南，也就是"南进"至福建省及浙江省等地的设想。

对于山县有朋的"北守南进"论，陆军和海军给予了极大关注。事实上，海军由于已经拥有台湾海峡的制海权，长期以来都希望能占领地理位置优越的厦门。1900 年 8 月，日本海军陆战队终于在厦门登陆。

但是，台湾总督府竭力推行的这一占领厦门计划，最终由于日本中央政府害怕会与欧美列强发生更大的矛盾而被迫终结。

不过由此可见，"北守南进"论此时已被以军队为首的诸多势力奉为圭臬。

国防方针的转变

英国由于与俄国对立，同日本的关系迅速升温，并于 1902 年 2 月缔结了第一次日英同盟。"北守南进"论也随之而变。

日英同盟的缔结极大地增加了俄国出兵满洲的可能性，日本开始通过外交手段防止此事的发生。同时，日本和英国在保全中国和韩国独立及领土完整的原则之上达成了协议。

这一时期，日本的海军和陆军无疑都认为在日英缔结同盟的背景下制定对俄作战方针是个合理的选择。但是，就日英同盟的意义为何，日英两国政府及军方都未达成一致。

日英同盟协定的第三条规定，当第三国（这里原本设想是法国）参战日俄或英俄间战争时，同盟国有共同作战的义务。

所以，基于这条规定，日本向英国提出，如果出现第三国帮助俄国参战的情况，希望英国能够出动至少一个军团以上的兵力加入战斗。对于日本的这个要求，英国并没有给出明确的态度。这件事也使得日本军部当局对英国的不信任感渐渐加深。

还有一个跟英国没有直接关系的问题，就是由于缔结了日英同盟，日本的陆军和海军之间也产生了各种矛盾。其中最典型的一个例子就是田中义一针对海军大扩军计划的批评。

田中义一于1903（明治36）年2月向田村怡与造参谋次长提交的《随感录》中提到了这样的内容。即，这一时期，海军开始着手进行第三期的海军扩军计划，田中认为，当前日本与英国缔结了同盟，那么在远东地区，就没有哪个国家有实力能与和英国海军联手的日本海军相抗衡，所以日本海军在此时实施扩军计划是完全没有道理的。基于此，田中断言说："现在还不是扩充海军的时候，倒不如在近期扩充陆军"。(『田中義一伝記』上)

在这里，田中强调说，海军的实力已经足够应付对俄作战，而日本陆军的兵力和装备才是决定对俄作战胜负的主要因素。这个认识，得到了包括山县有朋在内的陆军首脑们的认同。

田中义一希望通过扼制海军扩军而尽早实现陆军扩军计划的想法，被海军以日英同盟协定附件规定日本有扩充海军之义务、日本需维持优势海军为理由，强硬否决了。

海军之所以在这个时期提出扩军计划是有其战略目标的。海军希望通过联合号称拥有世界上最强海军实力的英国来压制宿敌俄国海军，从而阻止俄国从远东南下。实际上，尽管日本海军和英国海军联手，却没能抑制俄国海军实力的增强。

即便如此，当时日本陆军还是积极赞同缔结日英同盟。这是因为如果日本全力准备和俄国作战，就会形成对陆军极为有利的条件。陆军认为，如果和俄国开战，日本必然会以陆军为战斗主力，那么政府就会承认陆军有扩军的必要。

但结果是日本海军开始实施增加三艘战舰、三艘装甲巡洋舰的第三次海军扩军计划。田中义一在《随感录》中主张的日本海军扩军不合理并没有被政府所采纳。

由此，包括田中义一在内的陆军方面对日英同盟的期望值开始急速萎缩。

国防构想的转变

从日英同盟中获利者并非他人，正是日本海军——这种想法在陆军内部渐渐扩散开来。

当时日本陆军的作战计划所依据的是参谋本部制定于 1903 年 1 月的《守势大作战计划案》中的"本土防卫"论，而不是以入侵大陆为前提的大陆攻势作战。

其理由有二。首先，以日本海军的实力并不能独自完全获得远东地区的制海权；其次，日本陆军也没有达到能将世界最大的陆军国俄国作为第一假想敌并进行正面作战的战斗实力。

但是，在日本陆军内部，提倡积极推行大陆政策的中坚军事官僚陆续登场。在俄国没有履行第二期满洲撤兵计划的现实背景下，这些军事官僚开始主张对俄激进政策——开战论。

日本陆军从 1900（明治 33）年开始就以参谋本部

为中心认真制订对俄进攻计划，其主要内容就是把主战场放在满洲及沿海州一带。

等待实施这个作战计划机会的，是参谋本部总务部部长井口正午少将及参谋本部第一部部长松川敏胤大佐，当然还有松川的直属部下——田中义一。事实上，这个时期，田中义一在《随感录》中提出了对俄作战中应将攻克哈尔滨作为主要的作战目标。

哈尔滨是俄国控制的东清铁路的重要据点。在田中义一的设想中，控制了哈尔滨就能破坏俄国入侵远东地区的途径，若能同时孤立沿海州，必然能对俄国形成沉重打击。所以田中义一认为从战略出发应控制哈尔滨。

当然，哈尔滨攻略战并非仅仅是田中义一独自的设想。正如山县有朋 1905 年 3 月 23 日提出的意见书——《政战两略概论》所表明的，攻占哈尔滨的战略设想也是山县长期以来强烈主张的。

如此看来，似乎田中等参谋本部的中坚军事官僚们的当务之急就是考虑如何发动对俄全面战争，实际上却并非如此。

日本陆军在对俄作战上依然缺乏足够的自信，同时也不信赖所谓的日英同盟，因此得出了不能确定日英是否真的会并肩协力对俄作战的结论。

总体上看，田中所提出的哈尔滨攻略战的主张，更多表达的是牵制俄国的意图。对日本而言，并不希望看到满洲被俄国完全控制。

但是，如果日俄开战会威胁到日本通过日清战争所获得的朝鲜半岛的控制权，那么日本在开战问题上会有很大的保留。所以田中等人的对俄开战论，与其说是要对俄国展开攻势作战，不如说是计划对俄发动守势作战。

事实上，在桂太郎内阁时期的第一次内阁会议上通过的《对俄交涉决裂时日本应采取的对清韩的方针》（1903 年 12 月 30 日）显示，日本的防卫计划是在确保对朝鲜半岛之控制权的同时，对福建省等中国南部地区进行势力渗透。也就是说，该方针基本属于"北守南进"论的范围。

但是，由于俄国出兵占领了满洲，日本在福建厦门出兵又遭挫败，因而不得不修正这一国策。

因为满洲被俄国占领，若"北守南进"论破产，则会直接威胁日本对朝鲜的控制权。所以，对俄开战不可避免这一强硬论调在日本国内很自然地沸腾起来。其结果就是"北守南进"论被搁置，直至日俄战争结束。

"北守南进"论被再次提出

当日军在日俄战争中艰难获胜之后，"北守南进"

论被重新提出，陆军方面对此尤为积极。有人说陆军重提"北守南进"最大的原因就是俄国已经不再对日本构成威胁，但实情并非如此。

如前文所说，因为满洲经济价值较低，陆军对其一直没有给予足够重视。同时，陆军一直垂涎的地方是以英国为首的西方列强所关心并已经纳入其势力范围的中国长江以南地区。因为对日本来说，要想发展经济，就必须占有肥沃的土地和丰富的资源。

当时日本陆军对满洲的看法可从山县有朋的《战后经营意见书》（1905 年 8 月）中得到佐证。

> 我所见之满洲土地，虽极为宽广却人烟稀薄，故对取得工商业的利益不抱希望。若通过改良大连湾的租借地来促进满洲的输出和输入，恐得不偿失。其中能够即时获得利益的除了抚顺的炭坑以外再无他物。（『山県有朋意見書』）

当然，山县有朋的意见并不能代表所有陆军将领对满洲战略价值的认识。像儿玉源太郎参谋总长那样主张应强行将满洲纳入日本殖民地范围者，也大有人在。

但从结果上来讲，儿玉的强硬意见在"关于满洲问题协议会"（1906 年 5 月 22 日召开）上，被以时任韩国总监的伊藤博文为中心的非军人势力压制了下去。

虽然当时以山本权兵卫为代表的海军势力有所抵制，但山县等陆军势力却并没有表示出明显的反对。

因为此时陆军最关心的地区并非满洲，而是中国的华中及华南一带。面对欧美列强强行要求对满洲地区施行门户开放，日本既无拒绝之想法，也无拒绝之实力。

围绕着满洲的定位，不仅陆军内部，日本政府内也摇摆不定。但是，作为一大潮流，"北守南进"还是成为稳定的大框架。

事实上，田中义一在山县有朋的授意之下反复强调"北守南进"，从而在陆军内部形成一大派别。

田中义一在给寺内正毅的信中曾断言说："用日本的经费在满洲永远驻军，毋庸赘言毫无益处"，做出日方应在满洲地区有所控制，不要做超出必要之干涉的判断（1905 年 8 月 29 日田中义一致寺内正毅信，『寺内正毅関係文書』）。

田中义一及山县有朋等人事实上宣布了放弃对满洲的经营，这在当时的政府和财界也形成了一定的共识。

也就是说，在日俄战争之后，日本军方、政府及财界为了消除再次对俄开战的恐惧，只能寄希望于在坚持日英同盟之上采取联英压俄之策略。为此，日本陆军不得不放弃独占满洲，并在满洲采取门户开放之方针。

与此同时，日本的海军也并未彻底放弃对俄国海军复兴的警惕。加上新兴的美国海军对远东方面明显的强硬干涉也到了不容忽视的地步，所以日本海军主张，为了牵制美国有必要继续保持和英国的同盟关系。

日俄战争之后，在远东出现的新形势及形成的新秩序，极大程度上限制了日本陆海军的选择。

在此背景之下，日本与英国结盟成为唯一选择。日英结盟也使日本的陆军和海军在国防政策上有达成共识的可能。1907（明治40）年制定的《帝国国防方针》就是具体产物。

规划"大陆国家日本"

田中义一处于力图提高其作为日本陆军军人之地位的时期，这也是日本陆军和海军争夺主导权最为激烈的时期。日本陆军创立不久，军界就开始了所谓的"陆主、海主之争"。围绕着到底是"陆主海从"还是"海主陆从"，从太平洋战争开始到日本战败，日本陆军和海军的争斗绵绵不休。

无论是陆军还是海军，都开始积极要求认可自身起到了日本帝国顶梁柱的作用。关于陆军和海军谁更具有主导权的问题，双方围绕在各自日清战争、日俄战争中所立下的战功展开了激烈争论，但并不仅限于作战、装备所占的比重这一问题。

日清战争是战前日本的首次对外战争（1894~1895），而日俄战争中日本的对手是当时最大的陆军国俄国（1904~1905），通过这两次战争，陆军和海军的政治地位都得到了提高，双方都寸步不让地提出自己应拥有更高地位。

这个时期"陆主、海主之争"的主角，一边是海军方面号称"海军之父"的山本权兵卫，一边是陆军方面被称为"陆军太上皇"的山县有朋。山本认为，海军才是海洋国家日本防卫的基础核心，将来的日本应把防卫好日本列岛放在最优先位置，而不是去大陆谋求霸权，应贯彻做一个"岛帝国"的方针。

与山本的"岛帝国"论相抗衡的是山县有朋提出的"大陆国家日本"论。山县有朋认为，日本发展的机会在于称霸中国大陆，从而脱离"岛帝国"的疆界，建设"大陆国家日本"才是日本的最终目的。

通过支持山县有朋构建"大陆国家"的设想，田中义一的地位日趋巩固。后来，山县有朋的设想被《帝国国防方针》（1907）所采用，成为日本的国策。

此后，昭和时期的一系列战争都符合《帝国国防方针》。回顾整个历史过程，继承了山县有朋构建"大陆国家日本"之设想并将此作为国策来运营的田中义一，无疑占据了极为重要的地位。

"战后经营"论和日本陆军

日俄战争前后，日本的权力构造又是怎样的呢？以下做一大致回顾。

在这一时期，权力的中心已经从那些被称为元勋的明治国家缔造者，转移到由帝国大学或专门的官僚制度培养起来的官僚势力和通过军需、公债暴富的强有力的资本家及其所支持的政党，再加上通过日清战争和日俄战争的"胜利"提高了政治发言权的军部，已逐渐分化为三股势力。

日俄战争后因工业化的推进而急速增加的都市劳动者，需要一种新的政治动向，这种权力的三极构造便是对这一现实政治的因应。也就是说，既有的权力构成，无法对抗力量不断增强的民众登上政治舞台，这也是政治特有的力学发挥作用的结果。

从这种意义上讲，权力的分立或者说三极构造，是日本政府在当权者整体达成默契的基础上，为缓和民众的反政府、反当权者行动而采取的一种策略。

但是，原本该一致对抗民众政治化的官僚、军部、政党（财界），却因为彼此的国家战略和利益的差异，迎来了严峻对立的时代。其中，军部和政党（财界）的对立尤为严重，围绕着日俄战争后最重大的日本国策——"战后经营"，两者的对立达到顶点。

缔结《朴次茅斯条约》引发的1905（明治37）年9月5日的日比谷烧杀事件，就是民众强烈的反政府运动，同时也是让日本政府感到今后还会发生城市型群众运动的大事件。

被专制主义官僚和军队所把持的桂太郎内阁，因为日比谷事件而不得不宣布下台。作为冷却反政府运动的一个策略，桂太郎尝试通过让三井财阀支持的政友会执掌政权，由政友会总裁西园寺公望组建内阁来保护这个权力主体。

所谓"战后经营"，是指在军事背景下通过军队的力量将中国及韩国变为增强日本国力的资源供给地。该政策也势必造成军队发言权提升的后果。

但政府所描绘的通过"战后经营"来发展国内产业及增加出口的策略，并没有达到预期效果。至少从日俄战争结束的 1905（明治 37）年到 1908（明治 41）年，日本的贸易收支经常显示入超。

此外，日本政府推行将朝鲜半岛作为保护国的政策并于 1910 年 8 月将其吞并，此后在经营朝鲜半岛上投入了庞大的费用。这一切使得本意为增强国力的"战后经营"政策反而成为财政的沉重负担。

但是，这个时期各股势力各怀鬼胎，都非常关心"战后经营"。例如，被称为官僚党的大同俱乐部把"积极进取"写入了纲领中，宪政本党也在党章中明确提出"为了达成帝国远大的基业"——均主张积极入侵大陆，从而获得"经营"成果（小林雄吾『立宪政友会史』第 2 卷）。但是，对"战后经营"最为热心的，是日本陆军。

日俄战争中，日本向满洲投入了 109 万人的兵力，战费高达 17 亿日元，死伤约 10 万人。因此，对陆军来说，日俄战争的胜利是用血汗换来的艰难的胜利。

当然也并非单纯只是出于感情。跟日清战争不同，日本在日俄战争中没有从俄国得到一分钱的赔偿金，只是获得了昔日俄国在中国的租借地——旅顺、大连，南满洲铁路及其附属地的权益及独控韩国的权力。陆军是想以此为契机开始经营殖民地，并以保护殖民地为理由进一步扩充军事实力。

"战后经营"被分为四个部分，第一，殖民地的经营；第二，扩充军备；第三，培育产业基础；第四，财政政策。陆军非常积极地参与到第一项和第二项之中，通过其成果来强化自身的政治力量。

殖民地经营方针

陆军在这个时期倾注全力制定的殖民地经营方针的内容如何呢？最早提出将朝鲜半岛作为日本保护国的就是陆军，其中最为活跃的就是参谋本部和驻扎当地的武官们。

事实上，1903（明治36）年2月7日，驻朝鲜半岛武官伊地知幸介少将就向大本营提出了《半岛总督府条例》。条例中称，应让天皇直属的大将或中将担任总督，并由总督统率驻朝鲜半岛公使及当地驻军；设置以总督为长官，包括官房、外交部、军事部、交通部、内务部的总督府，总督府应作为将朝鲜半岛确立为保护国的准备机构（谷寿夫『機密日露戦史』）。

大本营的陆军方面虽然没有对伊地知少将的提案做出明确回应，但这个提案却表明了日清战争后日本陆军的野心，即明确要求对朝鲜半岛施行军事统治。

此后，陆军逐步实现了统治朝鲜半岛的设想。例如，在日俄战争开战后的 1904（明治 37）年 2 月 23日，日本和韩国签订的《日韩协定书》可以说是吞并朝鲜半岛的第一步。这份协定书的内容基本上同于《半岛总督府条例》。

接下来，陆军于同年 3 月 11 日组编了包括五个大队后备步兵、一个大队工兵的韩国驻屯军，该部队为大本营的直辖部队。这支部队的司令官直接隶属于天皇，首任司令官为天皇直接任命的长谷川好道大将。

日俄战争结束后，日本通过 1905 年 12 月签订的《满洲善后条约》，取得了对满洲的单独控制权。此前，陆军已于 1905 年 10 月在辽阳设置了关东总督府，开始在当地实施军政。

总督府是天皇直属的军事机关，总督一般为陆军大将或中将。总督统率两个师团的兵力，以辽东半岛的旅顺、大连为中心，将所谓的关东州作为防守范围。同时也有监督民政，管辖关东州以外各地军政机关（奉天、昌图、新民屯、瓦房店、营口、辽阳、安东等地）的职责。

关东总督府于翌年（1906）4 月制定了《关东总督府军政实施要领》。其中写道，实施军政的目的是"倘有获得我方权利之机，万不可失，为达成军事目的有益之事，则断然为之"（大山梓『日露戦争の軍政史録』）。由此可知陆军方面之意图。而且从"满洲地区虽不能称领地，但施政方针却与我领地同"这句话中也能看出陆军对满洲露骨的野心。

但是，军部这样的施政方针，并不一定会被作为国策得到认可。当时，欧美列强在中国已经取得了许多权益，日本垂涎中国势必引发和英美的矛盾。

事实上，一直担心日本与英美关系恶化的日本外务省，从最初就提出以"满洲开放"论为代表的国际协调路线，自然就形成了外务省与军部相对立的局面。

在这种局面下，1906（明治 39）年 5 月 22 日，应朝鲜半岛总监伊藤博文的要求召开了"满洲问题协议会"。会议结论是，日本还不能脱离对英美的金融依赖，从而否定了军部的殖民地经营方针。关东总督府只好废除军政，改组为一般机构。这也是军部的让步。

但这样做并不意味着削弱了陆军的殖民地经营主张及其在满洲权益范围内的实权。只是陆军的强硬态度不仅在国外会引发矛盾，即使在国内也致使各势力之间不断产生摩擦。

事实上，在陆军的"满洲封锁"论和与之相抗衡的外务省的"满洲开放"论之间，形成了激烈的对峙，甚至发展到外务大臣加藤高明（第一次西园寺公望内阁）辞职的地步。此外，围绕着朝鲜半岛驻军指挥权问题，陆军和伊藤博文之间发生了冲突；围绕着满铁总裁权限的问题，陆军又和满铁总裁后藤新平闹得不可开交。

即便引发了这么多的对立和矛盾，自诩为天皇军队的陆军凭借军事力量，毫不让步。

陆军依然处于优势地位。这是因为，面对朝鲜半岛民众的反殖民民族抵抗运动以及中国日益高涨的维护国权、收回利权运动，日本政府不得不依赖一定的军事力量来维持和控制殖民地。

《随感杂录》中的国防思想

日俄战争之后，日本陆军一直认为"输"给了日本的俄国会为复仇而挑起战争。所以陆军主张将以备战为目的的扩军政策置于"战后经营"的首要位置，并且为了能应对与俄国的再次战争，每年都制订作战计划。

这个意见在1906（明治39）年2月由参谋本部长大山岩上奏天皇，并得到了天皇的认可，写入《明治三十九年度日本帝国陆军作战计划策定要领》中。

从此可见，陆军的假想敌依然是俄国。因为对陆军来说，如何能在与俄国的再次交战中获胜并确保日本在朝鲜半岛和中国大陆的军事基地，是当时最大的课题。

因此，《明治三十九年度日本帝国陆军作战计划策定要领》中明确写道："帝国陆军明治 39 年度作战计划的根本任务为采取攻势。"（陆军省编『明治天皇御伝記史料 明治軍事史』下）也就是说，明治 39 年度日本在大陆作战方面发生了大的战略转变，从原来的守势作战变为攻势作战。

正是因为战略发生了转变，加上在"战后经营"中陆军所发挥的作用，所以陆军中有人大胆提出意见书，逼迫政府同意陆军所主张的获取殖民地并进行殖民地经营的方针。

其中备受瞩目、最具有代表性的意见书就是田中义一所写的《随感杂录》（全文收入『田中義一関係文書（田中家文書)』）。

1906（明治 39）年写成的《随感杂录》是一部约 6 万字的庞大的意见书，全文分为七章："战略和政略的一致、缓和军备和经济的矛盾"，"未来战争时俄国在远东地区可用兵力之限度"，"我方作战计划之要领"，"陆军和海军应共同制定作战计划并确保实施"，"节约陆军军费"，"关于战时经营的各种调查应确立不局限于战时、扩大到平时的原则"，"抵制参谋将校团制度"。

图4 战后经营的原动力——南满洲铁路（1909）

以"大陆国家日本"为发展目标的田中的国防思想到底是怎样的呢？这里将其主旨做一简略整理。田中义一在《随感杂录》中最先提到的就是"战后经营"，对此他留下以下文字。

> 战后经营的意义并非仅仅是决定陆军、海军兵力那么简单，而是关乎我帝国国是的大方针。具体地说，我国防的根本任务不应仅仅是一边拥有海外保护国和租借地、一边坚守基于日英攻守同盟的守势作战，而应该将攻势作战作为国防的重中之重。拥有这样的国防基础才是战后经营的第一要素。

对于田中义一来说，所谓"战后经营"就是借国防的基本战略从"守势"变为"攻势"之际，扩充相应的军事力量，并以此为着力点开辟新的国家发展途径。这正是田中无论如何都想完成的课题。

为此，田中认为：为了确保日本对朝鲜半岛的统治权、坚守大连和旅顺等租借地，日本应将基本战略转为攻势作战，以最终建立"大陆国家日本"。

田中在此所述与《明治三十九年度日本帝国陆军作战计划策定要领》所录采取攻势作战的理由大致相同。两者都主张日本应摆脱"岛帝国"，以构建"大陆国家日本"为最终目标。从田中义一主张构建"大陆国家"这一点来看，田中的意见和当时日本领导者的认识基本一致。

问题是实现田中义一提出的"大陆国家"化，势必会产生巨大的军费开销，鉴于财界和当权者的质疑，政党和议会方面再三表示大扩军是不可能的，因为日本的财政问题非常严峻。

考虑到政党和议会的反应，田中义一把论证集中在了寻找合理且具有说服性的扩军理由上。

田中最初的扩军方针是依据假想敌的兵力来确定日本需要的兵力，但如此一来势必会招致对扩军的批评。所以田中提出了为促进日本国力的发展应独立进行合理扩军的方针。例如以下文字所示。

> 在幻想还会达到明治二十七、二十八年战役后 [日清战争] 的经营状态这种浅薄见解的驱使下，在茫然没有依据的情况下推算出我国军备并以其作为战后经营的基础，这就是计划部向行政部发出挑战的源头。如今面对两部冲突不断且各不让步之状况，实在让人不快且深感遗憾。

接着田中义一提出了避免"计划部"（陆军）和"行政部"（政府）间的冲突，确保两部之间能调整关系的具体提案。

> 陆军之作战方针即我帝国战略之基础，平日所做各种准备及实施各种业务皆应倾全力服从此方针。虽说如此，在此最应考虑者并非他事，而是在帝国国是混乱之情形下政府所采政略是否能包容陆

军所采之作战方针。

田中义一在这里提出了陆军作战方针就是国家战略基础的见解，同时还表示目前最大的问题就是政略赞同作战方针到底达到何种程度，是否具有实效性。

如果说政略和战略是两个领域，那么田中并没有固守战略应服从政略这一民主政体的基本原理，而是从根本上将二者置于完全平等的地位。

所以，田中所说的政略和战略一致也就意味着战略是不被政略所左右的，是陆军的独立领域，绝不是从属于政略的。

提出军事自立

下面这段话能够鲜明地体现田中是如何定位政治和军事之关系的。

不用说，虽然作为行政机关的内阁会时有更迭，但帝国之国是应该始终一贯，绝不可因行政机关变动而变化。执行我帝国国策之政府究竟会采取何种政略，会否违背使我国脱离岛国境遇、构建大陆国家以伸张国运之战略？这需要细致研讨。如政略和战略不平等、不能坚守一致，在战争危急时呼吁一致又有何用？

田中在此强调了作为政略决定机关的行政机关——政府，与作为战略决定机关的军事机关——陆军省、参谋本部、教育总监部的根本区别。

也就是说，行政机关由于政治变动，无论其主体还是政策都会发生变动，它的存在是极不稳定且流动的。而军事机关不会因政治或经济的变动而左右摇摆，所以能不偏不倚地坚持立场——田中将军事机关捧到了多少有些自我夸大的位置上。

田中义一以强硬的态度主张说，所谓战略和国防，本来就具有不受政治动向左右的性质，所谓国防政策，更必须以超然态度通过制度来运营。田中的这个观点，虽然在不同时代有若干变化，但大体上为以后的陆军所继承，成为军方的理论。

军部国防思想一贯表现出来的也正是这一逻辑，即坚定不移地相信必须以"举国一致"的方式进行国防建设。

结果，田中义一的主张颠覆了政战两略关系中战略从属于政略的应有状态，并刻意制造出战略高于政略的关系。田中的这种谋划，在此后的现实政治过程中逐渐得到实现。

田中随后在"兵制与经济"这一项内容中，依据在日俄战争中由于武器弹药的意外消耗和数量不足而使得作战几次受到制约、战局发生变化的经验教训，进行了如下论述。

关于战后经营，若盲目增加兵力只会扰乱国家经济之基础，只有兵力充足的同时工商业也发展，才能达到培养国力之目的。此即战后经营的第一要义所在。

田中在这里再次强调，通过"兵力充足"谋求"工商业的发展"才是"战后经营"的中心课题。在这里"军备扩张＝经济·工业发展"的基调被贯彻下来。接着，田中又围绕经济和政战两略的关系做了如下论述。

政略上采取进取姿态，战略上采取攻势，若以此为根本执行任务，毫无疑问，兵力不足将会妨碍既定目标的达成。此次战役中，俄国战败的一个重要原因，就很好地证明了这一点。其时俄国的政略是侵略主义，采取了绝对进取主义，其战略虽与政略的宗旨相呼应，在广阔区域内布置兵力，但当时从经济角度出发的俄国财务大臣对此并不认同，这导致俄国远东军事开支受到很大拘束。结果造成俄国军备未能与其政略匹配，不得不采取守势。战斗中我国之所以能抢占先机，原因就是俄国准备不足。俄国政战两略之不一致招致旷古失败。

在此，田中义一以日俄战争中的俄国为例，分析了俄国战败的原因，即政战两略不一致使其在战时经济上做出错误决策，从而战略受到了经济的制约。因此，田中认为，从政战两略一致出发，在战时进行经济上的全面动员才是战争获胜的关键。

田中的这个主张在第一次世界大战后小矶国昭所撰《帝国国防资源》（1917 年 8 月）、永田铁山所撰《关于国家总动员的意见》等报告书中得到了继承。这些报告书的主旨都是主张从平时就积极准备建立政战两略一致的战时国内总动员体制，即国家总动员体制。

田中为了使政战两略一致，在提出"政战两略相互呼应，为完成此两略不可不准备充分之兵力，此即需要着重注意之处"的同时，还说："我们岂是不顾国家经济只顾兵力？所需兵力仅仅是为实施政战两略而已"，表现了在进行军事扩张的同时顾及经济状况，通过顺应经济状况以达到目的的灵活态度。

但田中也说："陆海军的计划部及政府人员对待上述要旨时应慎重协议，既定的作战方针在国是未有变更的情况下绝不能因其他刺激而改变。"

而且，田中还拿出日俄战争中的教训说："此次战役作战前期过半时，时有因兵器弹药等材料匮乏而丧失活动时机之事发生，这正是军备受一时经济变动影响的后果。"他认为只有在政略上对战略进行全方位的支持和协助，军事力量才会取得"健全的发展"。关于这个问题，田中得出如下结论。

借经济之名缩减军备亦不可取，因国家的军备是依据攻略及战略制定下来的，战略政略都是斟酌国家的经济程度后决定的，所以毫无疑问不应该单单根据经济的变化来增加或减少军备。

在这一项的最后，就与议会的关系以及议会所拥有的预算审查权有可能干涉军队编制和装备等方面，田中提出了以下见解。

> 只要确定了帝国作战方针，据以所提之预算案得到议会赞同后，其支出在限额之内就不该年年蒙受议会的审查削减，大藏省也不能拒绝支出既定之经费，陆海军大臣在各自权限范围内应可进行适当处理。大藏省若在不拒绝支出经费的同时提出质疑，陆海军大臣应做回答。这是为了维护陆海军大臣的权限，使军队可在获议会批准的经费范围内做充分准备，而不像往年那样受到经济波动的影响。

此论述表明，田中的意图在于使议会借助预算审查权统制军队的机能形式化。日俄战争之后，明确显现出资本主义色彩、与军部进行对抗的政党势力不断强大。田中的意见彰显的是军部抵制政党势力的姿态。

在此时期，田中就已经开始警惕军部和政党、议会将来会围绕扩军政策产生对立。

从贯穿整篇文章的主张——"战略与政略一致，缓解军备和经济的矛盾"中可以看出，田中意在实现军部的政治要求。虽然这篇文章看上去是田中的个人意见，但可以认为很大程度上体现了军部特别是陆军关于军政关系的见解。

之所以这么说，是因为田中的意见书经过了陆军高层——山县有朋、寺内正毅的阅览，并在制定1907（明治40）年的《帝国国防方针》时起到了重要作用。在下一节中可以看到，田中在《随感杂录》中提出的将日本变为"大陆国家"的构想，是作为国家目标来设定的。

制定《帝国国防方针》的经过

从1906年开始每年都制订的《陆军作战计划》决定的是短时期内陆军在战术层面的作战方针，而决定包括陆军在内长期战略的是《帝国国防方针》。这一《帝国国防方针》所涉并不局限于军事领域，还包括了国家战略即政略，也就是构建国内军事体制方面的内容。

根据收录在《田中家文书》中的《帝国国防方针、关于制定国防必要兵力及帝国军用兵纲领经过概要》一文的记述，我们可梳理出整个政策出台的过程。

国防方针草案是以田中的《随感杂录》为基础制成的。山县在1906（明治39）年8月31日从寺内手中拿到了田中所撰的草案。这一部《帝国国防方针案》

通常也被称为《田中私案》。

山县有朋在充分参考了《田中私案》的基础上于同年10月提出了《山县私案》。《山县私案》仅是站在陆军的立场上起草的。《山县私案》提出，为了确保国防方针在国家战略上的重要地位，首先必须取得经陆海两军相互协调得出的一致意见。

但是，陆军和海军平时就为修改《战时大本营条例》及"海主""陆主"之争经常发生摩擦，加上陆军在"战后经营"和扩军政策中经常都是主导者，海军方面对陆军不断建立起的优势地位心怀警戒。

而要使《山县私案》作为国防方针获得承认，必须先取得海军的理解和同意。所以山县在向天皇提出《山县私案》的同时上奏了《帝国国防方针私案》（通常被称为《山县封事》）。

《山县封事》的目的就是希望天皇能够同意由陆海军统帅部来制定国防方针。也就是说，山县知道海军方面对以陆军为中心制定的国防方针持有警戒心，为了能够达到陆海两军协同制定国防方针的目的，他选择了由天皇下令的形式。

同年12月14日，如山县所希望的，提交给天皇的《山县封事》被交元帅府进行咨询。元帅府是直属于天皇的最高军事辅佐机关，由山县有朋、大山岩、野津道贯、伊东佑亨等元帅组成，而山县是实质上的代表。

所以，当天在元帅府召开的元帅会议讨论的结果，就是回奏天皇：有必要由陆海两军协同制定国防方针。面对元帅府的回奏，天皇于12月20日召见了陆海两军的统帅部长官——参谋总长奥保巩和海军军令部部长东乡平八郎，命令他们研讨《山县私案》，协力制定国防方针。

就这样，陆海两军的统帅部开始研究《山县私案》，参谋本部任命松川敏胤少将和田中义一中佐为负责人，军令部则任命川岛令次郎大佐和财部彪大佐为负责人。

从翌年1907（明治40）年1月10日开始，两军的统帅部开始了正式协商，2月1日就得出了"国防方针"符合国情的结论。其中关于"国防需要的兵力"，两统帅部回答："从我国财政状况来看，受到大战后的影响，已经没有完整实施的能力了。所以希望暂且如此，待国力稍缓再做斟酌。"

接着经过数道手续，《帝国国防方针》于4月4日得到了天皇的批准，4月18日经过元帅府审议后，最终确定下来。由此可见，这一事关国家政策、国家目标的重大方针，仅用了40天时间就审议通过，而且是在议会全然不知情的情况下。

此后，虽然在1918（大正7）年、1923（大正12）年、1936（昭和11）年都对《帝国国防方针》进行过修改，但修改的过程以及根本方针基本上都和1907年时一样，没有变化。从这个意义上来说，1907年制定的《帝国国防方针》成为决定之后日本道路的基本文件。

接下来，通过对《田中私案》和《山县私案》进行比较，就能知道 1907 年的《帝国国防方针》反映了多少田中的国防思想。

对俄国的认识

关于制定国防方针的理由，《田中私案》在"序言"的一开始就指出，以往陆海两军各自制订作战计划存在弊端，而将来势必要展开陆海两军的协同作战，因此有必要制定以陆海两军共同作战为基调的国防方针。

《山县私案》就制定理由这一点，在《田中私案》内容的基础上更加具体地提出"为了拥护帝国自身的权势，承担起对同盟国的责任"。但《山县私案》原原本本地继承了《田中私案》中为求政战两略一致必须在国防方针的制定过程中同首相"商议"的提议。

比较一下两份方案，《田中私案》正式标题是《日本帝国军的国防方针私案》，而《山县私案》则为《日本帝国军的国防方针》。

在《田中私案》中划分了 11 项，《山县私案》则为 6 项，两人各有各的"理由"。

《田中私案》在第一项中首先明确了国防的根本任

务是陆海两军协同一致的攻势作战，由于早期对台湾、桦太①、朝鲜半岛、关东州及本土的守势战备，需整顿好对这些地方的防御体制。这一点，《山县私案》基本上是原封不动地挪用了。

如将以下各项中田中和山县对俄国、中国、欧美认识的不同之处做一比较，就可弄清田中的思路。

从《田中私案》的第二项和第三项可以看出田中是怎样看待俄国的。第二项写道："俄国为主要帝国，因其欲伸张国利益必先面向清国"，从而将俄国作为第一假想敌对国。

田中之所以这么说，是因为日俄战争之后，尽管俄国因国内疲惫和混乱造成了一时的国力停滞，但情势基本稳定。田中认定俄国会对日本进行报复，只是现在以西伯利亚铁路为代表的交通尚未发达，不过"终会有卷土重来之举，更何况考虑到在满洲朝鲜方面我国和俄国所处的地理位置及相互关系，以及英俄之间的态势、我国的攻守同盟的责任，毫无疑问将来若有大的战争，那主要敌对国一定是俄国"。

而且田中还提出，如果对俄作战，陆军将以朝鲜半岛为根据地在满洲北部进行主线作战，并可根据实际情况以关东州为根据地在韩国咸镜道和吉林北部及沿海州展开支线作战；海军封锁对马海峡后沿日本沿海尽量去

———————————

① 中国称"库页岛"。——译者注

对付远方敌人，同时准备封锁海参崴港，如果有必要的话可以在台湾海峡和巴士海峡展开警戒待命行动。

《山县私案》和《田中私案》相比，第二项和第三项都基本相同，只是在对俄国的认识上出现了差异。

差异是关于俄国军事能力的评估和如何看待日俄战争后俄国的远东政策方面的。虽然两者都认为战后第一假想敌对国是俄国，但是《田中私案》中的"终会有卷土重来之举"，在《山县私案》中被改为"必定有卷土重来之举"。也就是说，田中依据俄国现状做出了有再战可能性的判断，而山县则强调必定会再次发生战争。

山县在日俄战争快要结束的1905（明治38）年3月23日，执笔写下了强调战争终结工作之必要性并要求在战争终结工作中保持政战两略完全一致的意见书——《政战两略概论》。在这份意见书中，山县认为虽然日军在辽阳、旅顺、奉天等地取得了胜利，但俄国并没有放弃战争的意思，尽管俄国"派往满洲的军队已损失严重，但其国内尚有十分强大的十余个军团，所以倒不如说俄国不想继续打下去是很奇怪的举动"，因此，为了准备必然会再次发生的战争，日本最重要的就是做到前所未有的团结并且政战两略要密切协调。

日本与俄国进入调停阶段，由美国总统西奥多·罗斯福主持的朴次茅斯和会刚一召开，山县就于同年8月提交了《战后经营意见书》。在该意见书中，山县提出不管是否同意缔结朴次茅斯和约，俄国为了实现其长年的夙愿——获得不冻港，势必会以取得大连、旅顺为目的再次采取南下政策，可以断定"在未来的十年到二十年中俄国会反复尝试南下施行报复计划"。

山县在该文中还论述道："俄国整顿好国内秩序之日，必是立刻开始报复性南下之时，虽然不能预言具体将在几年后发生，但这次的和平还是看成长期休战比较合适，如果有人相信东洋的和平就此建立起来了，那是极为错误的"，因此，今后的"战后经营"必须以军事扩张为基础来进行。

从意见书中可以看出山县对俄国深怀警惕。虽然看上去日本是在日俄战争中取得了胜利，但这个胜利是日本透支了全部国力换来的；同时，以欧洲方面为关注核心的俄国依然拥有强大的军事实力。基于这一事实，山县预测说，当以西伯利亚铁路为中心的交通网络发展起来时，俄国的军事力量势必对日本造成巨大威胁。

如果那样，不仅在战后转变为"大陆国家"的构想将成为泡影，恐怕日本甚至会不得不再次成为远东的"岛国"。

但是，山县对俄国的认识，只是从日本和俄国两国间的关系这样一个单线视角来判断的，缺乏相对国际的、宏观的视野。田中则弥补了山县的不足，他对俄国的认识充分体现了国际视野。

1905（明治38）年2月11日，身在满洲军总司令部的田中在写给东京大本营长冈外史少将的信中，针对俄国的意图是继续作战还是讲和做出了预测:"基于敌方不利的战况和国内的不稳定,私认为［俄国］如果不是决定即便亡国也要坚持战争,就很可能他们会被迫拿出相应的诚意来讲和。"这里也可看出田中和山县的观点差异。

田中意识到俄国国内既有继续战斗的意见,也拥有潜在军事能力。与此同时,主要还是有情报支撑,他预测到俄国有可能会发生革命,从而判断出俄国当时没有再战的意愿。

田中在《随感杂录》和《田中私案》中都就对俄作战问题做了详细论述,但事实上他并不认为与俄国作战有迫在眉睫之虞。

田中得出的结论就是,当前可以一边观察俄国国内的状况,一边利用这段时间进行日本的"战后经营"并取得成果,从而提高日本的国防能力。

对中国的认识

在《田中私案》第一项的后半部分,田中说:"伸张国利国权可先计划从清国入手",从而把中国摆在了一个能让日本"伸张国利国权"的位置。田中从日中两国的历史、地理关系出发,及与欧美诸列强比较的结果,得出中国关系着日本"帝国的权利"之结论。

基于对作为主权国家的中国（清王朝）之统治能力和国力的过低评价，田中得出了以上结论，并且在第五项中将这个评价作为理由，断言"清国自身没能力保证其国内的秩序"。

在《随感杂录》中，田中同样说道："清国想在将来取得大的发展、挫败各国的欲望、达到全盛水平，可以说是很遥远的，接近空想"，连中国国家主权的存在都否定了。

田中的这种对华认识此后一直延续下来，也成为田中内阁的基本认识。

而且，田中也构思了对华战略，在《田中私案》第五项中明确"陆军的主要目的是攻占中国的南部地区"。关于两国之间的军事实力差距，由于是以日本占有压倒性优势为前提的，所以根本就没有提到中国的军事实力。

否定中国的国家主权，无视中国的军事能力，仅仅把中国看作日本主要的权益获得区域，这就是田中的对华认识。山县则明显不同。

山县在前文提到的《战后经营意见书》中说，为了防止俄国再次扩大在远东的势力，"不用说，首先就是要加强和清政府的关系，通过该国的进步、发展来谋求东洋的安全"。为了应对俄国的举动，山县提出了从平等的立场出发加强外交关系、共同防御的"日中一体"论。

而且，山县在《对清国政策所见》（1907 年 1 月 25

日）中，对日俄战争中中国对日本所采取的姿态做了如下评论："清国遵守我国之劝告保持局外中立，此中立为我作战带来不少方便。"

也是在这份意见书中，山县对中国国内活跃的收回利权运动及随之而来的反日态度表现出了警惕，但与此同时，他认为日本没有必要立刻采取发动战争的强硬姿态，"我邦目的之所在是通过尽量和平手段使国家富强，对于清国应主要增进交情，避免引起无谓之误解"，山县在对华外交方面表现出慎重态度。

虽然山县的对华认识和田中相比有些不同，但《山县私案》的第五项原原本本继承了《田中私案》的第二项——"将来我国伸张国利国权可先计划从清国入手"，而且虽然山县对对华作战的概要做了修改，但大致内容和《田中私案》是相同的。特别是在"清国没有能力保持其国内的秩序"这一点上，与《田中私案》一致。

所以《山县私案》同样也是把中国当成了日本扩张"国利国权"的对象，而且在《山县封事》中，针对假想敌对国问题，山县说："第一假想敌仅为俄国，虽然没有把其他欧洲列强当作敌人来防范的必要，但是一刻也不要忘了仅次于俄国的第二个敌人就是清国"，提出了把中国作为第二假想敌对国来防范的观点。

从这里也可以看出，山县把自己的对华认识调整得更为接近田中了。

对欧美的认识

下面来看看田中以日英同盟为中心的对欧美的认识。1905（明治38）年8月，第二次日英同盟改订之后，日本和英国互相承认对方分别在朝鲜和印度的统治权，同时规定若一方国家卷入战争，另一方有义务参战以共同展开军事行动。和第一次日英同盟（1902）中占有优势地位的英国强加给日本的条约内容相比，第二次日英同盟的条约内容变为双方站在平等的立场上履行同等义务。

之所以要改订日英同盟，是因为日俄战争后远东形势发生了变化，换言之，也就是帝国主义列强围绕中国的对立结构发生了变化。特别是日本、英国、美国这三个国家在长江流域的权益交叉地带，对立明显加剧，因而有必要进行调整。

第一次日英同盟时，出于从其处获得战争经费及牵制俄国兵力的需要，英国对日本而言还是有利用价值的。那么，日俄战争后缔结的日英同盟到底能有什么样的作用和功效呢？有人对此产生了怀疑。

这种怀疑态度在陆军内部最为强烈，田中在《随感杂录》中也留下了如下文字。

若英国和俄国在中亚方面展开战事，为了牵制俄军、方便英军，日本将依据前面第二项的内容（即对俄国作战方针。——引者注）发动攻势。为了履行日英同盟规定的我国的责任，不可避免地要派遣军队到中亚和英军一起作战。

也就是说，当英国和俄国之间发生战争的时候，日本只要被迫在远东地区采取牵制俄军的行动，就有卷入战争的可能。

因此田中得出结论："在政略以外的作战上，日英攻守同盟带给我们的最大苦恼，并不在于我国陆军从何处谋求利益，而是不得不承认英国占了作战带来的所有好处。"

而且田中还说："毋庸讳言，将来的某一天如果撕毁日英同盟，转而和俄国缔结同盟，对我们则更为有利。界时让俄国对英国的宝库——印度构成威胁，我国就可以在远东发展起来，并夺取英国的权利"，展示出将来有和俄国缔结同盟的可能性。田中出于这个理由还进言说希望在国策上也采取联合俄国牵制英国的行动。

田中之所以设想了这样的对英政策，是因为他对夺取英国在长江一带的权益和法国在福建的权益非常关注。这一点从意见书中也可以看出来。

> 如果想扩张我将来之权利、提高培养国力的资本，不可不策划南进之策。我国可先攻占福建省成为台湾海峡的主人。或许有人说这样的企图会因伤

害英国的感情而遭遇巨大阻碍，因而难以成功。但是两国同盟若继续下去，我们到底能否甘心受其约束？最重要的还是从国家的利害关系出发，日英同盟算何物，只是时机的选择上比较困难罢了。

这就是田中的"南进"论。在《田中私案》中，"南进"论被如此论述："长江流域以南物产富足可敌国，控制台湾海峡则足以称雄远东，东边以朝鲜半岛为根据地进入南满洲，西边从清国南部地区进入长江流域，如此谋求实际利益的发展，不出数年则能完成我国宏图。"这一观点在《山县私案》中也被全面继承下来。

《田中私案》可以说是《随感杂录》的概要，除上述内容以外，还明确记录了如果和美国发生战争可以以越南为根据地的战略构想，而且还一直希望能够从这些地方也获得好处。

由此可见，田中不单单是怀有打入东北亚并进而向东南亚扩张的设想，而且已经预见到日英同盟这样的两国间的军事同盟在不久的将来会成为日本的枷锁。

实际上，向这些地方扩张不光会和俄国、清国发生摩擦，还很有可能和英、美、法甚至德国发生冲突。不管怎样，田中在这个时期，已经十分明显地表现出了帝国主义的膨胀主义。

虽然山县的认识和田中基本一致，但山县比田中更务实，从现实出发有所调整。《山县私案》中删除了要和英、美、法、德开战的内容。

但是，第一次"满蒙独立运动"（1912）、第二次"满蒙独立运动"（1915～1916）、第一次直奉战争（1922）、第二次直奉战争（1924）、郭松龄事件（1925）、皇姑屯事件（1928）、第一次山东出兵（1927）、第二次山东出兵（1928）等在中国发生的一系列事件，都说明《田中私案》中的内容正在被日本陆军绞尽脑汁地一点点变为现实。

还有，除了因为在第一次世界大战中败北不得不从亚洲撤出的德国以外，日本和其他的所有国家都发生了战争，使得田中做出的将和欧美列强发生战争的预测变为现实。

从这些史实来看，《田中私案》中所写的对战争的预测和战争构想，都为此后陆军不断强化其政治发言权、构建占有战略优势的军政关系，以及制定国家政策的基本方针提供了重要蓝本。

但是，从意见书到切合现实政治的政策体系被采纳是需要过程的。因此，有必要整理一下《山县私案》以及1907（明治40）年制定的《帝国国防方针》的内容。至此，可以认为《山县私案》的大体构造即来源于《田中私案》。

所以在本章的最后，我想再概述一下可以说是由田中和山县共同执笔完成的《帝国国防方针》的内容，以明确陆军的构想。

《帝国国防方针》的内容

1907 年（明治 40）年所制定的《帝国国防方针》（分为"帝国之国防方针""国防所需兵力""帝国军队用兵纲领"三部分）在战后一度不见踪影，后被防卫厅防卫研修所战史室室长岛贯武治发现，刊登在第 18 卷第 4 号的《军事史学》（1973 年 3 月军事史学会刊行）上。

《军事史学》公布的"日本帝国之国防方针"第一项中写着："明治初期制定了帝国政策，实施开国进取之国是。自不待言，迄今为止没有脱离此方针，今后更会遵循国是谋求伸张国权、增进国利民福。"由此可知，日俄战争后日本把"开国进取"当作"国是"，把"伸张国权"和"增进国利民福"当作应完成的目标。

为达此目标，就有必要"在世界上的多处地方进行经营，特别是在明治 37、38 年的战役（日俄战争）中投入数万生灵和金钱，保护了在满洲及韩国培植起的利权和不断向亚洲南部及太平洋彼岸扩展的民力之发展，在此基础上谋求进一步的扩展乃帝国施政之总则"。

所谓"伸张国权"，是指先以满洲和韩国为对象，接着拓展到东南亚和太平洋方面，通过从这些地区获得权利来达到"增进国利民福"的目的。这些内容，和田中提出的"大陆国家"的构想完全一致，可以说是将其构想变成了具体的方针政策。

在同一项中，为了具体说明国防方针而提出的作战方针是："对于侵害到我国权利的国家，至少在东亚有采取攻势之必要"，点明了采用攻势作战的方式。而且采用攻势作战，是以确保日本的海外殖民地为前提的。关于展开作战的地点，文中说"如果不在海外采取攻势就不能完成我国防任务"，计划将战场放在海外，特别是中国大陆。

基于前文所提到的田中对俄国、中国、欧美的认识，《帝国国防方针》中说"离我国最近且有可能成为敌国的是俄国"，将俄国定为第一假想敌对国；美国由于地理位置、经济且考虑人种、宗教等因素，"不能保证他日不惹起剧烈冲突"；而中国虽然于满洲、朝鲜等地和日本的权利有重大关系，却没有可能发生战争。

换言之，日本根本没有把中国的军事实力放在眼里，仅仅认为有必要对中国国内日渐活跃的收回利权运动和排外主义运动采取警惕态度。而且，对于这些运动"我国所采取的军事行动会使各国关系变得复杂，所以不能预先确定对策"。

在日英同盟的问题上，加入同盟后出于同盟和各国之间的关系，反而有可能增加发生战争的危险，所以在国防上有必要慎重考虑。同时，"此同盟可对我国防上帝国军队的用兵带来巨大影响"，也在某种程度上承认了同盟在战略上还是有可用之处的。

这样一来，"日本帝国之国防方针"将"攻势"作战作为整个国防作战的方针，依次将俄国、美国、德国、法国当作假想敌对国。

为了完成这样的国防方针，"国防所需兵力"中计划常设陆军扩充为野战师团25个、预备师团25个、骑兵旅团5个、野战炮兵旅团6个、山炮联队6个、重炮兵旅团4个及若干野战电信部队；海军则将一支由8艘2万吨级战舰和8艘1.8万吨装甲巡洋舰组成的"八八舰队"作为扩军的中心。

依照这一扩军计划，陆军1907年确立了19个师团的体制，同时开始调整其他部队，余下预备常设的6个师团则计划等财政状况好转后再着手建立。

在陆海两军的扩军计划中，1907年春，作为第一期计划，陆军要求增设4个师团，海军则要求新造3艘战舰和4艘装甲巡洋舰。但是西园寺公望内阁却以财政困难为理由要求陆海两军修改提案，最终结果是陆军只增设了2个师团，海军则只新建了1艘战舰、3艘装甲巡洋舰。

陆海两军的扩军计划在执行的第一年就受到了政府的限制。因为提案所提要求只获准了一半，陆军和政府的关系越发紧张，围绕是否再增设2个师团的问题陆军和政府之间发生对抗。这就是所谓的两师团增设问题。

不管怎么说，《帝国国防方针》包含了《田中私案》和《山县私案》的主要内容。正如田中在《随感杂录》和《田中私案》中所述，《帝国国防方针》也采用了以陆军为中心进行攻势作战的国防政策，意图实现向大陆发展国力的国家政策。

也就是说，这一切都是以"国是为开国进取"、日本发展为"大陆国家"为国家目标的，同时也把这个国家目标放在国家政策的基本点上。政策决定形式上为陆海两军一致，实质上是由陆军主导，打着国防方针的名义来完成这个国家目标。

在现实政治中，陆军通过采取让内阁总理大臣阅览"帝国国防之方针"和"国防所需兵力"并求取其同意的手法，实现了所谓的政战两略一致、共同制定国防方针，考虑得很周到。在和海军的关系上，陆军又拿出天皇的命令，形式上采取陆海两军共同制定国防方针的方式，实际上自始至终都贯彻了陆军自己的构想。

就这样，陆军以强大的军事实力为背景，将日俄战争后的日本带到了向"大陆国家"发展的道路上。也是从这时开始直至 1945 年日本战败，陆军不断地积极实施"大陆政策"。而构建了"大陆政策"基本框架的正是田中的一系列国防思想。

第二章

迈向军事现代化

"良兵即是良民"

通过制定《帝国国防方针》（1907）基本完成了"大陆国家"构想的田中义一，还有一个需要面对的课题，那就是如何在现实政治中实现这个构想。田中认为，能够使日本发展为"大陆国家"的原动力或者说先导者，只能是日本陆军，所以他此时要做的事，就是对陆军进行组织改革。

1907年5月1日，田中调任第一师团（东京）步兵第三联队联队长。该师团的师团长是闲院宫载仁亲王，第二旅团的旅团长是长冈外史少将。在当时，像田中这样身居参谋本部重要岗位、得到重用的军官，从参谋职位调往第一线作为直接指挥士兵的联队军官，是极为罕见的人事调动。

一般来说，一个参谋的出路，或者是留在参谋本部等待晋升的机会，或者是当驻外武官等积累经验以求发展。然而，自从有了田中就任步兵第三联队联队长这一先例后，参谋们想要得到提拔就必须要有下部队的经历。

可以认为田中调任联队长这种罕见的人事调动的背后，有军队当局自己的想法。根据高仓彻一《田中义一传记》（以下简称《传记》），田中调任是因为他自己提出了调动申请。

田中提出调动的目的简单说来有三个。第一，是为了加强参谋们和部队军官的交流。在日俄战争的实际作战中，参谋们暴露出了无力进行实战指挥的缺陷，田中希望通过自己的调动开创参谋积累实际带兵经验的先例。第二，纠正被称为"天保钱组"的精英军官蔑视部队军官的风气，制造一个既成事实，使没有下过部队就不能得到提拔成为惯例。第三，对军队教育和兵营生活施行前所未有的提升。

当时田中的顶头上司——第二旅团旅团长长冈外史少将曾劝田中说："有带兵的经验对你的将来大有好处。"田中却回答说："并不是为了我自己的前途，而是考虑到看不起部队的不良风气必须清除，不加强交流不行。我是考虑了好几年才提出的，我一定会尽力而为。"（『田中義一伝記』上）听了这番话，长冈外史找陆军大臣寺内正毅进行了商议，随后寺内又找到当时已成为陆军老前辈的儿玉源太郎商量并取得了儿玉的同意。这样田中调任一事即刻被决定下来了。

长冈曾说："当时人气已经很高的田中君放弃参谋的地位去当联队长的事情，在陆军内部都传遍了。随后类似的情况不断出现，这都是因为田中开创了先例。"（『田中義一伝記』上）如果《传记》所言属实，那么田中调任步兵第三联队联队长，就是当时陆军最高首脑——儿玉、寺内直接干预的结果。

所以，虽然采取的是田中个人提出调动的方式，但实际上可以说这个人事调动是日俄战争后打算进行军队改革的陆军最高首脑开始军制改革的第一步。

也就是说，为了建立并维持一支能和欧美列强对抗且适合"大陆国家日本"的军队，陆军方面想通过田中的人事调动改革军队内务并重新审视军队教育。随后进一步把军队教育和国民教育结合起来，开始实施所谓的"军队国民化"，或者说"国民军队化"。

关于这个工作的意义所在，虽然有些长，但可以引用《传记》中田中自己的回忆予以说明。

> 现在的战争，不能仅仅由军队来承担。如果不以全民之力，最终是无法取得胜利的。日俄战争时我国国民热血沸腾，同仇敌忾，尽全力支援军队，才得以获得如此大捷；反观俄国，军队在万里之外的满洲苦战恶斗，其后方国民不仅没有丝毫后援，反而有掣肘之举，所以才招致如此大败。但是如此事实，绝不可认为仅仅是俄国之事而隔岸观火。即便是在我国，临近战争结束时，也出现了国民的紧张逐渐松弛、军队实力变弱的事实。鉴于俄国的战败，我方必须深刻反省。也正因如此，我深感作为军队首先有改善从来之内务的必要。

面对在日俄战争中举全国之力打了一场名副其实的总体战这个事实，田中在这里提出，为了应付这种近代战争，有必要从精神上、思想上对国民进行动员。

后来，以第一次世界大战为契机，日本开始全面准备国家总体战。但田中在日俄战争之后就已经率先准备了。田中最先着手的就是军队内部改革，以培养适应近代战争的士兵，唤醒每个士兵作为军人的觉悟；同时也进行军官的意识革新，强调军官在指挥军队时应与士兵有一体感。

的确，自军队创建，军队内部残留的封建性就是阻碍军队近代化的一个重要因素。而且在经历了日俄战争这样的总体战之后，田中产生了危机感，从而反复指出，如果不清除掉军队内的封建性，日本军队有可能重蹈俄军覆辙，因为俄军就是很典型的封建制军队。

而且，田中认为此时的军队和国民之间有一定距离，这样下去是不可能得到国民对军队的理解和对战争的支持的。所以，从拉近军队和国民距离的角度出发，如何改善军队教育的统一性和封闭性也就成了问题。

用田中的话来说，军队不能是游离于普通民众之外的，成为精锐军队的条件，就是得到国民的热烈支持和理解。因此田中认为有必要强调军队和国民的一体感。

正是怀着这种认识，田中此后屡屡抛出军队内部改革措施。下面来看几个改革。

改订《军队内务书》

田中在就任第三联队联队长时，就任命军务局军事课课员贵志弥次郎（陆军大学第 18 期）为联队少佐，并命令其着手起草军队内务改订案。此后又将贵志弥次郎调任第二大队队长，并将第二大队作为实验部队。

而且田中还让身为联队中佐的首藤多喜马（陆军大学第 12 期）和久松定谟二人分别负责军队教育和军队内务。田中希望通过这一系列的改革能让第二大队及第三联队成为全国军队的模范，并以在这里获得的实践经验为基础推广军队的内务改革。

当时为了改编规定军队内务的《军队内务书》，1907（明治 40）年 7 月成立了以长冈外史为委员长的军队内务书修订委员会。田中作为委员会委员，成为《军队内务书》改订实质上的推动者。

1872（明治 5）年 11 月第 1 版《步兵内务书》颁布之后，各兵种都制定并发布了各自的《军队内务书》，或者对《步兵内务书》进行修改。直到 1881（明治 14）年才制定了各兵种统一的《军队内务书》。

1888（明治 21）年版的《军队内务书》又一改以往推行的军队内务全军统一主义的制度，让各个部队自行制定《内务细则》，各自订出内务规定。

但是到了1894（明治27）年，由于日清战争的爆发，再次提出全军统一的必要性，于是同年又进行了修订。此后直到1908（明治41）年才进行了再次修订。

1907年7月24日，陆军大臣寺内正毅发布了题为"给军队内务所审查委员长的训令"的通告，1908年版《军队内务书》开始正式修订。

通告的开头部分就对此次修订的理由做出了说明："现行《军队内务书》自制定以来，已经过了很长时间，其规定不仅远远不能满足现行制度的要求，且条文过于简单，以至实施者需制定细节来规范内务"（教育总监部编『精神教育资料』第4辑·上）；而且，虽然有前次1894年的修订，但是并没有能够彻底改变1888年提出的不进行全军统一的基调，为了彻底实行全军统一主义，有必要再次进行修订。

在上述说明之后，明确指出了本次修订的目的——"本书修订最为注重的就是全军统一主义。军队往往是为了一个共同目的而被使用的。所以军人的思想、意向、企望、目的都有必要归于一致。也就是集百万人心于一人之心之意"（『精神教育资料』第4辑·上），也即为了实现全军统一主义而进行修订。

这里所谓的全军统一主义，是指从征兵的方法到军队的编制、教育训练、兵器装备、被服器具以及材料等，一切都进行统一。

在军队内务上彻底执行全军统一主义是为了"彰显

团结主义这一军队的基本精神，注重军队的精神训练、军纪涵养、服从任务，采取教育为重的方式使军队成为国民学校，同时通过将军队家庭化，采纳团圆主义来承认士兵的人格和社会化现象"。

而且，根据《偕行社记事》第 387 号（1907）刊登的《军队内务改正理由书》一文，1908 年的《军队内务书》内容主要分为采取"全军统一主义"、重视"精神教育"和扩大"军容风纪"之范围这三点（大江志乃夫「大正デモクラシー運動の前提」，高桥幸八郎编『日本近代化の研究』）。

之所以重视"精神教育"，是因为预测到日本军工产业的生产能力在相当一段时间都将处于劣势，须强调重视对士兵进行彻底的精神教育以弥补装备上的不足。扩大"军容风纪"的范围，首先就是为了防范日俄战争后各种劳动运动、社会运动对军队内部的影响。采取"全军统一主义"，则是因为需要以培养反应快速、绝对服从命令的士兵为目的的军队内务。

将 1908 年的《军队内务书》做如此修订的目的，就是为了将军队改编成适合帝国主义国家的军事力量，同时也是为了构建能确保大量兵源和大量动员的体制。

同时，《军队内务书》的修订也是为了回应翌年（1909）实施的修改后的《征兵令》。《征兵令》采取乡土部队主义，通过尝试让各联队打出地方特色，使军队能够扎根地方。采取乡土主义，就是为了通过军队与地方的紧密联系来顺利地推广兵役并且加强军队的国民化。

这一系列的运作，是日本军队作为天皇制军队，蕴含着矛盾、为了应对军队近代化的课题而启动的。

将日本的军队改编成帝国主义军队的工作，并不仅仅只是修订《军队内务书》。翌年即1909（明治42）年修订了《步兵操典》，1910（明治43）年修订了《炮兵操典》和《辎重兵操典》，1912（明治45·大正1）年修订了《骑兵操典》。1913（大正2）年和1914（大正3）年又分别制定了《军队教育令》和《阵中要务令》，这些条文一直被使用到第一次世界大战结束。

在这一连串的条文修订工作中，此前一直模仿德国军队军规的日本陆军军规开始呈现出日本特有的精神体系。在以上过程中，田中不仅积极参与了《军队内务书》的修订，在其他条文的修订工作中也起到了核心作用。田中主要的课题就是强调自己反复主张过的军队教育和国民教育的结合，也就是"军队国民化"或者"国民军队化"。

军队教育和国民教育相结合

军队教育的目的，就是培养出在完成战争任务方面能够最大限度发挥自己才能的士兵。然而陆军认为，军队教育的对象不应仅限于军队的士兵。特别日俄战争以后，陆军明确提出应该以军队教育的内容对国民进行教育。

陆军将此通称为"国民教育"，将其作为日俄战争后的主要课题。为了追求国民对军队的理解和帮助，陆军希望通过所谓的"国民教育"来达到"国民军队化"或"军队国民化"的目的。成为此举之开端的正是1908年的《军队内务书》修订。

当时的陆军省军务局局长长冈外史谈及修订理由时曾说，与军队士兵的教育并行的，"是必须让学校教育和军队教育密切结合起来，必须将社会教育引导成军队所希望的那样"（『偕行社記事』第408号附录），进一步加深较前已经密切起来的军队教育和学校教育的关系，而且也应将社会中的一般国民当作对象，国民教育作为军队教育的延长。

田中在此后多次就军队教育和国民教育并行的必要性发表谈话（田中义一「国家総動員の要素と軍人訓練の意義」，辻村楠造编『国家総動員の意義』）。

首先，"虽然我国军队在日俄战争中取得了那样的胜利，但从1905（明治38）年的正月开始，在国内还是出现了一种非国家的声音"。田中在此不点名地指出了日俄战争期间日本民间产生的反国家趋势、劳动运动以及社会主义运动可能继续发展的危险性。"今后的战争不知会持续多久，但此战之后势必会出现思想上的反动，战场上的战火熄灭之后，必定会接着在国民思想上开始战争。为了打赢思想战，必须从今天开始做准备。"正是基于日俄战争中的教训，才有了通过使军队教育适用于国民教育达到统治国民思想目的的"思想战"的概念。

日俄战争后田中对"思想战"这一概念就非常关心，第一次世界大战的总体战战争形态又使田中有了新的认识——在总体战阶段，国民在精神及思想上的团结很大程度影响着战争的最终胜负。

因为未来的战争会带来大规模的破坏，战争的悲惨有可能成为唤起民间反战情绪的原因。该如何处理呢？这是一个问题。还有，即便在平时，日本帝国在政策上也不回避战争，既然如此，怎样避开国民因国内矛盾而产生不满和反抗？这是另一个问题。"国民军队化"就是田中对这两个问题给出的答案。

为了准备可能到来的思想战，田中设计的军队改革就是在修订《军队内务书》时向军队导入家族价值观。也即，1908年版的《军队内务书》最主要的内容就是把兵营构建成"共苦乐、同生死的军人家庭"，"要创造出和和睦睦的军队家庭"。田中就军队的家庭化写道："中队就是家庭。提倡中队长和部下结成父子关系，老兵和新兵之间要亲如兄弟，这样才能达到目的，中队就是军队中的一个家庭"（『軍隊内務書』正文）。此外，田中主张军队家庭化还有以下考虑。

军队之根本是公对公的统治和服从这一绝对权力关系，维持这种权力关系的就是军纪和惩罚。但田中认为单凭军纪和惩罚并不能唤起士兵对上司及国家足够的忠诚，所以通过军队家庭化将家庭中的统治关系搬入军队。这也掩盖了军队所具有的赤裸裸的强权性和暴力性。

换言之，对于士兵来说，中队就是一个家庭。通过打造"对中队长的服从就是对父亲或者兄长的服从"这种观念，消除士兵对上司的反抗和不满。同时，使士兵拥有"中队就是家庭的延伸"这种观念，就会让其产生国家＝军队＝家庭的归属意识，或者说能让其拥有共同体意识。通过这种意识来完成"军队的国民化"正是陆军独特意识形态的根基。

这里所说的家族主义，不单成为军队内绝对主义权力关系和暴力性的障眼法，而且在其名义之下军队内的暴力行为——"私自制裁"更加露骨地进行着。

田中就"私自制裁"这个问题曾指出，当前所处的状况是国民"害怕军队，心怀恐惧地面对军队"，为了解开这个"误解"有必要彻底地进行军队教育（田中义一「軍隊教育に就いて」，『偕行社記事』第433号，1911年11月20日）。但只要是将家庭主义作为军队教育的支柱导入，实际上就不可能消除军队教育中的"私自制裁"。

同时，田中对国民教育表现出了积极关心。这里所说的"国民",是指将来能直接征用的壮丁及服完兵役者。田中把对这些人实施军队教育放在了一般国民教育的延长线上。田中曾指出:"该如何从根本上使军队教育和国民教育协调一致呢?该如何下功夫使军队和国民能够紧密结合成一体呢?说起来这些都是重大问题。"

为了能将此二者统一把握,使其有机结合,田中表示:"明治40年春,为了调和军队教育和国民教育,我提出了良兵即是良民的含意。我认为如果不以此为基调,军队教育绝不可能成功。"(田中义一「国家総動員の要素と軍人訓練の意義」)

田中所言"良兵良民主义"的根本就是"军队精神即国民精神,所以若能锻炼军人精神、严肃军纪、切实履行内务,则回乡(退伍)后必定能成为忠良的臣民"(鉾田俊「良兵則良民教育に関する所感」,『偕行社』第537号,1911年11月20日),或者说"军队既是国防学校,同时也是引导国民善良的修身学校"(田中义一『軍隊教育に就いて』)。面对"军队国民化"和"国民军队化"这个课题,田中的应对方策就是"良兵即良民"主义的意识形态化。

此后,田中曾就"良兵良民主义"说:"(国民)之所以是良民,因为他们亦是良兵。虽为良民,一旦有事,就能挺身而出为君国牺牲成为良兵。而在平时则可在农工商及学问等众多领域付出努力,使国家繁荣富强。"(田中义一『欧州大戦の教訓と青年指導』)

从这一点来说，以田中为中心的军事官僚所主张的将军队教育和国民教育相结合的意图，就是在教育的过程中加上军事因素，将教育军事化，教育机关培养出的"良民"，同时也是战时的"良兵"。

也就是说，在未来的战争中有可能需要大量动员兵源，仅靠平时的兵营是远远不够的，所以将教育设施变为"兵营"，以备彼时之需。这不仅能满足战争时大量增兵的需要，利用教育设施还可以省去相当的费用。

从统合国民的角度出发，在平时就培养出"良兵"即"良民"，成为陆军重要的课题。田中所提倡的"良兵即良民"，在此后以数种形式具体化了，其中之一就是帝国在乡军人会。

成立帝国在乡军人会

在担任步兵第三联队联队长时期参与了各种条文修订的田中，1909（明治42）年1月28日就任陆军省军务局军事课课长。当时的陆军大臣是寺内正毅，军事课课长则是将来可能成为军务局局长、陆军次官甚至陆军大臣的可以鲤鱼跃龙门的重要职位。

寺内在提拔了大井成元之后，将同为山口县出身且能力超群的田中提拔为军事课课长，再加上同是山口县籍的军务局局长长冈外史，就形成了寺内—长冈—田中这一长州派构成的陆军中枢线。寺内是想通过这种人事关系来推行修订后的《军队内务书》，从而达到巩固体制的目的。

而田中主要奔走于建立平时即支持陆军的地方组织——在乡军人会。帝国在乡军人会成立是田中任军事课课长时期（1909 年 1 月至 1910 年 11 月）最为重要的业绩之一。

据《田中义一传记》，田中最早在 1903（明治 36）年 6 月提出要成立帝国在乡军人会。此时田中接到派往俄国的命令，在送别会上他做了以下论述。

> 像日本这样的小国，在打仗的时候，日清战争也好，不管今后什么仗，都是处于必须要和大国打仗的立场。国民的人数和大国也相差甚远，所以如果战事延长，就不得不召集在民间的部队，将后备兵源源不断地送上战场。所以指导服完兵役的退伍士兵也是很重要的事情。应该让军队教育在民间充分发挥作用，使之成为乡党的中坚力量。

在这里所说的"民间部队"，就是指帝国在乡军人会成立以前全国各地各自组织的尚武团体或在乡军人组织。这种组织在 1906（明治 39）年时有 4367 个，到 1910（明治 43）年帝国在乡军人会成立时，已经发展到 11364 个了（藤井德行『近代日本政治史研究』）。

那时，和俄国必有一战的氛围已经很浓了，田中认为如对俄开战，日军为了对抗当时被称最强的俄国陆军，仅凭常设师团（开战前是13个）是不够的。

为了应对战争中的兵力消耗以及俄国陆军数量上的优势，田中考虑将"民间部队"当作战时常设师团的后备兵源。

实际上，日俄战争正如田中所预计的那样，不仅将所有常设师团都投入了战斗，还动员了后备兵力。由此，日本陆军"收获"了不得不尽一切可能进行动员，将兵力源源不断送入战场的痛苦体验。

正是在这样的背景下，1910（明治43）年11月3日，以陆军大臣寺内正毅为会长、伏见宫贞爱亲王为总裁，统一了全国民间军人会及尚武团体的"帝国在乡军人会"成立了。从此原本分散在全国各地、起着不同作用的民间军人组织开始统一进入陆军大臣的管辖范围。

接下来，使各组织一体化及明确统一他们所承担的任务的要求被提出。田中在帝国在乡军人会成立的第二年晋升为少将，从军事课课长调任第一师团第二旅团长。此时，田中做了一个题为"关于地方与军队的关系"（帝国在乡军人会本部编『帝国在郷軍人会業務指針』）的演讲，其中对帝国在乡军人会的作用做了如下描述。

在未来的战争中，无论如何都必须动用大量的军队。但战时要动用多少军队，平时就保持多少军队，这是我国财政状况所绝不允许的。所以，今后必须要把日本的军队变为平时人数不多，但战时会变多的模式。至于如何使战时兵力变多，那就要靠作为在乡军人的各位了。

这里，田中吸取了日俄战争中的教训，同时预测到将来的战争势必需要动员大量的兵力。为了能够实现日俄战争后制定的战时动员两倍兵力的原则，必须从平时起确保潜在的兵源。帝国在乡军人会正是作为能够在平时保证潜在兵源的组织而设立的。

军部吸取第一次世界大战的教训，提出了战时动员两倍原则的必要性。也正是出于这个理由，帝国在乡军人会的职能就是总体战阶段战时动员兵力的培养机关。

田中在这个演讲中还说："说到从今往后日本的战斗力，必须认识到主力并非现役军人而是在乡军人"，即这些在乡军人正是将来战争中兵源的核心。当然，田中将在乡军人提到如此高的地位，和参谋本部认为战时动员的核心应该是现役军人，所以要从平时起就保有大量常设师团的想法是有出入的。

特别是负责作战的参谋本部，此后始终坚持要求增加常设师团，明显与田中的设想背道而驰，根本没有表示出接纳田中思想的态度。

然而经过 1922（大正 11）年和 1923（大正 12）年

的两次裁军，也就是山梨裁军，再加上 1925（大正 14）
年的宇垣裁军，战争可动员的常设兵力减少。从弥补减
少的兵力这个角度出发，陆军开始考虑从军事上利用帝
国在乡军人会。

但是，不管是从纯军事的作用出发还是从非军事
（国防宣传）的作用出发，之所以对在乡军人会寄予厚
望，都是由于需要在总体战阶段建立起国家总动员体
制。这对陆军来说也是最大的课题。

确立兵力动员体制

田中设立在乡军人会的最大目的，就是确立起从平
时到战时能瞬间完成兵源转换的大规模动员体制。在前
文提及的田中演讲中，还有以下一段众所周知的话。

> 日本的人口虽多，但经济上却并不富裕。国家
> 并没有足够的实力在平时就保有众多士兵。我等虽
> 很努力，但终归能力有限。一人被擒再扑上去二十
> 人这种事根本就是不可能的。所以听凭自然无疑受
> 限，在今后的战争中能够尽快得到补充，即尽早补
> 入新手，我认为这对日本军队来说是最为必要的。

此外，对帝国在乡军人会田中的最大期望，就是在
上一节中提到的统合国民教育和军队教育，以此形成军

队的国民基础。田中还在《关于地方和军队的关系》一文中做了如下论述。

> 你们必须是乡里勤俭力行的模范。此外，你们对人要非常诚实，对工作要极为勤勉，对自己的职业要尽心尽力，你们是受到这样教育的人。所以你们回到地方，必定会受到人们的尊敬。你们作为地方军人的一言一行，将得到各个町各个村的尊敬和信赖。正因为有你们的存在，才能保障各个町各个村的秩序，形成良好的风气。正因为你们勤于正业，才能提高地方的生产力。

也就是说，田中期待在乡军人成为地方社会中国民的模范。田中希望地方军人通过维护地方秩序成为国民的中坚力量，从而能够阻止国民道德、风气败坏，同时通过对日常生产的贡献成为地方社会发展的带头人。

实际上，在乡军人会此后渐渐成为统合国民的地方组织，对地方社会军事化起到了重要作用。

田中的这种设想，在以下的结论部分中做了简单概括。

"所谓国民教育，我认为必须注入军事思想。有必要让军队和地方的人们始终紧密相连，给地方的年轻人注入军事思想，尽量使军队教育和国民教育协调统一"。从这段话就可以看出，在田中的使国民教育和军队教育协调统一这个构想中，帝国在乡军人会明显被放在了媒介的位置上。

此外，田中担任第二旅团长时，于1911（明治44）年6月发表过题为"国民与在乡军人"（绫部勉编『田中中将講演集』）的演讲，他认为作为国民团体，帝国在乡军人会有必要在社会中扎根下来。

田中在演讲中说："从其性质内容来说，此会完全是国民团体，军人为其中坚力量，一般国民为其助势者、拥护者，我相信双方必会相互协作，以其本来的大目的为目标奋勇前进"。也就是说，虽然组织的名字是"帝国在乡军人会"，但还是将其定性为"国民团体"。

而且田中还说："军队社会和国民之间没有来往、如同身处不同社会的时代，已经成为过去，今天的军队要坚信，只有得到国民的同情支援才能顺利完成任务，必须在此信条上努力奋斗。"可以说在此田中概括了他对在乡军人会的希望。

对社会主义的警惕

到了1920年代，在不断高涨的大正民主主义运动、社会主义/劳动运动中，建立以帝国在乡军人会为媒介的"国民军队化""军队国民化"社会成了陆军急需面对的课题。为了应对一系列社会新动向，帝国在乡军人会作为维持统治秩序的防波堤，不得不再次改编。

图5　在乡军人会机关杂志《战友》

例如，为了应对 1920（大正 9）年 2 月 5 日八幡制铁所的大罢工和同年 5 月 2 日日本首次纪念五一劳动节的活动等日益发展的劳动运动，帝国在乡军人会在其机关杂志《战友》上从 6 月到 9 月分 4 次连载了题为"思想问题的是与非"的文章，表现出对劳动运动的敏感反应。

《思想问题的是与非》是由《战友》杂志的总编辑山梨半造中将执笔的。文章中，山梨主张过激派（共产主义）、民主主义、个人主义（自由主义）的思想是与军人精神格格不入的，这些对于军队教育乃至国民教育来说都是危险的，因此，他呼吁在乡军人会应密切注意这些思想（帝国在乡军人会本部编『在郷軍人会三十年史』）。

日俄战争后到第一次世界大战结束，在日本国内混乱的社会秩序中，帝国在乡军人会为维持并恢复国内社会秩序展开了积极的活动。

后来田中也说："结成在乡军人会并加以修养方面的锤炼，不仅能够增加其作为军人的价值，还能够赢得国民的尊重和同情。基于国民的充分理解，形成军队和国民相结合的良好关系。"与通过使"军队和国民相结合"达成"国民军队化"的目的相关，从这里也可以看出，田中是试图通过建立这样的关系来阻挡民主化潮流。

在这里需要强调的是田中如何看待社会主义的问

题。不仅仅是田中本人，日本的军人都认为社会主义就是破坏天皇制国家统治体制（国体）的酵母，归根到底军队的作用应该为扑灭社会主义、共产主义。

特别是 1925 年，苏联作为一个社会主义国家开始了新的经济计划，日本在看到苏联迅速发展的同时，深刻感受到资本主义世界的不景气，所以也就进一步加强了对苏联的戒心。

1924（大正 13）年 1 月 27 日，在从日本各地来到首都的在乡军人会联合分会的代表们面前，田中曾说："在世界各国努力抑制社会主义、保护国家秩序、维护国民生活的，都是在乡军人。"田中介绍了各国在乡军人会的作用，得出了"在乡军人当前应集中力量完成的任务是引导思想"的结论（『田中義一関係文書』）。

在乡军人会为了阻止社会主义思想的渗透，明确了组织的目标就是"善导思想"。该会的总裁闲院宫载仁亲王在 1925（大正 14）年 1 月 29 日召开的在乡军人会第一次评议会上，强调了地方军人的作用是要"努力彰显国粹，成为国运兴隆的中坚、国民思想的枢轴"（在乡军人会本部编『帝国在郷軍人会業務指針』）。

接到载仁亲王的指示后，在乡军人会于同年 3 月 3 日修改了该会的规章制度。在新的规章中，该会的业务项目加上了指导劝诱青少年、融合协调社会、维持治安、在非常时期援助救护工作等内容，将着力点放在了维护地方秩序、抑制阶级对立的激化上。

正是从这次规章修订后，在乡军人会提出了"应明确指出不应简单地认为对在乡军人的要求只是于战时"（『戦友』第 179 号，1925 年 5 月），即无论战时平时都将完成思想动员的任务。

在乡军人会于 1926（大正 15）年 9 月 1 日创办了第三份机关杂志——《教练》。这本杂志主要介绍青年训练所、青少年团、学校训练等内容，以支援在乡军人积极组建这些组织、开展这些运动为主要目的。

就在这样的积累中，在乡军人会于田中义一任首相期间的 1928（昭和 3）年 5 月 20 日至 26 日召开了第二次评议会。第二次评议会的中心议题是国体论和思想问题。此后，在乡军人会最重要的关注对象就是思想对策，同时也明确将警惕并阻止社会主义作为最大的任务。

田中对在乡军人会的期待

那么，田中对于如此组织起来的在乡军人会到底有何期待呢？关于这一点，从田中的演讲（『田中中将講演集』）中可以找到答案。

首先，田中在 1912（明治 45）年 6 月所做的题为"国民与在乡军人会"的演讲中，提出在乡军人会是与国民一体化的组织，期待它作为平时战时化的尝试起到自己的作用。田中说：

> 所谓"举国一致"，当然不仅是在国家多事之秋，即便在平时也是非常必要的。即家人必须为家、村民必须为村、国民必须为国献身，这绝不仅限于非常时期，而是必须平日里就时刻不能忘记的。

应该说田中的意图在于平时战时化或战时平时化，明确将在乡军人会的功能定位在从平时起就进行国民动员，也可以说田中在建立这个组织的最初就试图让军国主义渗透到地方社会中去。

因此，田中把在乡军人会和国民设置成了以下关系。

> 虽说名为在乡军人会，但从其性质内容来说则完全是国民团体。军人为其中坚力量，一般国民为其助势者、拥护者，我相信双方必会相互协作，以其本来的大目的为目标奋勇前进。

田中在这里明确指出在乡军人应作为地方社会的核心而存在，应在在乡军人会的领导下进行国民总动员。所谓非战时的军事化，就是构建军人主导的社会体制，因此，田中希望在乡军人会能够成为构建地方军国主义体制的排头兵。

田中的这个构想，在帝国在乡军人会成立四年之后整编青年团组织时也被继承下来。

青年团组织的整编

田中在结束了军务局局长（1911 年 9 月至 1912 年 12 月）及第二旅团长（1912 年 12 月至 1914 年 8 月）的任职后，回到了参谋本部，于 1914（大正 3）年 2 月开始了为期半年的欧美考察。此次考察的中心内容就是欧美各国的青年教育情况。田中在回国后的第二年 5 月，将其考察结果总结成名为"社会国民教育"的小册子。

其中关于各国都重视青年教育的理由，田中阐述说："国家兴隆的第一要素是人，这是不言而喻的。虑及国家百年大计者，势必会先下力气振兴承担未来国家命运的教育，这也是当然的顺序"（田中义一『社会的国民教育』），因此田中开始重视以青年教育为目的的青年团组织。

田中所设想的青年团组织，团员为受完义务教育至达到征兵体检年龄的不超过 20 岁的青年，性质是教育而非领导青年的团体。青年团直接与在乡军人会对接，结束了义务教育的青年直接进入青年团，履行了服兵役的义务之后，直接进入帝国在乡军人会。青年团就是这一进程中的一环。

青年会可以说是青年团的前身。特别是在日俄战争后的一系列扩军路线当中，青年会在防止逃避兵役、协助军事活动等对有利军事的活动中，一步步变成了军事化组织。

青年会并不单纯是陆军主导下的，文部省和内务省都各怀想法参与了组织。特别是1908（明治41）年10月，由于有文部省和内务省的指导以及监督、奖励，在地方行政当局的指挥下青年会急速成长起来。

1910（明治43）年4月在名古屋召开了全国青年大会，会上提出了《青年团规十二条》和《实行要目十三条》。之所以提出这些规定，是由于陆军认为"内务省、文部省参与了青年会的组织过程，赋予其行政代行机能，从而使青年会成为公益事业团体＝教化团体"，而陆军希望通过这些规定能给青年会一个"新的组织方针和性格"（大江志乃夫「大正デモクラシー運動の前提」）。

陆军对于对青年团组织进行军事整编表现出关心，最初是在1912年。乃木希典把从英国带回的少年斥候队的资料展示给当时还是军务局局长的田中义一，并指示田中以此为参考，研究一下青年教育问题（『田中義一伝記』上）。

青年团组织的具体整编始于1915（大正4）年9月15日。第二次大隈重信内阁的内务大臣一木喜德郎和文部大臣高田早苗联名签署了给全国地方长官的训令——《关于指导发展青年团体的通告》。此后，在1916年又成立了中央德报会青年部作为全国青年团的中央统一机构，同时创办发行了《帝国青年》机关杂志。

田中作为常务委员在青年部里取得了很大发言权。虽然给地方长官的《关于指导发展青年团体的通告》名义上是由内务省和文部省签发的，但其内容实际上全面接受了以田中为中心的军部的意向。

田中在1915（大正4）年9月1日写给陆军大臣寺内正毅的信中提到了和这个训令有关的一些情况。信中说，正是田中在内务省和文部省之间，就青年团组织和训令的内容同两部门进行了多次协商，最后训令的内容"大体上如小生所提议，由两大臣联名签署训令草案及组织草案已成定局，两三天后就可公布"。

吸收青年层

田中希望通过青年团的整编创建出一个能够对服兵役前的青年层，也就是所谓的壮丁进行军事管理的组织。这也明显与帝国在乡军人会的创立相同，本质上都是基于将国民教育与军人教育相结合的思想。

只不过青年团组织还有内务省和文部省的参与，再加上和帝国在乡军人会的关系，在实际运营上最初是不可能有统一路线的。

文部省、内务省认为，青年团就是结束义务教育后的青年层的事业团体，是一个纯粹以青年活动为中心的独立组织。但是陆军却认为，无论如何青年团也是一个和帝国在乡军人会有直接关系的组织，当然要在这个组织中导入军事要素。因此，文部、内务两省和陆军之间产生了越来越明显的对立。

在帝国在乡军人会本部发行的机关杂志《战友》（1913年8月号）上，田中发表了题为"作为在乡军人会理事的希望"的文章。田中说："青年会员就是军人会员。为了获得优秀的在乡军人会员，培养青年会员是很重要的。青年会的内外主持者、陆军当局者以及在乡军人会本部已经就此事做过多次商谈，希望大家能够认识到和青年会协同一致的重要性。"

田中不顾文部、内务两省的想法，呼吁通过向服兵役前的青年普及各种军队教育的预备知识和军事知识及介绍加入帝国在乡军人会等各种活动，使在乡军人会积极地作用到青年层之中去。

当时，田中提出了这样的青年团纲领。

一、完成崇拜皇室、保护国体的忠孝大义；二、注重恪守规矩制度、服从命令的德义；三、锻炼身体、以气节为贵、清除懦弱退却的习气。（『社会的国民教育』）

这个纲领如实地体现出田中打算将青年团定位为修养精神的团体。正如前文所提及，这样的定位和文部省、内务省将青年团视作地方性的事业团体的定位是矛盾的。

而且，田中把青年团看作未来的在乡军人会，曾说："不可将他们放在安逸的环境之中，不可使他们沾染社会上的恶习，要不间断地指导他们，尽力使他们在将来能成为优秀的战友，也能成为良好的国民。如果不能彻底明白这层关系，就不会明白在乡军人会和青年会相互提携的真正意义，自然也会产生疑问。"（『田中中将講演録』）

由此可知，帝国在乡军人会和青年团是有直接关系的，这两个组织被要求作为统合国民军事的强有力的媒介，承担起军队在地方上之基础的作用。这两个组织成了田中提出的"良民即良兵"主张的实际运作机关。

此后，青年团组织在第一次世界大战期间进行了数次改革。这些改革都是以 1918（大正 7）年 5 月内务、文部两省给日本各地方政府的第二次训令、1920（大正 9）年 1 月的第三次训令以及同年 11 月的第四次训令为依据，循序渐进地进行的。

其中第二次训令规定："回顾本团体的宗旨，独立自主大力发展为我团体颇为紧要之事，因此原则上本团体将努力进行自治，从团员中推举管事之人。"（『帝国在乡军事会业务指针』）由此，青年团脱离了以内务、文部两省为监督者的官僚管辖，变为自主运营的团体。

在随后的第三次训令中，将以前因官僚管制而形式化的青年团运动激活，进一步明确了其自主运营的性质，并将有能力对抗 1920 年代初期的大正民主运动作为其发展目标。青年团原本为内务、文部两省的所辖团体，却因为其有军事上的利用价值，而使得军部的发言权不断扩大。政府之所以发出这样的训令，也是想对军部表示不满。

事实上，第三次训令的内容与军部的意见相反，在训令中将团员的年龄提高了 5 岁，上限为 25 岁。

正是这个训令使得青年团脱离了此前的官方运动性质，以出乎当局意料之势，青年团开始在全国各地自主展开运动。这样的发展趋势，与田中最初设想的将青年团与帝国在乡军人会相结合、组成青少年军事组织的构想相去甚远。于是，从 1920 年代中期开始，陆军展开了反扑。

青年团组织和在乡军人会

虽然青年团运动并没有像田中所设想的那样展开，但田中打造了包括青年团和帝国在乡军人会那样的军队在地方的基础。这些组织起到弥补军队不足的作用，同时也加速了日本国民整体的军国主义倾向的发展，对舆论导向产生了重要影响。

从这一层意义来讲，可以说在第一次世界大战后的总体战阶段中，田中在这个时期进行的一系列军队改革，就是陆军主导的构建国家总动员体制的起点。而且，构建军队的国民基础，也是陆军为了得到国民对扩军计划的支持在制造舆论时不可或缺的工作。

田中是怎样说明青年团组织和在乡军人会之间关系的呢？还是引用一下《青年与在乡军人会》（1915年3月）的讲话吧。

> 不可将他们放在安逸的环境之中，不可使他们沾染社会上的恶习，要不间断地指导他们，尽力使他们在将来能成为优秀的战友，也能成为良好的国民。如果不能彻底明白这层关系，就不会明白在乡军人会和青年会相互提携的真正意义，自然也会产生疑问。

虽然与别处有些重复，但还是能够说明青年会和在乡军人会这两个组织具有联动性，青年会是为了使年轻人能够拥有成为日本帝国军人的素质而存在的。

从这个角度来说，这两个组织对于田中而言并没有什么太大的区别。不难推测，田中认为这两者只有相辅相成才能充分发挥各自的作用。

第三章

为了实现扩军目标

日俄战后经营的课题

这里先把日俄战争之后到"桂园内阁"① 时期的日本政局梳理一下。这一时期，围绕着扩军问题，田中被迫卷入军部和政府、财界、新闻界之间的攻防战中。

日本在以俄国这个世界最大陆军国为对手的日俄战争中投入了巨额军费，其中绝大部分是从英国等西欧国家贷来的。因此，战后最大的课题就是清理因贷款而发行的外债和国债。换言之，行政、财政的整顿势在必行，因之，财政规模势必大大缩小。

但是，陆军、海军方面则以必须准备再次与俄国交战为由，企图贯彻扩军路线。另外，以政友会为代表的政党势力怀着在地方扩大地盘的动机，力图实现以整备铁路网为中心的积极的财政计划。

与此同时，以城市工人为首的广大民众提出了出台减税政策的要求，广大农民提出了减轻地租的要求。的确，由于日俄战争时期的赋税加征，他们的生活十分困苦。

尽管政友会是提倡积极财政政策的，但是，作为政友会内阁的第一次西园寺公望内阁（1906 年 1 月成立）

---

① 桂太郎内阁和西园寺内阁。——译者注

并没有采取整理财政政策，反而在 1906 年、1907 年两年时间里着手推动增加 6 个师团、将陆军常备兵力扩展为 19 个师团的大陆扩军计划。

西园寺内阁如此的"积极型"财政政策当然遭到了舆论的反对。但是，由于在日俄战争中取得了"胜利"，在政治上的发言权进一步加强的军部姿态强硬，再加上政友会明确与军部和官僚机构保持一致的积极主义，扩军得以实现。在这背后，还有欲进一步发展事业的资本家们对战后政策的期待，他们曾因日俄战争时军需的急速扩大而在生产设备上投入了大量资金。

随着战争结束，军需生产急剧减少，为了避免收不回投资的事态，战后经营做出了积极型预算，希望能借此将对日本经济的打击降到最小。以希望通过紧缩财政早日实现财政健全化的大藏省为中心的财政当局反击的机会，也遥不可期了。

但是，1907 年战后危机开始，积极型的财政政策不得不进行修改了。陆海两军的扩军计划也因此不断被推迟。

西园寺内阁之后的第二次桂太郎内阁，为了应对席卷日本全土的经济危机，制订了《财政十一年计划》，打出了健全财政的路线。基于这个政策节省下来的财源，却被 1910 年的官吏加薪和减轻地租带来的特别支出所抵消，到最后并没有余钱来填补财政赤字。

受到经济危机的影响而被迫中止扩军政策的海军，

到了桂内阁时期再次要求政府早日实现扩军。

海军看到 1906 年 12 月英国海军造出了无敌级战舰（排水量约 1.8 万吨，装有 10 门口径为 12 英寸的主炮），就主张应追随英国，以建造大型军舰为中心进行扩军。

日俄战争结束到第一次世界大战爆发，英国带头迈入了炙热的海军军备竞赛时代。桂内阁无法压制海军的扩军要求，最后只得认可建造 1 艘战舰和 3 艘巡洋舰的预算，其总额高达 2.4867 亿元。当然，这在桂内阁相当窘迫的财政状况中是勉勉强强能接受的极限。最初海军要求建成以 8 艘军舰和 6 艘巡洋舰为基础的"八六舰队"，由于桂内阁认可的经费与最初要求相差太远，海军对桂内阁的态度变得强硬起来。

与此同时，陆军也向桂内阁提出增设两个师团的要求，但是桂内阁拒绝了。先通过陆军出身的桂太郎来拒绝陆军的要求，再通过政友会出身的第一次西园寺内阁来拒绝政友会提出的建设铁路的要求，这两届内阁（第二次桂太郎内阁、第一次西园寺内阁）巧妙地分别运用了缩小预算和积极政策。正因如此，这段时期被称为"桂园时代"，还得到了"情投意合"的评价。

围绕日英同盟

当国内政局按照桂太郎和西园寺公望的"情投意

合"路线推进时，外交课题直接反映于国内政治的，就是围绕如何对待日英同盟及对华政策日本国内各势力之间的摩擦。

日俄战争结束后，就如何对待日英同盟问题，日本国内各个势力之间存在着不同意见，但英国还是热切希望能够继续和日本保持同盟关系。因为日俄战争之后日本成为远东地区的新兴国，英国和日本保持同盟关系，就可以通过日本海军来保护英国在远东的利益。

日本认为这也能给自己带来切实利益。但是在1911年7月的第三次日英同盟条约中，英国暗地要求日本改变将美国作为假想敌对国的现状。

当时的日本不管是金融上还是技术上都无法摆脱对以英国为首的欧美各国的依赖，因此也没有力量拒绝英国的要求，最终采取了从假想敌中排除美国的措施。

当然，在军部看来，和一直想要向满洲地区扩张的美国的关系绝不能说得上良好，而且将来还有进一步恶化的可能。但同时也存在希望通过日英同盟来改善日美关系的意见。

不仅是军部中存在这样的倾向，从整个外交政策的最大课题是对华（清王朝）政策这一点出发，如果英国能坚持支持日本的态度，那么可预计今后将会起到很大作用。而且辛亥革命前的中国内政处于混沌状态，是不能大意的。

就坚持日英同盟这点来说，日本国内各势力之间确实大致取得了共识。但是海军内部一直将美国作为第一假想敌，主张扩军路线、实施相关计划，因此也存在一股坚决反对不再将美国作为假想敌、变更军事政策的势力。

1911年10月10日，中国爆发了始于武昌起义的辛亥革命，使得原本国内就存在这些火种的日本，不得不重新审视对华政策。

这段时期，日本的对华政策基本以陆军省的《对清策案》（1910年12月）和参谋本部制订的《对清作战计划》（1911年5月）为依据。辛亥革命后，日本开始商讨如何应对欧美列强趁中国社会动乱之机扩大在华权益。

的确，英国在中国局势不稳定的情况下做出期待同盟国日本使用军队的表示，从这一点来说日本继续和英国保持字面上的同盟关系还是有意义的。但与此同时，日本陆军并不掩饰对英国这种姿态的警惕。

陆军认为，英国是想让日本承担镇压中国排外运动之罪责，同时再将国际舆论和中国国内的谴责都强加给日本，从而达到扩大其自身利益的目的。

在参谋本部制订的《对清作战计划》中写有："欧美列强在清国的利害关系与我国政策并不相容，故列强一旦得到机会必会毫不犹豫地清除我国势力"（山本四郎『寺内正毅関係文書　首相以前』），这表明陆军非常不信任英国，而且事先就看透了英国的盘算。英国为了对抗并制约日本的膨胀政策，预备了向涉及多国利益的中国长江流域派兵的计划。

陆军首脑们对中国的认识

要为了中国与以英国为首的各国列强相抗衡，中国国内政局又不稳定，日本陆军及国内各种势力只得改变对中国的政策。

原陆军首脑们的态度，以山县有朋的动向为代表。即使是田中也并没有承认满洲地区作为殖民地的价值。日俄战争之后，满洲地区在军事上及战略上的价值都日渐降低，这种情况下，比起执着于满洲来，能够确保经济利益的华北以及长江流域成为日本的重点关心对象。正如在前章论述过的那样，"北守南进"成了大多数人的共识。

但是随着中国情势的变化，日本再次改变了对华政策。山县有朋在《第二对清国政策》（1909）中强调应该积极对南满洲进行殖民地经营。

而且就连原本比山县对日本在满洲的影响力更没兴趣的田中，也在《滞满所感》（1914）中写下："满洲是不利于日本人发展的，这不过是不知道实际状况的臆说罢了。"（『田中義一伝記』上）

山县、田中等陆军首脑们再次研究了对华政策后，对"北守南进"路线进行了修正，而且深深感到日本有必要具备同时进攻满洲及中国其他地区的能力。但这并不是说日本放弃了南进论。也就是说，日本在增加对满洲及中国其他地区关心的同时，也想获得继续入侵长江流域以南的机会。

这样的计划必然会带来的课题，就是需要加强日本的军事实力，以保证能在这样广阔的土地上展开既有质又有量的军事行动。山县、田中等强烈要求增设两个师团，也是出于这样的背景。

增设两个师团问题的经过和背景

1911（明治44）年9月1日，田中义一（时为少将）从步兵第二旅团长调至陆军省的中枢机构——军务局，担任局长。当时的陆军大臣是石本新六中将，陆军次长是冈市之助中将，而田中的直属部下就是担任军事课课长的宇垣一成大佐。

此前，田中是在部队中即陆军中枢外缘的位置上进行军队改革的，此次终于获得期待已久的军务局局长的职位，开始在陆军中枢的内部进行政治活动。其活动主要内容就是提高陆军的政治地位，将其定位于"大陆国家日本"的根基骨干。

这里田中面对的最大课题，就是日俄战争之后陆军一直悬而未决并希望尽早解决的增设两个师团的问题。

本来，日俄战争后的扩军计划是其出于对日俄战争中痛苦教训的反省而启动的。因为在日俄战争中，大量动员、大量消耗（兵员）暴露出日本军事能力的界限。

后来，和俄国再战的可能性、为了维护日本在大陆所获得权益而需扩充军力、重新整编成适合"大陆国家日本"的军事力量等，总之，将日本打造成能应对日俄战争后远东新局面的帝国，成了以陆军为中心的扩军计划的共同目标。

日俄战争中陆军就已经拿出了战后扩军计划的实施方案。大本营陆军参谋部在 1905（明治 38）年 3 月以后的作战中，为了补充已经接近极限的兵力，向内阁提出了以新增设 6 个师团为主要内容的《师团增设意见书》（陆军省编『明治天皇御伝记史料　明治军事史』下）。但是，同年 7 月，内阁以财政恶化为由驳回了这份意见书。因此，日俄战争之后陆军的兵力是 13 个常备师团、2 个后备师团、7 个后备混成旅团、1 个独立重炮旅。

同年 8 月，满洲军总司令部作战参谋儿玉源太郎出于应对因西伯利亚铁路贯通而增强的俄国军事力量的考虑，向大本营陆军参谋部提出增加 48 个步兵大队、12 个骑兵联队的大规模增兵要求，这就是《陆军兵备急设案》。

这个增兵要求也被内阁以财政为由搁置下来。陆军之所以提出这些增兵要求，都是因为在日俄战争中消耗的兵力远远超过了最初的预计。

就在日俄战争临近尾声的 1905 年，陆军在提交以上扩军草案的同时，也开始了实质上的师团增设。同年 3 月 31 日从各师团中抽调出了兵力，并分别于 3 月 31 日、4 月 17 日对第十三师团和第十四师团下达了动员令。

而且，7 月 17 日又相继对第十五、十六师团下了动员令。这一系列动作都是按照《陆军兵备急设案》进行的。但是，战争在此期间已经基本结束，由美国总统周旋实现的朴次茅斯和会召开前夜，陆军对第十五、十六师团下动员令，明显是想将此作为日俄战争后扩军构想的一个环节，是露骨的增兵措施。

大江志乃夫指出，这两个师团的增设具有"为战后大规模扩军打下基础、在签订和约的混乱时期利用临时军费'跑步增设'的性质"（大江志乃夫『国民教育と軍隊』）。增设师团计划在日俄战争中就开始制订，到 1907（明治 40）年 9 月 18 日发布《军令陆第四号》增设第十七、十八师团，终于进入实质性阶段。

此时虽然日本已经拥有 19 个常备师团，但陆军的最终目标是 25 个师团，所以扩军计划被分为两期，第一期计划增设 4 个师团。

匆忙之中设置的第十七、十八师团是第一期扩军计划中的两个师团。陆军就是否继续增设第一期计划中剩余的两个师团与政府展开了对抗。这就是所谓的"增设两个师团问题"。

陆军执拗的扩军要求

将时间倒退一下，先看看日俄战争后陆军扩军设想的概要。

1905（明治38）年8月，山县有朋在《战后经营意见书》中断言，日俄战争后日本最大的课题就是准备与俄国的再次战争。山县有朋说："我等今后应大量扩充陆海两军，随时准备应付敌人的复仇"，而且"战后的扩军对于帝国的生存来说是不可不做的大事，即使是坐于薪火之上也必须要实施扩军"（『山県有朋意見書』）。

同时，每年制订年度作战计划的陆军也在《明治三十九年度日本帝国陆军作战计划要领》中明确提出，此后的大陆作战将从以往的守势作战转变为攻势作战（『明治天皇御伝记史料　明治軍事史』）。例如《明治四十年度帝国陆军作战计划》第一章（"目的"）第一款写道："帝国陆军按照帝国军队的用兵纲领以对俄国采取攻势为目的"（原刚「日露戦争後の帝国陸軍作戦計画とその訓令」，『軍事史学』第18卷第3期，1982年12月），此后这一基调没有发生过变化。

日本在日俄战争后计划扩军的背景，即日本为了准备再次和俄国交战，在大陆作战中改为攻势作战。而攻势作战的前提就是构建起能够大规模动员兵力的体制。但是陆军提出并实施的一系列扩军计划，并非政府领导层的统一想法。因为担负陆军扩军的财政基础实在是太脆弱了。

日本在日俄战争中虽说取得了胜利，但在和约中并没有获得俄国一分钱的赔偿。这个时期日本的国债已经高达25亿日元，而且每年都需要负担1.4亿日元的外债利息（由井正臣「二個師団増設問題と軍部」，『駒澤史学』第17期，1970年5月）。再加上南满洲、桦太等新的殖民地都需要经费，这种情况下的紧急扩军实际上是相当困难的。

事实上，在财界隐隐保持影响力的井上馨就曾主张"应减少扩军，将经费用在实业上"（原奎一郎编『原敬日記』第二卷续编，明治38年12月14日），而且他曾高度评价第一次桂太郎内阁在缔结《朴次茅斯和约》前拒绝陆军增设6个师团要求的举措。

日俄战争之后，随着财阀的成立、金融资本的形成以及金融资本家发言权的增大，以井上为代表的财界政治地位也有所提高，逐渐展现出反对扩军的姿态。特别是1910年以后的第二次西园寺公望内阁时期，整理行政、财政成为内阁的重要课题，金融资本家们更是明确地提出了反对增设师团的意见。

当时的陆军，无论是陆军省还是参谋本部，都是长州军阀掌握控制权，同时确立了陆军省的地位远高于参谋本部的态势。所以，在为了实现扩军要求而与政府的交涉中，自始至终都是陆军省的军事官僚处于主导地位。

如前所言，站在要求扩军的军事官僚背后的，是拥有强大势力的山县有朋。山县从1910（明治43）年前后就开始在非正式场合表示，扩军是急需解决的事情。1911（明治44）年，山县向寺内正毅陆军大臣提出扩军的必要性，进而于翌年6月4日再次给寺内送去了意见书和书信。山县的策划就这样得到了寺内的认可。

山县的扩军案，主要有三点：（一）改变常备军所占比例，并增加常备军数量；（二）改变国家军队编成的原则，尽量仅用常备士兵编成战斗部队；（三）提升在乡军官士兵素质。

依据山县的扩军案，最终要将师团的数量扩大到25个师团。当时日本有19个师团，山县计划1912年到1913年增设1个师团，1914年到1915年再增设1个师团，1916年至1918年增设2个师团，1919年到1921年再增设2个师团。

在这一进程中，第二次西园寺内阁（1911年8月30日成立）时期增设两个师团问题政治化了。由于作战构想不同及扩军竞争，陆军和海军的对立意识加深，陆军不得不和受海军支持的政友会内阁进行对抗。而且金融资本家以及中小资本家和民众都展开了反对扩军的运动。

虽然如此，20 世纪头十年，以山县有朋为中心的陆军还是在进一步推动扩军要求的实现。

例如，在 1911（明治 44）年 7 月 31 日的《对俄警戒论》意见书中，山县就主张说，不仅仅是对俄国，还包括对清国、对英国，要对抗这些国家，"我相信当务之急就是迅速对陆海军进行整顿"（『山县有朋意见书』）。但是对于山县一系列的扩军要求，桂和寺内并没有表现出积极反应。

桂和寺内之所以如此，是由于山县的扩军计划过于激进，而且 1900～1910 年日本的国家财政陷入进一步的危机当中，在这样的情况下强行进行扩军是不现实的政治选择。所以桂和寺内认为，如果强行进行扩军，对陆军来说危险很大。可以说和山县相比，寺内此时做出的判断更为合理，而此后这种关系将发生逆转。

西园寺内阁的基本路线

第二次西园寺内阁决定将贯彻对行政、财政的整理作为内阁最大的课题。所以 1911（明治 44）年 12 月 9 日设立了以西园寺首相为总裁、以原敬内相为会长的内阁咨询机关——临时制度整理局，由其研究并提出整理行政、财政的实施方案。

図 6　为增师问题苦恼的西园寺公望（『東京パック』1912年4月号）。

西园寺首相曾对可以说是内阁副首相的原敬内相和松田正久司法相表明决心，希望能"在四十五年度的行政上进行大的改革，并以通过改革得来的财富来填补财政上的缺口"（『原敬日記』第4卷，明治44年11月20日）。

但是，陆海两军无视内阁的行政、财政整理方针，按照往年的惯例提出了扩军计划。

例如，海军方面的斋藤实海军大臣于前一年（1910年5月13日）向前内阁（第二次桂太郎内阁）提交了要求建造7艘战舰、3艘巡洋舰的大扩军提案——《海军军备充实之议》。在此提案中，明治44~49年继续追加费用为3946万元，此外还有3.6745亿元作为明治44~51年的补充费用。

海军要求在明治44年度的预算案中将这些都编入，甚至有人说海军大臣斋藤就是为了让第二次西园寺内阁接受海军的扩军提案才留任的。

西园寺内阁把海军扩军案的预算减少到8222万元后得到了议会的通过。对于同为悬案的在明治45年预算中增设两个师团的陆军之要求，内阁没有让步。这也是内阁和陆军对立的一个重要原因。

1912（明治45）年5月15日，内阁执政党政友党在第11次众议院总选举中取得胜利，西园寺内阁开始正式对行政、财政进行改革。

通过此次选举，政友会增加了两个议席，占据了

209 个议席。而官僚派的政党组织——中央俱乐部则减少了 20 个议席，仅剩 30 个议席，无党派占据了 47 个议席。政友会的胜利，意味着西园寺内阁的行政、财政改革方针获得了选民的支持。

事实上，就像曾是记者的前田莲山在其著作中所写，"从桂内阁的末期开始，全天下的舆论倾向都是要求缩紧财政。以松方（正义）、井上（馨）两元老为首，涉泽荣一、高桥是清、近藤康平、早川千吉郎等财界人士都认为有此必要，在西园寺内阁成立的同时，他们就以井上馨的名义向首相提出了建议"（前田莲山『原敬伝』下）。由此取得自信的内阁，进一步推动了改革的实施。

这种情况，不管是对于要求扩军的陆军来说，还是对于对资产阶级政党化的政友会、支持政友会的国民政治意识的高扬，以及随之而来的政党势力强化怀有戒心的官僚势力来说，都不是所希望的局面。

曾为行政、财政改革负责人之一的原内务大臣在日记中说："每次就行政、财政改革进行协商后，在下一次议会上都不可避免地要和官僚派发生冲突"（『原敬日記』第 5 卷，明治 45 年 5 月 20 日）。可见，原也认为内阁和陆军、官僚的对立是不可避免的。

进入 6 月后，内阁频繁召开以整理行政、财政为议题的内阁会议。8 月 9 日的内阁会议上，通过上原勇作陆军大臣，陆军试探性地提出了增设两个师团的要求。

考虑到陆军的扩军方针与行政、财政改革方针相抵触，西园寺首相为了使陆军撤回增设要求，直接和身为长老的山县有朋展开了交涉。西园寺向山县说明从现在的财政状况来看增设不可能实现，从而得到了山县的让步。但山县提出，如果陆军能从自身的经费缩减中找到增设师团的财源，内阁应该同意陆军的增设要求（『原敬日记』第5卷，明治45年8月30日）。

与此同时，作为增设两个师团的代替方案，桂提出：增设两个联队，同时将原本为临时设置的韩国总监护卫转为常态。此时，关于陆军扩军的内容并没有达成统一，也没有制订出具体的实施方案。

增设师团问题的复燃

进入10月，一度平息下来的增设师团问题又复燃了。身为元老的井上馨转变态度，赞成增设师团，所以陆军实现扩军的欲望越来越强。

与此相对，原内务大臣则在日记中写道："西园寺认为应向山县和上原说明关于增设师团问题其后并没有什么进展，让他们不要在今年提出"（『原敬日记』第5卷，明治45年10月18日），原认为有必要和以官僚势力为背景的元老们明确划清关系。

到了10月下旬，上原陆军大臣因为有陆军省内的冈次官、田中军务局局长、宇垣军事课课长等人的推波助澜，进一步强烈主张要求增设师团，并在 11 月 22 日内阁会议上正式提出了增设师团实施方案。为此，负责执行行政、财政改革工作的山本达雄大藏大臣对上原陆军大臣展开了说服工作。山本达雄认为如果陆军强行增设师团，将引发国民反对陆军的情绪。

11 月 21 日，西园寺首相亲自要求上原陆军大臣在内阁会议上就增设师团问题说明理由。这是为了使宣称如果内阁不承认增设师团案就不会响应向内阁成员说明增设理由的上原陆军大臣也能做出让步。在此期间的 11 月 13 日内阁会议通过了行政、财政改革方案，并对上原陆军大臣提出了延缓两年增设师团的妥协方案。

但是这样的调整并没有起到作用。翌年（1913）2 月 2 日，上原陆军大臣单独向天皇上奏，提出增设师团的必要性，并提交了辞呈。西园寺首相为了解决陆军大臣后任问题而请山县协助，山县却提出来以下一年度按陆军要求实现增设师团为交换条件。

至此，西园寺内阁在选定陆军大臣后任问题上，因为陆军方面拒绝推荐人选而陷入总辞职。但是通过对行政、财政的改革，内阁在缩紧财政方面取得了以下成果。

除了陆军省和特别会计以外，各省通过制度改革节省出 2000 万日元，再加上年度自然增长 1600 万日

元以及明治 44 年度剩余的 1000 万日元，共计 4600 万
日元。从这个财源当中支出了减税弥补费 1000 万日
元、海军充实费 700 万日元以及岁入不足补填费 800
万日元，合计 2500 万日元，算下来共有 2100 万日元
进入国库之中（『東京経済雑誌』第 1676 期，大正元
年 12 月 7 日）。

内阁对陆军提出的改革要求是从 8000 万日元的经
常开支中节省出 700 万日元，而陆军实际仅缩减了 195
万日元。

陆军中坚层迫使内阁实现增设师团

1900～1910 年，日本国内权力构造发生改变，再
加上国家财政恶化及新的国际形势等国内外诸多条件的
变化，陆军的扩军计划引发了领导层内部的各种摩擦。

第二次西园寺内阁施行的财政、行政改革即紧缩财
政是以最大限度控制政府和国家的支出，打造朴素的政
府、简化的行政为目标的。正因为这次改革是以再次整
编国家财政为基本理念的，所以需要增加国家支出且不
能直接扩大内需的扩军计划与其明显是矛盾的。

能够从扩军中获得利益的只有陆军和协助陆军的官
僚们。所以增设师团在这个时期本来就不可能成为政府
以及领导层的共同目标。

田中在 1913（明治 45）年 2 月 21 日给寺内正毅（当时任朝鲜总督）的信中，对西园寺内阁在前一年中国爆发辛亥革命时没有积极扩大日本的在华权益提出了批评（『寺内正毅関係文書』）。

　　而且田中还将支持政友会内阁的海军定义成"不喜欢帝国向大陆发展的一部分人，也是只知道扩张自己的地盘不为国家的存立着想的人"。田中认为海军支持内阁也是导致内阁对华政策很消极的一个重要原因。

　　田中后来把海军定位为妨碍陆军实现大陆国家设想的枷锁，并对海军展开了批判。在同一封信中，田中写下了这一时期陆军的立场，同时也吐露出危机意识。

　　　　特别是看看现在的情况和四周的趋势，我深为未来我陆军将遭遇非常之困境而痛心。当然还有更大的压力将会出现在不远的将来。能否发挥出足以抗拒的强大力量，则要看我等从现在起的所为。

　　特别是 1912 年初，辛亥革命经过了曲折的过程，进入到迫使清朝皇帝退位、实现共和制的时期。陆军曾把辛亥革命看作从经济及军事上进一步向中国扩张的绝好机会，但内阁却拒绝了陆军向南满洲增派一个师团的计划。

　　与此同时，在日本国内又由于西园寺内阁要实施行政、财政改革，要求扩军的陆军成为众矢之的。田中不得不苦苦思考该如何应对这一系列情况。所以写下了

"我很担心随着时间的流逝我陆军将身处危急存亡之时刻"的话。

田中在同年3月30日给寺内的信中（『寺内正毅関係文書』，明治45年3月30日），直接将西园寺内阁作为批判的对象。

> 我想您已经察觉到了，现任内阁只管制度改革，此外诸事似亦颇有打算。对此，陆军的态度是制造不让内阁介入的理由，同时要考虑在策略上不能有以后会引起争论之处。

也就是说，田中认为西园寺内阁所谓的最为重要的课题——对行政、财政进行改革的目的就是要阻止陆军扩军。为了使内阁的目的破产，就有必要制造一个"不让内阁介入的理由"。换言之，从这个时候开始，田中就认为打倒这个阻止陆军扩军的内阁是不可避免的事情。

田中在此信中说："思前想后，协调政治的立场和陆军的立场在此时期是非常重要的"，强调了协调政军关系的重要性。但是这仅仅是指与承认扩军路线（＝增设师团）的内阁妥协，也就是协调与理解"陆军立场"的政府（＝内阁）的关系。

从这个意义上，在西园寺内阁的外交和内政中，未能站在实现陆军扩军设想的立场采取强硬态度的石本新六陆军大臣是不称职的，所以田中暗中主张更换石本陆军大臣。4月2日石本陆军大臣病逝后，由第十四师团长上原中将担任陆军大臣，田中要求更换石本陆军大臣的活动也随之落幕。

死硬派田中的举动

这一时期的田中，为了协调陆军首脑们的意见，为了让上原当上陆军大臣，表现得非常活跃。事实上，田中在4月3日给寺内的信中就向寺内报告了山县推荐上原，此事在陆军内部已经取得一致意见的情况（明治45年4月3日田中致寺内正毅信，『寺内正毅関係文書』）。

陆军为了对抗内阁的行政、财政改革，于6月初确定了增设师团计划的实施步骤，详情可从接到山县指示的田中在东京和寺内会谈时拿出的山县给寺内的书信中了解。

从中可知，山县的意图是按照内阁改革行政、财政的方针，整理缩减陆军的一般经费，通过移用原有的军费达到推进并实现扩军计划的目的，而不给国库带来负担。

很明显，山县并没有把增设两个师团的具体计划和要求增加军费开支当作陆军的方针。但是田中和寺内在会谈中确认了应以需要派兵朝鲜为名，将增设两个师团作为近期陆军的扩军目标。

从此时起，寺内、田中阵营以对抗海军扩军、增设朝鲜师团为公开理由，要求西园寺内阁同意增设两个师团，并且为了能够在下一年度的预算中体现而开始上下活动。

8月，受到寺内、田中指示的上原陆军大臣在各省预算案交到大藏省之前，就已经向西园寺首相试探性提出要将增设师团的预算编入。也是从这以后，西园寺内阁开始苦苦思考如何应付陆军正式提出的增设师团的要求。但是，陆军内部对于师团增设的实施方法也并没有取得完全一致意见。

西园寺首相于8月16日就增设师团问题与桂太郎进行了会谈，桂在会谈中说："山县的主张——既然目前还只是派人去找寺内协商，倒不如我们直接去找山县商议，这倒是一个办法"（『原敬日记』第5卷，明治45年8月17日）。桂还做出判断：如果说清楚财政状况，山县也不会不讲道理地非要求增设师团。

8月28日西园寺首相拜访山县，并向山县说明增设师团实无可能，山县表示理解。而且山县也再次重复了以前的意见，那就是如果陆军通过节俭自己的经费来实现扩军的话，内阁应该认可。山县还说即便现在这个时期不可能增设两个师团，上原陆军大臣的手里也有必要准备几个代替方案（『原敬日记』第5卷，明治45年8月30日）。

可见山县、桂等陆军最高首脑并不一定认为增设两个师团是紧迫的事情。所以要求增设两个师团，是在以寺内和上原陆军大臣为首的田中、宇垣等陆军省中坚干部的主导下进行的。实际上，在西园寺和山县会谈的时候，山县曾明确说没有从上原陆军大臣那里听到增设师团案的事（「大正初期山県有朋談話筆記」，『史学雑誌』第 75 编第 10 期，1966 年 10 月）。

而且研究山县有朋的记者竹越与三郎在其《陶庵公》一书中也有如下描述："增设师团成为西园寺的难题，西园寺询问桂的意向时，桂说也不是现在非要两个师团不可。西园寺觉得也许桂这边问题不是很大，又去问山县的意向。山县说现在已经不是自己说话就行的阶段了，应该请天皇下诏来解决这个事情。但是明治天皇在位的话倒还好说，当今天皇年龄太小，还是避免让天皇担心为好"。

由此可见，增设师团是田中、宇垣等人的要求，但这并不意味着山县、桂等陆军长老没有发言权。山县和桂，从其政治影响来说，是超越陆军的人物。他们不得不站在国家的高度来全面领导陆军的决策。因此，他们只是迫不得已地表面上回避强硬姿态、抑制自己罢了。

就在以田中为中心的陆军中坚层在为增设师团活跃的同时，西园寺内阁的行政、财政改革工作也逐渐具体化起来。

9 月 5 日，后藤新平给桂送去了《政界通信》。《政界通信》显示，内阁对行政、财政进行改革是为了获取充实海军经费的财源，也为了实施积极减税的政策（减税金额为 1000 万日元），而陆军所关心的增设两个师团之事则被排除在外（『評伝田中義一』上）。

从这里也能看出西园寺内阁是真的打算实施行政、财政改革的，这就进一步让田中感到了危机。田中为了挽回陆军的劣势，决定向各方面游说增设师团的必要性。

遭遇反对增师派的反击

田中首先接近的是将增设师团作为军制改革的一环给予肯定的井上馨，通过井上的活动，取得了 11 月 9 日在首相官邸向内阁成员说明增设师团必要性的机会。田中极为活跃地向财界和西园寺内阁的成员们做了大量工作。但是，正如原在日记中记录下来的那样："田中所说实在没有什么新意"（『原敬日記』第 5 卷，大正元年 11 月 19 日）。田中的一系列活动并没有取得什么成效。

此后，田中也向大隈重信、《万朝报》的黑岩周六等政界、媒体人士提出要求，请他们将舆论诱导到对增设师团有利的方向上去。但最终舆论的走向和田中所期待的完全相反。

例如，《东洋经济新报》就在题为"断不可同意陆军的扩张"的文章中，就俄国威胁论——陆军举出的增设师团的理由之一发表了评论："虽说陆军的军备扩张对于我国来说是毫无意义的浪费，但对俄国的影响却全然不同，绝不能说是没有意义。他们必然会觉得自己的地位受到威胁，更应扩充远东军备。其结果就是使我国感到不安，不得不再次扩军"（第 603 期，明治 45 年 7月 15 日），表明了反对立场。

同时，《东京经济杂志》也发出了全面支持政府进行行政、财政改革的声音，发表了题为"排除增设师团妥协论"的文章。该文章说："西园寺首相和山本大藏大臣一样，都反对增设两个师团，之所以严厉拒绝是颇有根据的，这个根据如今已经成为公开的秘密。山本大藏大臣甚至曾扬言称，新成立两个师团即为对行政整理方针的正面打击，自己也将断然辞职。事到如今，即便有元老的忠告，或者民间有一二企业家声援陆军，首相都不应甩开和自己意见相同的山本大藏大臣去容忍陆军的主张"（第 1675 期，大正元年 11 月 30 日），表明了强烈支持政府方针的立场。这些报道也反映出当时民间反对增设师团的声音。

同时，财界人士反对增设师团的运动也活跃起来。10 月 20 日，第 19 届全国商业会议决定支持政府对行政、财政的改革，该会的干部们还在 11 月 7 日拜访了山本大藏大臣，并对山本进行了鼓励（『東洋経済新報』第 615 期，大正元年 11 月 15 日）。

此外，还有中野武营等东京的少壮实业家们也决意反对增设师团（『東洋経済新報』第 617 期，大正元年 12 月 2 日），以国民党议员泽来太郎、伊藤知也等人为中心，于 11 月 28 日结成了反对增设师团同盟（『大阪朝日新聞』，1912 年 11 月 28 日）。

和这些反对增设师团运动并行的是，中野武营、山田英太郎、田川大吉郎等国民党议员决定要求在政府内设置国防会议，以达到抑制陆军增设师团要求的目的。之所以设置国防会议，是希望能由政党、财界、官僚等各方面的人士组成一个专门会议，通过交换并调整各方面的意见来解决军备问题。

军备问题并不单单是军队的问题，而是和国家整体政策息息相关的。设置国防会议就是将军备的性质、规模和国家政策以及国家财政紧密联系起来，同时也希望通过国防会议来抑制军部的一意孤行。

但是，对于设置国防会议也有媒体提出了批评意见："设置国防会议必定会与预期目标相反，只会助长军人的跋扈，酿成陆海两军的争议，开军人插嘴国家政事之先例，危及国家财政基础，妨碍制定军国政策方针，制造军政当局者逃避责任之口实等，其弊害不胜枚举"（『東京経済雑誌』第 1682 期，大正 2 年 1 月 25 日）。

即便如此，在 1914（大正 3）年 1 月 31 日的第一次山本权兵卫内阁第31次例行议会上，国民党总裁犬养毅还是提出了《关于开设临时国防会议建议案》，设置国防会议的工作正式启动，并于同年6月23日第二次大隈重信内阁时期以"防务会议"的名称得以成立。

然而，设置国防会议的设想，实际上也是山县和桂等陆军首脑为了解决增设师团问题而提出的。其结局也只不过是成为扩军正当化的手段而已。以国防会议为蓝图、在大隈内阁时期设置的防务会议，最终所起的作用就是一个实现扩军，具体来说就是让各方面同意增设两个师团的机关。

正是这一系列反对增设师团的氛围和运动，以及在设置国防会议的设想上政党势力表现出的对军备问题的参与姿态，让田中等陆军省的中坚干部感到实现增设师团的困难，并开始为此摸索对策。

转入反攻

就在增设师团问题进入最终阶段的11月，田中等人向各界发出说明增设师团必要性的意见书，试图扭转局势。

根据《田中义一传记》（上），西园寺内阁在这个时期对上原陆军大臣所提增设师团的要求，依然以正在施行行政、财政改革为由坚持拒绝。为此，上原以陆军大臣的名义向西园寺首相提交了宗旨书，而这个宗旨书是由宇垣军事课课长起草、田中修改的。

同一时期，宇垣还撰写了《主张增设两个师团的意见书》（以下略称为《意见书》）。众所周知，该《意见书》被田中修改后广为散发（『宇垣一成関係文書』）。井上清在《宇垣一成》一书中介绍说，陆军大臣的宗旨书和宇垣的《意见书》是两份不同的文件。但从两书的内容以及撰写时间大致相同这些点来看，两者很可能是同一物，只是现在无法证明这个观点。

不管怎么说，这一《意见书》具体阐述了宇垣的上司——田中等陆军省中坚干部坚持增设师团的理由，这一点是毫无疑问的。例如，《意见书》的开头部分就写着："进取型的外交政策通常是需要充足的兵力支撑的，从过去众多历史到现在各国冲突的实际情况，都向我等证明、教导了这一点。对此已没有必要在这里条分缕析地赘述了"，而日本要想发展成大陆国家，就必须依靠"进取型的外交政策"，那就需要有充足的军事力量作为基础。这里再次明确提出了陆军一贯的主张。

但是，现状是陆军的这个主张至今尚未得到各阶层人士的彻底理解，不仅如此，还"蒙受了一些观察邦国百年大计短视论者的批判"。这里所说的"短视论者"，指的是财界和媒体中反对增设师团的人。接着又说："当今我国政界的状态，不得不让我怀疑是一些短视的政论在不断迷惑着以有力的政论家为首的庙堂之上的诸公"，批判了连政府相关人士也被"短视论者""迷惑"的现状。

《意见书》还提出，尤其是西园寺内阁所推行的行政、财政改革，实际上只不过是拒绝陆军要求在朝鲜增设两个师团的借口而已，不得不说内阁的这种姿态，其实是"不忠于国家前途发展"的政策。

接下来就进入对增设师团的理由加以说明的部分了。之所以增设师团，第一个理由就是，俄国军事实力随着西伯利亚铁路的双轨化而进一步增强，作为对抗办法，扩军政策成为必须实施的紧急事项。

特别是俄国在远东地区军事实力的增强对朝鲜半岛构成了威胁："在朝鲜增设两个师团已成燃眉之急，仔细观察计算彼此的形势，为了国家的前途，出于自己的责任断不能漠然无视，不得不承认现在的事态令人痛心"。

虽然陆军在这里把俄国的威胁作为在朝鲜增设两个师团的理由，但实际上这一时期日本和俄国的关系并非如此。当年7月缔结了第三次日俄协议，再次确认了彼此在中国大陆的势力范围。而且俄国在欧洲方面加入了协约国（英、法、俄），在与同盟国（德、奥匈帝国、意）对立的构造中支撑着一角，在亚洲方面俄国采取了极力避免纷争的方针。因此可以说此时期日俄关系处于空前的良好状态。

当然，对日本来说，军事能力上俄国是第一假想敌对国，俄国也必然是阻止日本发展成为大陆国家的一个重要因素。

但是，可以说至少在这个时候，俄国完全没有和日本发生军事冲突的意图。所以，《意见书》中所说的为了对抗俄国而有必要增设师团，是无视现状缺乏说服力的说法。

田中《意见书》所含之意

《意见书》举出的第二个增设师团的理由就是，为了在辛亥革命以后的中国推行积极政策，使日本能获得和其他国家同样的权利，有必要充实和动员足够的兵力。《意见书》对中国的局势做了如下概括。

> 看看去年年末支那之形势吧。长江沿岸发生革命动乱以来，清廷覆没，民国兴起，从外观上来看似乎有点到了"小康"的状态。虽说如此，各省督抚依然拥有强大的军队，各自为政，使中央政府威令扫地，地方上财政又已到了极其匮乏的地步，四百余州土崩瓦解的危机即将到来。处于此等时期的列国之态度，是谁都想拥有能够排除错综复杂的利害关系单独解决支那问题的实力。

所以各国都在用保全外国领土的美名来相互牵制，实际上是都在孜孜不倦地图谋各自国家利益的增长和发展。

田中在其所写的《随感杂录》中曾认为"清国自己已不能维护国内秩序"（『田中義一関係文書』），开始怀疑中国作为主权国家的统治能力，并把中国当作日本向大陆国家发展时不可缺少的资源供给地。

基于此种认识，田中说："他日最后解决支那问题时，从自卫的角度上，我等一定要站在主动地位，至少要指导帝国能够永远安宁发展。今日在朝鲜增设两个常备师团即是巩固对支那政策的主要阵地"。

田中指出，为了应对欧洲列强在中国的攻势，确保日本的"主导地位"，就不可避免地需要以军事力量作为后盾，如果错过时机，则日本想要在中国扩大势力范围就有可能遭遇挫败。

这个时期日本政府在对华政策上形成的共识是，从日本资本主义的后进性和工业生产能力较低的现状来说，不可避免地需要利用军事实力获得权利，但同时出于避免与欧洲列强对立、财政恶化等考虑，压制了陆军所主张的"中国政策"的展开。

因此，陆军为了改变对中国采取消极政策的内阁方针，强行提出了增兵要求。也就是说，增设两个师团追求的不仅仅是纯军事效果，还包含了这样的意图。田中看出了增设两个师团的意义。

围绕着增设师团问题，西园寺内阁最终被迫总辞职。对于陆军来说，毫无疑问这只不过是完成大陆国家构想的一个手段而已。

由井正臣指出，事实上"陆军增设师团的目的，就是为了对中国进行殖民侵略时，日本能通过地理上的优势和强大的军事力量，占据主导地位"。（「二個師団増設問題と軍部」）

《意见书》中举出的增设师团的第三个理由，就是日俄战争中临时接受征兵教育的士兵在大正 3 年（1914）时将服役期满，这将会带来国防上的重大缺失，为了弥补有必要增设两个师团。

陆军提出增设两个师团的"出发点是从战时兵员减少的实际情况来考虑的，如果把增设师团推迟到大正 2 年以后，不得不说国防上将变得非常危险。这也是为什么陆军当局不能等国家财政完全缓和之后再提出增设两个师团的原因"。所以陆军主张，增设两个师团看上去虽然是扩充军备，但实际上只不过是补充兵力的减耗而已。

对于政府的反应，陆军方面说："虽然存在着这样不容片刻迟缓的紧急事态，但掌权的诸公仍只拿财政情况来做拒绝的借口，到底要怎样才能让他们承认这是关乎国家存亡的重大行动呢?"，尖锐地批判了以整理行政、财政为理由拒绝增设师团的政府。陆军的理由在前文已经分析过了，而如果没有迫切需要充实军备的内外形势，陆军的理由就显得苍白无力了。

《意见书》接下来提出了陆军测算出的增设两个师团所需的经费。从《意见书》中可以看到，为了增设两个师团，第一年度需要 1000 万日元，此后每年的维持费为 740 万左右。这些费用将依据国家财政的实际情况，不一定都由国家来负担，陆军表示有通过对陆军经费的调整节约尽量自己负担的思想准备。

对于财政与增设师团问题的关系，《意见书》中写道："不管是从东西方世界的现状，还是从受过教育的在乡兵员减少等情况来看，综合内外形势，毫无疑问，增设两个师团都是明显不该被阻止的紧急事情，而实施此计划也绝不会妨碍帝国财政的改善，这是显而易见的"。所以陆军断定内阁是出于误解才摆出了以财政原因为借口拒绝增设师团的姿态。

《意见书》最后是以"居然能够做出牺牲在存主自卫上不可或缺的诸多设施来阻挠本次计划这种事，我等不得不惊讶诸公的偏见与无能。诸公到底凭何以报天皇之信任、国民之信赖？还望勿嫌厌烦回答"这样的话来结束的。

这份《意见书》到底给哪些方面看过、具有怎样的影响力，现在已经无法考证了。但是从《意见书》是在 11 月份，即内阁与陆军围绕增设师团问题的对立已经进入到最终阶段时所完成的这一点来看，《意见书》充分反映了陆军中坚干部打破这种僵局的目的。这种企图具体体现在此后上原陆军大臣的强硬态度之中。

也就是说，11月22日上原陆军大臣正式向内阁提交了增设师团案以后，到11月28日内阁第二次讨论增设师团问题会议之前，上原陆军大臣在陆军省内与冈陆军次官、田中军务局局长等就将在内阁会议上交涉的内容进行了沟通，并确认了必要时要表现出包括决意辞职在内的强硬态度。

在这次内阁会议上，政友会出身的西园寺公望首相、原敬内务大臣、松田正久法务大臣以及出身财界的山本达雄大藏大臣等官僚都发了言。他们一致认为进行行政、财政改革和增设师团是不可能同时实现的，应该先进行行政、财政的调整，而增设师团是可以推迟的。

对于官僚们这些发言，上原陆军大臣从以下的理由出发，对政府给出的妥协案——延缓增设师团，表现出了对抗的态度。

陆军进行的调整，是以增设师团为目的的调整。虽说是按照内阁的方针进行的行政改革，但绝不能把调整和增设师团问题分开来考虑。增设师团所需的983万的临时经费完全可以从结转的经费中支出。大正2年的经常费用中还有110万元左右，加上陆军调整出的200万元，都可以拿来支付这笔支出。说到给国库增加的新负担，不过是增设之后

的 280 万元而已。而且其中不管陆军要求多少，都是四年以后的事情了。（荒木贞夫编·代表『元帅上原勇作伝』上）

原内务大臣提出，希望上原陆军大臣能在内阁会议上对增设师团计划及陆军调整的详细状况进行说明。对此，上原陆军大臣表示，如果内阁不打算同意增设师团案，就无法满足原内务大臣的要求，即拒绝做出说明。不仅如此，上原陆军大臣还反过来指责政府正在推行的行政、财政改革是为了给海军补充经费。

寺内军部内阁计划遭遇挫折

上原陆军大臣为了实现增设两个师团而单独上奏的行为，可以说是有预谋的政治行动。《寺内正毅文书》中保存下来的《两个师团增设问题意见书》说明了这一点。

根据这个史料可以看出，陆军认为：西园寺内阁进行行政、财政改革的目的，是为了增强政友会的声望、巩固政党内阁的基础，政友会面对陆军的强硬态度会抢占先机进行总辞职，然后将总辞职归咎于陆军；内阁是想通过这种做法在各个部门孤立陆军，进而对陆军大臣提出劝退，同时也通过山县有朋、桂太郎等陆军最高首脑来压制陆军中要求增设师团的派系。

这个文件是几月份写的现在已经无法得知了。但是，不管西园寺内阁是否真的怀有像陆军所言的意图，至少从此处可以看到西园寺内阁对陆军采取的应对措施。

在此，我们要关注的是在此背景下陆军对内阁采取的行动。在该文件中，"陆军对策步骤"归纳为六条。11月之后以上原陆军大臣为代表的陆军所采取的一系列行动，都出自此。围绕着增设师团，陆军在此阐述了与内阁对立的意义。

> 也就是说，在当今这种情况下，已经不是单纯增设师团的问题了。政府意图借此机会结成政党内阁，所以增设师团问题不过是牺牲品而已。现在实为与我国是相关之重大时机，也即日本帝国到底是成为民主国家还是成为君主国家。站在此分水岭上，我们必须依靠顽强的意志和坚实的协同力来大力协作。

这里最为值得注意的，就是陆军之所以和政府对立，是因为陆军并不是把增设师团问题仅仅当作一个单纯的扩充军备问题，而是将其作为界定政党内阁是与非的根本问题，同时，陆军也有深刻的危机意识。

日俄战争结束后，日本的政治权力构造是处于一个官僚、军部和新抬头的政党势力三分天下的状况。特别是政党势力的抬头导致官僚、军部的地位相对下降。

权力构造发生这样的变化，也是统治层内部形成对立的重要原因。从这个角度出发，可以认为，在实现增设师团（＝扩军）的基础上，军部是将提升其政治地位当作根本目标来考虑的。

而且，改革行政、财政必然会缩编行政组织，因此官僚势力的权限也受到了威胁。对于官僚势力而言，如何阻止政府进行行政、财政改革，也是一个重要的问题。所以在增设师团问题上，官僚势力有理由和陆军保持一致。

但是，官僚势力虽然一直保持着反政党的姿态，但在政策决定阶段却表现出和陆军不同的圆滑应对。对陆军来说，政党势力的发展必然即刻导致陆军政治地位降低，因此陆军保持了高度警惕。

从 1912 年末开始，行政、财政改革更为具体了，同时西园寺内阁对陆军的严厉态度也超出了陆军的想象。在这种情况下，以田中义一为首的陆军中坚幕僚们，为了强化陆军的地位、迅速实现陆军构思出的政策，开始盘算组建以寺内正毅为首的军部内阁。

此计划实施的步骤如下。首先，西园寺首相在和山县有朋会谈后得不到下任陆军大臣人选的话，会就陆军增设师团的要求不符合内阁方针这个问题上奏。这样，天皇必定会询问桂太郎的意见，可以通过桂太郎促动天皇反对内阁的上奏。

接下来，"首相必定会奏请内阁总辞职，天皇会将各位元老召集到宫中询问意见，此时天皇会同意内阁的总辞职奏请，然后请桂太郎大将发言推荐寺内大将组建新内阁，山县、大山两位元帅都附和，再加上井上候的赞成，国是则一举可定"。田中等人想通过以上办法来实现尚是悬案的寺内军部内阁。

如果寺内内阁成立，由元老井上馨提出国防统一的必要性，内阁就可以以此为机会"根除海军的野心，谋求国防的巩固"。从以上内容可以看出，寺内军部内阁的目标就是打破政党内阁、积极实施对华政策和阻止海军的扩军计划这三点。

寺内军部内阁流产

寺内军部内阁能否成立，取决于山县有朋和桂太郎的动向。田中等人的设想是以他们一贯支持寺内为前提的。但是，正如前文所述，山县有朋和桂太郎是军事领袖，但更是政治领袖，他们有时不得不优先政治上的判断，并不一定会支持寺内正毅。

这里所说的政治上的判断，是指为了平息民众反对增设师团的运动，不宜成立军部内阁这一判断。正因为田中本身知道山县有朋和桂太郎的立场，所以更重视对其他元老的活动。但是，从结果来看，成立寺内军部内阁的设想还是破灭了。

西园寺内阁总辞职之后，为了选定继任首相，元老们12月6日到17日开了10次会。会上，松方正义、山本权兵卫、寺内正毅以及桂太郎被提名为首相候选人。但是，从会议迟迟不能定下首相人选来看，可以说此时元老们已经逐渐开始失去原有的政治实力了。

从几位候选人的背景，也能够看出各有各的打算。比如松方正义主张紧缩财政，山本权兵卫主张扩充海军，寺内正毅则主张增设师团。（坂野润治『大正政变——一九〇〇体制の崩壊』）

这也是三分天下的权力结构的证明。但各位元老不得不考虑该如何应对当时民众反对陆军、反对增设师团运动如火如荼的背景。在元老会议召开期间，田中等人按照先前的计划，为建立寺内内阁频繁展开活动。

在此期间，田中向在朝鲜的寺内详细汇报了从西园寺内阁总辞职前后到选定首相的经过（田中义一致寺内正毅信，『寺内正毅関係文書』）。例如在12月5日的电文中，田中有如下叙述：

> 内阁已于今日总辞职，明日（6日）似将在宫中召开元老会议。相信结果一定会如预料的那样，虽然也会提名政友会的桂大将，但相信大将并不打算出任首相，而且现在也不是时机。总体来说，现在希望阁下能明确意志，阁下如能抓住此时机按照

预定的方针与大将进行沟通，相信前途绝不悲观。目前推荐桂内阁的声音越来越强，迫切希望阁下能自朝鲜返回东京，待归京后再做进一步的打算。

从这里来看，田中认为寺内内阁成立的可能性是非常大的。田中判断的依据是桂太郎的行动。第二天的电文也报告了后藤新平持同样判断。

在7日的电报中，田中汇报说元老会迟迟下不了结论，井上馨和大山岩提出了请松方正义组阁的方案，但遭到了松方的拒绝。从桂太郎那里得知，组建松方内阁的方案是牧野伸显、松田正久等向西园寺活动的结果。9日的电文又描述了以下情况。

山县、井上、桂三公十有八九是真的想要启用松方。其他方面，萨摩出身的人也联合海军在不断活动想要启用松方，故相互作用形成了即便松方拒绝也要强迫他出任首相的形势。但同时西园寺说松方不想出任也是事实。

也就是说，元老的意向中，建立松方内阁可以说是主流。出现这样的局面，主要是因为松方的观点是应该缩紧财政，如果松方出任首相，其内阁很可能采取和西园寺内阁相同的路线方针。元老们认为实施财政、行政的改革是平息民众反对增设师团运动、再建财政的最好方法。

但是，从 10 日和 12 日的电文来看，建立松方内阁又完全没有希望了。而且平田东助以及组阁案已被提交的山本权兵卫都表示辞却。此时剩下的首相候选人已经屈指可数了。12 月 13 日的电报中，田中向寺内报告了成立寺内军部内阁的计划事实上已经失败。

"桂公向山县公商议请求拥护阁下（寺内），今早山县公说虽说不到亡国地步桂公可能不会出马，但此次首相还是非桂公莫属。如果桂公肯出马，他一定是自己下了决心，势必会认为这是最后的效忠。桂公到底肯不肯出马，今天的会议上该会有个大致结果。"在电报中，田中不得不承认桂太郎出马的可能性极大这个事实。

至此，田中认为寺内应采取的态度是"切望阁下固守朝鲜勿动，以待他日再行改变时局"。

第三次桂太郎内阁的成立

就这样，桂太郎被定为继任首相，17 日开始进行组阁，21 日第三次桂太郎内阁正式成立。

关于桂成为继任首相的过程，田中在 15 日向寺内报告的电文中，吐露了他对山县为了让桂出马从一开始就大肆活动的不满。

当下时局，桂公终于从宫中出马，按程序来讲就该下诏敕了。山县公对阁下的前途表示担忧，加上西园寺侯辞职之际的一些言语，山县公更认为不可让阁下出任首相，所以才从一开始就下了让桂公出马的决心。虽然平田子爵献策提出可以让松方侯暂任首相，但最终还是会请桂公。为了能让桂公出马，在桂公自己首肯前，山县公曾多次入宫，费尽心思。

在电文的最后，田中说："从此番的情理和人际和睦来说，下官离开本省是非常必要的。如能这样，相信一定能达成国防统一的目的。俟有决定再行汇报"。田中决定承担增设师团问题的责任，辞去军务局局长之职。同时，田中还认为，为了达成陆军的一贯主张，有必要继续谋求"国防上的统一"。

从被田中等推为预定军部内阁之首相的寺内的作为来看，寺内自己在 11 月时就表示出了组阁的决心。

例如，在 11 月 1 日给田中的信中，寺内表态说："虽才疏力微难胜其任，但国难当头之际绝不会袖手旁观"，"万一大任降下，必以此心报答圣上"。（『田中義一関係文書』）

桂内阁的成立已成定局时，寺内在给田中的电报中表明了自己万念俱空的心情："承蒙厚爱不胜感激。小生不过是对君国一片忠诚，自最初起就毫无对名利等的欲望"。（『寺内正毅関係文書』）

而且，就桂内阁成立的过程而言，寺内表示："如果山县公确如贵电所言决心已定，那真是极不幸。望与后藤男爵协商后，后藤男爵能为启用桂公而尽力"。由此可以看出寺内做出了如果山县想要成立桂内阁那就无可奈何的判断，既然这样，不如寻求官僚派中的有力人物、对成立寺内内阁也持积极态度的后藤新平的帮助，朝着实现陆军要求的方向努力。同时，寺内也对田中的遭遇表示："贵官此次不得已辞去现职，还望尽量寻找合适之后任"。

这就是从西园寺内阁辞职到桂内阁成立期间，田中与寺内之间电文的大致内容。由此可以看出，田中等陆军中坚幕僚们建立寺内军部内阁的设想并没有得到山县、桂等的充分支持。寺内—上原—冈—田中—宇垣这条陆军中枢线与陆军出身的元老们以及桂等，在对现实状况的认识上存在根本差异。

无论如何，陆军中枢线试图以扩军问题为突破口推翻政党内阁、获得官僚势力的支持，一举成立军部内阁，进而解决陆军长期努力而未决的议题。这个计划最终被以山县为中心的元老势力阻止，因为他们惧怕反扩军运动的进一步高涨。

对于海陆军扩军计划的暂时延期和军备问题，各位元老要求桂内阁在国防会议制度下逐件予以研究。

后来，田中曾这样评价自己当时的行动。

有种看法认为，由于那个问题致使内阁倒台是山县、桂等的阴谋，这种看法是错误的。我们做的，只是为了解决扩军这个对陆军而言多年来悬而未解的问题，当然我们没想到会成如此局面。我们只是统一了中坚力量的意见，游说内外。元帅（＝上原）不过是被我们拉进来的，而不是煽动者。如果说有人对我们有所不满的话，那既不是桂公也不是山县公，而是井上。（小泉三申「策太郎」，『随笔 西园寺公』）

即便不能光依据字面，也可以断定扩军问题是由田中等陆军中坚幕僚们主导的。在西园寺内阁总辞职这件事中，正如上文所说，陆军的行动是有计划，而上原陆军大臣不过只是傀儡罢了。

上原在后来评价自己当时没能成功实现扩军时，表示"输掉了一个大博弈"，吐露出悔意（『元帅上原勇作传』上）。因为当时田中等人告诉上原，此次实现扩军的可能性相当高。扩军问题的另一方当事者西园寺公望在后来也曾回忆说：

我并不是否定增设两个师团，而是将它延期至财政整理结束。对此山县也没有意见。但军部内的主流，即使以山县的威力，也未能改变局面。（中略）但是，山县和桂都没有愚蠢到与我正面敌对。更不会使出用陆军问题让我倒台的拙劣手段。（小泉策太郎笔记，木村毅编『西园寺公望自传』）

但实际上，西园寺内阁倒台的直接原因，是被田中等人推到前台的上原陆军大臣的强硬姿态以及山县拒绝推荐后任陆军大臣。田中此时"不断强调要立刻实施扩军，并努力争取舆论的支持"（井上馨侯传记编纂会『世外井上公传』第 5 卷）。从田中的行动中，也不难看出田中心里对政党政治存在强烈的戒备。

在此时期，不仅仅是整理行政和财政，政友会还向议会提出了小选举区制法案，这些都是以强化政党政治为目的的。在田中的预测中，如果政党政治得以发展，势必会与陆军的"大陆国家"论发生抵触。

对此，由井正臣在他的论文中指出："田中批判西园寺内阁的背后，是将政党政治视为阻碍推行大陆政策的因素，所以摆出了明确姿态。"（由井正臣「二個師団増設問題と軍部」）

而关于田中等人的寺内军部内阁设想，坂野润治指出："从打算用两个师团问题让西园寺内阁垮台，然后再建立寺内内阁时起，田中就已经充分认识到政党势力的重要性。以建立寺内＝陆军系内阁为目标的田中，是反对纯政党内阁的，同时他所考虑的寺内内阁也是以政党＝桂新党为基础的内阁。所以他绝不是以君主内阁或者政党内阁那样单纯的二选一的态度来看待这个问题。"（坂野润治「大正初期における陸軍の政党観」，『軍事史学』第 114 期，1976 年 3 月）

两位学者的见解从根本上来看是不同的。由井是以田中在增设师团问题中的行动为焦点而做出评价；坂野则是将大正政变以后田中的行动也纳入视野后得出结论。实际上正如坂野所指出的那样，通过大正政变，田中认识到了政党政治的作用，开始对政党组织抱有强烈的关心。

这是因为，如果要将在大正政变之中显露出的民众的政治能量吸收到体制之内，就不可避免地要依赖于政党政治。从这个角度来看，增设两个师团的失败以及成立寺内军部内阁设想的受挫，都是迫使田中从根本上修正政党观的一个机会。

第四章

政界与军界的纠纷

对桂新党设想的应对

无法实现增设两个师团的田中，于1912（大正元）年12月17日引咎辞职，又在第三次桂内阁成立时再次出任步兵第三旅团长（东京）一职。

可是，田中对于走马灯似的西园寺公望和桂太郎的轮流执政，对于官僚政治和政党政治之间所谓"情投意合"相互妥协的政权交替，感到相当不满。

这是因为田中认为，只要这样的妥协政治依然持续，那么增设师团问题就一定会成为一个常常为政治所左右、充满不确定因素的大问题。首先就是出身陆军的桂接近政友会的意图过于明显。事实上，陆军的宇都宫太郎（时任参谋本部第二部部长）、海军的财部彪（时任海军次官）以及田中等陆海军的中坚幕僚们，都对桂突然接近政友会产生了危机感、警戒感。

难怪这样的军队中坚官僚们感到恐慌，就连政友会实质上的最高领导者原敬也在日记中写道："余曾以为，他日藩阀或官僚的残党们必有守卫孤垒反抗余等之时，然此时因桂之英明决断，使藩阀与官僚绝迹于表面"，可见政友会和桂的关系已很亲密（『原敬日记』第4卷，明治44年1月26日）。

事实上，在这之前就存在桂成为政友会的领袖，进而结成官僚与政党之大联盟的猜测。但是，桂第三次组阁之前，在政友会内部，除原敬主张的与桂合作并且向陆军妥协的方针以外，主张强化与萨摩派海军关系的势力也发展起来。

桂通过和政友会（原敬）合作，运营着第三次桂内阁。当时他面临的最大问题，是如何实现将陆海军的扩军计划延期一年。这个问题使桂对维持政权感到不安。

事实上，桂等曾向原敬提议："此时除整理事务以外，中止一切事务（包括减税问题和陆海军的扩军问题）如何?"（『原敬日记』第5卷，大正元年8月12日）因此，关于是否能够实现扩军，不仅陆军，海军对桂内阁的不信任感也有所增强。

桂的意图

在这样的背景下，这一时期，桂为了奠定自身政权运营的基础，开始积极组建新党。

桂在组建新党的名义下，吸收了一部分政友会会员，再加上自己原有的基础——官僚政党，对所谓"情投意合"路线之下的新统治基础进行了改编。

根据山县有朋的《大正政变记》（山本四郎『大正政变の基礎的研究』资料编收录），桂于1912（大正元）年 12 月 18 日向大浦兼武（时任贵族院敕撰议员）表明了组织政党的意图，山县也对此表示同意（事实上山县并不同意）。并且，翌年 1 月 13 日，桂向杉山茂丸（玄洋社社员）也表达了相同的意思，且桂在写给山县的信中透露，计划在不得不解散议会的阶段落实组建政党一事。

对于桂组建新党一事，以山县为首的大浦、平田东助（时任贵族院敕撰议员）等，即所谓山县派的人物都表示了反对。接着，1 月 19 日，桂深感为了对付议会，有必要公布组建新党之事。他通过入江宽一（当时山县有朋的秘书官）向山县表达了这一意愿。

此时，关于组建新党的理由，桂是这样向入江说明的。

> 余过去在内阁之中，虽常常使用政党，然余制定之政策，十中只行之八九，仍有一二不得不让步。而今余自行创立政党，若能左右，则余之抱负无一不能行，因可充分为国家实现理想。（山本四郎『大正政变の基础的研究』）

总之，桂希望通过组建新党，结成一个能够影响官僚政治和政党政治两方面的政党，并使之成为自己的政权基础，以在山县具有压倒性统治力量的官僚派系和贵族院中取得优势。

与此同时，他也希望组建一个能够拥有对抗政友会和陆海军势力的力量，对内施行"皇室中心主义"、对外施行"帝国主义"的"国民大政党"（德富猪一郎『公爵桂太郎伝』乾卷）。

最终，桂新党于1913（大正2）年12月以"立宪同志会"（1916年10月10日解散）之名结成，加藤高明、大浦兼武、大石正巳、河野广中、若槻礼次郎、安达贤三、箕浦胜人、片冈直温、岛田三郎等人出任党干部。

可是，桂所说的组成"国民大政党"的建党目标，实际上因为政友会的瓦解而影响力减弱，结果对政友会会员的影响远低于预期，反而迫使政友会与海军开始合作。

特别是以山县为首的陆军认为，因为政友会与海军在阻止陆军增设师团计划上是保持一致的，所以桂组建新党最终会成为增设师团无法实现的重要因素。因此，由于增设师团计划的关系，山县再三提醒桂应慎重采取行动。

虽然山县是将为实现陆军扩军而积极行动的田中和桂同等看待的，但田中的目标是在实现增设师团的同时，建立起旨在扩大军部势力基础的寺内军部内阁。可以说这时的统治层至少是政友会·海军、桂新党及与其划清界限的陆军三者分立。除此之外，还有对桂新党和陆军依然保持着很强影响力的元老山县。

在这种领导层内部权力分立的情况下，桂的意图是克服权力分立、掌握政治主导权。具体表现就是改编并强化中央俱乐部等官僚政党。

加入桂新党的财政官员若槻礼次郎（后任首相）对此曾在《古风庵回顾录》（1950 年刊行）中写道："桂公此前在对政友会的妥协中吃尽了苦头，虽然政友会也代表了国民的一部分，但自己也是和一部分国民共同在政局下、在议会中努力斗争"。桂就是在这一系列的变动中开始第三次组阁的。

田中怎样理解、应对桂组建新党这一政治动向呢？下面，我们看看田中写给寺内的信，来做一追溯。

首先，田中认为第三次桂内阁成立后，组建桂新党的活动必定会出现在第 30 次议会解散后的政治日程上。关于如何应对组建新党，他留下了以下记录。

> 万一形成海军联合政友会、陆军联合新政党的格局，对国家而言，实是令人担忧的一件大事。今后最为重要之事，就是陆海军合作独立于政党圈外。另外最应注意的是，若妥协于社会趋向，政府则失去权威，若政府没有权威，最终必会影响皇室尊严，以至于社会最终会将此钦定宪法以英美方式来解释。（大正 2 年 2 月 2 日田中致寺内信，『寺内正毅関係文書』）

田中在此将陆海军分裂成政友会（海军）与桂新党（陆军）两派的事态用"为国之大事"来表述，认为陆海军应该与政党划清界限。同时明确说明军队和政党组织的不同，认为允许政党主导成立内阁将会牵扯到承认用英美的方式解释宪法的问题。

田中担心政党政治的发展会导致军队势力的衰退，而增设师团这一陆军当务之急的政治课题也会被政党政治中的党利党略所左右。对此，山本四郎认为"田中在这一时期的政治思想与元老几乎没有不同"（『大正政変の基礎的研究』），并指出田中的政治思想属于山县流派的超然主义。

不过，桂新党的实际状况与田中心目中的政党相去甚远。但是，组建新党时，他对桂在吸收国民党加入新党的过程中所表现出的态度，多少心存不满。

于是，在同一信中，田中写道："桂公为了组建政党竟向国民党低头，十分令人遗憾"（大正2年2月2日田中致寺内信，『寺内正毅関係文書』），并认为桂对国民党内改革派屈从的态度，必然会对桂新党的将来产生重大的影响。也就是说，即便桂新党本质上具有官僚政的性质，但是面对既有政党时，也有可能迫于政党伦理来采取行动。

据此我们可以认为，此时的田中是把政党视作民意的代表或者资产阶级政治势力的，因此将政党放在了绝对主义势力——军部、官僚、元老等的对立面。

政党观的改变

第二次西园寺内阁瓦解的原因是，陆军坚决要求增设两个师团而决定采取反政府行动。随着这一事实的公开，政友会的地方支部、商业会议所、新闻记者团等就以"打破阀族、反对增师、拥护宪政"为口号，在全国各地展开了拥护宪政的运动。

这次运动中，渐渐拥有政治力量的资产阶级特别是产业资产阶级及其政治代言人政党势力（政友会、国民党），企图把绝对主义势力以及藩阀势力从权力主体的宝座上拉下，将自身定位为新的权力主体，参与政策决定过程或者进一步确保自身影响力。

于是，在运动展开过程中民众发挥了一定作用的背景下，这次运动的最终目标确定为推翻藩阀内阁——桂内阁。

通过拥护宪政运动推翻第三次桂内阁的一系列过程，史称"大正政变"。这是一场以产业资产阶级为中心，通过民众广泛参与反政府运动进而推翻内阁的政变。田中又是如何看待这场明治国家体制建立以来最大的政变的？

田中在1913（大正2）年2月15日给寺内的信中写道："最近之政变实在荒谬绝伦，正如阁下所知，一般社会陷入如此险恶之境，伤及皇室尊严，进而危害国体之结果实属堪忧"（大正 2 年 2 月 15 日田中致寺内信，『寺内正毅関係文書』）。他指出，在拥护宪政运动中表现出来的民众的活跃动向，有可能会动摇绝对主义权力或者天皇制统治结构本身。

另外，田中还预测可能会出现社会主义者的兴起和无政府状态。这一甚至可以说是过敏的反应，暴露了田中作为绝对主义军事官僚的政治观。在混乱的形势下，田中认为最好的方法就是动用军队来收拾事态，通过投入军事力量来确立秩序。从这一态度我们也能看出田中的政治观。

另外，对于因大正政变而倒台的第三次桂内阁之后出现的山本权兵卫内阁（1913 年 2 月 20 日成立），田中在信中是这样分析的：

> 山本只是政友会的替身，故断无新意。此人，或依从敕命，担心错过镇抚政友会的机会，必会亲自出动。

即，田中判断山本首相作为政友会的"替身"，"被西园寺、原等人利用的形势十分明显"（大正 2 年 2 月 15 日田中致寺内信，『寺内正毅関係文書』）。但山本是海军以及以萨摩藩阀为首的藩阀势力中一大力量的代表，这样的人却向政友会表示了妥协，对此田中感到十分不安。

因此，山本内阁的出现，正如该信最后所写的那样，被视作显示出了陆军的危机，直接和"国家危机"联系到了一起。

由政友会和海军在背后支持的山本内阁，"强陆军之所难，要求陆军自行精简，不提增设师团，比今年多招人员并修缮场所等也被要求不要过分，余深感有借长州藩阀之名破坏陆军之意，需大加注意"（大正2年7月15日寺内致田中信，『寺内正毅関係文書』）。

田中的反政友会行动

山本内阁提出将行政、财政精简方针作为内阁重要课题。这种情况下，本来把重点放在如何对付政府拒绝陆军增设师团要求的田中，看到长阀（长州藩阀）对萨阀（萨摩藩阀）这一藩阀层面上的对立已经到了不可避免的地步。

如果以这种对立为前提，田中所提出的应对方法，归根结底就是支持桂新党。桂新党的实际情况姑且放在一旁，对于原本不认可政党组织存在的田中来说，这是一个巨大的方针转变。

所以，田中向寺内进言，请求他代替病重的桂，支援桂新党。山本内阁的行政、财政精简方针使得陆军的扩军计划不得不暂缓，对于田中来说，这件事正反映了政友会的"蛮横"。

为了反抗这种"蛮横",田中说:"作为过渡时期的权宜之计,将大隈重信选为党首,各自保持宽容谦让的风度。与国民党,摒弃异议一同合作,设立一个团结的"收容所";除此以外,别无他策。如此操作并不十分困难,若干岁月之后或可出现合适的变体"(大正2年7月15日田中致寺内信,『寺内正毅関係文書』),认为在与政友会的对抗中,桂新党与国民党结成反政友会联盟也是"一时的权宜之计"。

这里所说的国民党,并不是指参与策划桂新党的国民党党内改革派,而是指不断加强与政友会合作的反改革派(犬养派)。

对此,坂野润治认为,田中推举立宪改进党时期以来犬养的老师大隈为桂新党的党首,就是为了吸引犬养到反政府这一方来。(坂野润治『大正政変 一九○○体制の崩壊』)

在这一时期,大隈在民众中的人气依然很高,而且改进党一贯给人的印象都是政党政治的代表者。田中现在将具有突出的政党政治家代表形象的大隈推选为新党领袖,其意图十分明显,就是在政治上利用大隈进行反山本内阁运动。

推荐大隈,并不是因为田中深切感受到了自身拥抱政党政治的必要并对此有足够的理解。这终究只是一种政治均衡论,丝毫没有跳脱作为机会主义者的田中的思想范围。

事实上，田中认为"大隈的政纲与过去主张政党内阁主义时一样，新政党和主义虽不相容，但如果是大隈的话总会灵活处理随机应变"（大正 2 年 7 月 15 日田中致寺内信，『寺内正毅関係文書』），显然田中设想的新政党并不标榜政党内阁主义，而是一个以皇室中心主义为基调的政党组织。

此后，山本内阁于同年 6 月公布了总额高达 703 万日元的行政、财政精简大纲，以此为契机，通过修改《文官任用令》开辟了政党成员进入官场的途径。另外，为了应对反军阀情绪高涨的民意，着手修改了陆海军官制。不言而喻，在这背后有政友会的强力支持。

与山本内阁的攻势相比照，田中对新党参加者中最受期待的后藤新平（时任贵族院敕撰议员）、平田东助等人感到十分不满，这是因为他对新党的期待没有得到充分实现，产生了焦躁感。这一点我们可以从下面的信中清晰地看到。

> 陆军屈从于原、松田的状态，严重损害陆军威信，破坏立军之根本，相当于我们自行将陆军拉入政党的旋涡中，此时不如采取可改变局面、应对时势且维护陆军威严之手段。（大正 2 年 10 月 28 日田中致寺内信，『寺内正毅関係文書』）

田中通过支援、强化政友会的对抗势力——桂新党来达成目标的谋算最终未能奏效，他表现出只能再次将陆军置于政党圈外，以此保持陆军威信的消极态度。

这是因为田中的政治判断，是山本内阁会确立海军优先和政党优先的领导方针。另外，田中在其他的信中写下了受到压力的心情："最近的问题从扩军问题转移到统治权问题，陆军现正面临变成从属于政党的危机"（大正2年11月2日田中致寺内信，『寺内正毅関係文書』）。

也就是说，在陆军从属于政党统治的情况下，现在已不仅仅是增设师团的问题了，事态已经升级为"统治权的问题"。

同时，山本内阁的陆军大臣木越安纲虽然身在陆军，但不仅没有积极推动内阁解决陆军要求增设师团的悬案，还被拉拢进了政党内。另外，作为靠山的山县也没有任何措施能够有效解决问题。对此，田中在写给寺内的信中，表示了强烈不满。

值此之际，苟着军服者不可旁观，若陆军因个人关系将陛下之陆军卖给政党，只能像此前向宇佐川阁下说明的那样，除了秘密进言拯救陆军于危境之外，断无他法。（中略）如到万不得已的状况，小生有主动进入旋涡，采取行动扭转局面之觉悟。若无人积极研讨脱困之策，陆军又已堕落，毫无军纪可言，丧失军人士气，终致从根本上破坏陛下之统治权，对此小生深感忧虑。（大正2年11月2日田中致寺内信，『寺内正毅関係文書』）

田中对政党（政友会）的不信任基于他不认可政党。因此，这里说的"拯救陆军于危境的方法"或者"扭转局面的方法"是指"在定额外多增加一个旅团，然后陷入为了去年的善后不得不增设师团的境地，这样就可达到陆军的目的"（大正2年11月2日田中致寺内信，『寺内正毅関係文書』）。

田中坚决要求扩充军备，希望以此为突破口推翻山本内阁，实现建立寺内军部内阁的设想。通过这些，他最终希望达到的政治目标就是一举打破由政党主导的局面。

这也意味着田中放弃了政党联合论。但是从另一个方面来看，也可以说田中在以极其灵活的姿态应对政党。总之，田中是依据能否协助和支援陆军实现目的来决定是否与政党合作的。

而且，即便是经历了以拥护宪政运动来推翻藩阀内阁这样戏剧性的政治变动，田中的政党观念也没有发生改变。

因为在田中看来，当时的政党并没有充分将拥护宪政运动的主体——产业资产阶级和民众的政治能量吸收到政党组织之内，所以没有成为有能力抑制陆军实现增设师团要求的政治力量。

如果说大正政变触发了田中的危机感，那么令他感到危机的必定是统治阶层内部的权力斗争，而不是阶级层面的斗争。

因此，可以说田中依据政治状况的变动改变了自己对政党的策略以及政党观念。

这个结论，与其说是从田中当时的政治观中提取出来的，不如说是大正政变的性质所决定的。大正政变虽是明治国家以来最大的民众骚乱，但从同样是藩阀的山本内阁能够代替桂内阁进而压制该运动这点来看，这场运动还存在很大的局限性。

从这一意义上说，在大正政变这一政治变动过程中，我们看到的田中的反应正说明了田中确实是一个政治现实主义者。

与产业资产阶级的联合

第一次西园寺内阁（1906 年 1 月 7 日成立）实施的积极政策使得国家财政支出过于巨大，因此内阁以第 24 次议会（1908 年 3 月 26 日召开）为契机，断然采取了行政、财政精简方针。

与此同时，西园寺内阁为了重建处于失败危机中的国家财政，决定加征酒、糖、烟草等税。这引起了全国实业团体的反对。

在这样的背景下，经济界人士以第 10 次总选举

（1908 年实施）为契机，开始正式向政界发展。

此时，丰川良平（三菱管事）、中野武营（东京商业会议所会长，关西铁道社社长）、仙石贡（九州铁道社社长）、片冈直温（日本生命保险会社社长）、岩下清周（北浜银行专职董事）等人成功进入政界，并结成成申俱乐部。他们的目的是通过进入政界，确保在议会上能够直接维护经济界、资本家阶层的利益。

在这种情况下，陆军固执地要求增设师团，无疑刺激了资产阶级反陆军、反藩阀的意识，也强化了对支持扩军的阀族、官僚政治的批判。

资产阶级关于军备的观点总体来说就是"经济军备论"（信夫信三郎「大正政治史の根本問題」，『真説日本歴史』第 11 卷），对于阻碍资本积累和扩大市场的扩军论，资产阶级是持反对态度的。

例如，东京商业会议所会长中野武营就陆军要求增设师团问题，在题为"增师问题和我们的立场"的评论中谈道："本来我们商业会议所在战后经营中坚持的唯一方针是培育国力，以期发展实业。换言之就是从根本上改变重武的政策以及政府万能主义的政策，以此来巩固财政，谋求改变苛刻的税收制度"（『東京商業会議所月報』第 5 卷第 12 号，1912 年 12 月 25 日）。

但是，资产阶级内部并不是坚如磐石的。因扩军而增税，最受影响的产业资产阶级以及城市中小资产阶级在政治上的反应最为敏锐。而以支持桂内阁的涩泽荣一

（涩泽财阀创立者）、益田孝（三井联名理事）为代表的金融资产阶级，未必会采取同一步调。

尤其，大正政变期的拥护宪政运动是在聚集于交询社的朝吹英二（元钟纺专务董事）、门野几之进（千代田生命社社长）、池田成彬（三井银行常务董事）等产业资产阶级的主导下开展的，因此他们反陆军的姿态也最为明确。

他们参与政友会的组织策划并且给予支持，政友会对此接受并且吸收他们的政治要求，因此政友会作为资产阶级政党的性质日益浓厚。

进入大正政变期，以这些产业资产阶级所支持的犬养毅（时任立宪国民党常务委员）、尾崎行雄（时任政友俱乐部干事）等人为中心组成了宪政拥护会，标榜"施展政党主义"，将确立能够反映民意的政党政治作为基本运营方针。

另外，支持产业资产阶级利益的经济杂志《东洋经济新报》摆出了辩论阵势，整个大正政变期始终在批判军阀蛮横和官僚专权，主张发展政党政治，以此提高产业资产阶级的政治地位。例如，该杂志的社论《为什么不能着手官制改革》（第616期，1912年11月25日）发表了如下主张。

> 陆军跋扈专横，极尽跳梁之丑，所以如此皆因官制。现有官制一日不改，则若非陆海军一派，无论

何等政治家都不得不在陆海军人面前屈膝，否则绝无可能组成内阁。（中略）实现官制改革，让没有任何军事履历之人出任陆海军大臣和次官，此为解决时局的根本问题，且为军阀以外全天下之凤愿。

另外，1912（大正元）年 11 月 30 日，东京商业会议所会长中野武营判断，陆军单方面扩充军备必使国库财政状况恶化，因之增税则进而损害产业资产阶级利益。为了防止出现这样的局面，他提议设立国防会议。

国防会议以"整顿帝国国防"（『大阪朝日新聞』，1912 年 12 月 2 日）为目标，意图通过由产业资产阶级提出国防方针，来抑制无视经济合理性的陆军扩军路线。

产业资产阶级的真心话

通过在扩军、增税等政治焦点问题中的活动，产业资产阶级的政治地位不断提高。大正政变时期，他们为了扩大政治发言权，最终将口号归结为"拥护宪政，打破军阀"。他们的目的就是要使权力从绝对主义势力转移到由产业资产阶级支持的政党手中。

"护宪运动的展开，不管怎样都说明了资产阶级的成长。因为议会多数派普遍形成了应该建立政权的想法，这表明，所谓确立'宪政常道'，对于统治阶级来说是便利的构造"，与此相关联，正如上山重二郎在《议会的政治发展》中（『新日本史講座　資本主義時代』，1949）所言，产业资产阶级作为新的政治力量正式登场，在这个过程中，政治权力组织的多层化变得明显起来。

但是，当时的产业资产阶级并不是为了扩大经济基础而意图建立纯粹的资产阶级政权，说到底他们只不过是在保持与既存政治势力实力均衡的同时维持并扩大自身的利益而已。

关于这一点，中濑寿一指出，资产阶级的真正意图就是"希望抑制过去绝对主义势力自命不凡的专制，逐渐树立起自己的政治领导权"（「憲政擁護思想の進出と展開」，『 史学雑誌』第 72 编第 2 期，1963 年 2 月）。

然而，虽说是民众广泛参与的运动，但实际上民众"拥护宪政"、实施"宪政常道"、扩大政治权利等要求尚未实现，运动便已结束。这表明大正政变最终只是围绕统治层内部权力主体的位置，如实地反映了统治层内部的不稳定和对立。

在现实的政治过程中，大正政变是在桂内阁对政友会、陆军对海军、绝对主义势力对资产阶级、长阀对萨阀、金融资本对产业资本这样的"统治内部多元的矛盾、对立"（「憲政擁護思想の進出と展開」，『 史学雑誌』）的形势中出现的。因此，当时统治阶级内部身处这种政治状况的人，大多都与其中几个势力利害相关，远没有能力客观观察政变并看透其本质。

与桂有相近立场的德富猪一郎谈及大正政变时说道："总之，拥护宪政运动的最终结果，不过是消灭了长期横行于政界的长阀，迎来雌伏于政界一隅的萨阀。（中略）事实之真相，一言概之，就是讨伐长阀，拥护萨阀"（德富猪一郎『大正政局史論』），即认为这次斗争最终不过是派阀层面的斗争罢了。

另外，当时身为政友会会员的木下成太郎议员说："被置于悲惨境地的军阀一类，在其死期将至之时，垂死挣扎，奋力一搏，插手政党组织，设立政治立宪同志会以掩其末路。那些国民党的脱党者和旧中央俱乐部成员，同流合污，不过是阀族政治家的走狗"。（木下成太郎『大正政局を顧みて』，1914）

从中我们可以推知，政治统治层内部有很深的对立和矛盾。大正政变因此也有试图调整并解除其对立和矛盾的一面，并借此达到改变权力结构的目的。这就是大正政变。

问题在于调整与解除的方法。其中，正如尾崎行雄一语道破的，"拥护宪政不仅仅是为了打倒一个内阁，而是为了打破阀族的根据地，建立立宪政体的基础"（尾崎行雄『尾崎行雄全集』第10卷），这是一种有力的方法。但是，这对于绝对主义势力特别是陆军而言，是难以接受的。

因为确立立宪政体正是为了构建议会多数派掌握政

权的政治构造，这里面包含了从根本上打倒基于少数人的绝对主义统治构造的内容和逻辑。也就是说，以军部为代表的绝对主义势力最为警惕的，是能够吸收资产阶级多样化政治要求的政党内阁主义。

京口元吉对此评价道："大正政变，是深信政党内阁主义为宪政常道的政党们，在民众持有相同想法的背景下，对以山县为首的保守的超然内阁主义官僚一派的专横跋扈，毅然发出的挑战，是开创出大正7年9月原内阁以后之政党内阁时代的前哨战"。（京口元吉『大正政变前後』）

石井金一郎也发表见解称："民党提出口号'打倒阀族、拥护宪政'，并且以民党取得压倒性的胜利结束——在这一意义上，可以说是开创了所谓'政党内阁时代'之路"（石井金一郎「大正政变」，广岛大学史学研究会『史学研究』第50期，1953），这是至今为止对大正政变性质的普遍见解。

扑面而来的政党政治时代

关于政党政治，正如上一节提到的，从田中的书信当中也能清楚地了解到其观点，现在看看田中以外的部分军事官僚的见解。这样做是为了弄清楚田中与他们关于大正政变和政党的观点的差异，进而确定田中在陆军内部的地位。

首先，关于桂新党的动向，参谋总长长谷川好道在写给寺内的信中说：

> 我完全不能同意桂公组织新政党并以其为基础组建内阁，那还不如现在组建一个最为顽固的超然内阁，然后予以解散，如解散还不能满足他们的意愿，则除以拿破仑为例使用武力改变人心外，再无他策。（大正2年2月18日长谷川致寺内信，『寺内正毅関係文書』）

从这段话可以看出，面对桂新党诞生等组建政党的新动向，长谷川持有十分过激的观点，甚至不惜通过军事政变来树立军事政权，进而达到排挤政党的目的。

特别是长谷川认为尾崎行雄等拥护宪政、"宪政常道"的运动是与天皇制国家统治原理相抵触的，也可以说直接牵扯到国体被破坏。这一点他和田中的见解是相同的。但是，田中并不认为桂新党和政友会是同等同质的政党组织，因为他们在利用并操纵国民党方面所做的事截然不同。

另外，上原勇作派系的一员、参谋次长大岛健一在给上原的信中写道：

> 国防成为党利之牺牲品，重大事项均由党议决定，外交、财政也陷于此种状态。因此，在该种政

治时期不免会受到纯正政客之攻击，随之内阁之命运也不得而知。而且在数次更迭中以政友会为基础成立的内阁也并无特别出色之处。如今唯愿能出现超脱于国家政党之外的公正有力之内阁。（上原勇作关系文书研究会编『上原勇作関係文書』）

由此可以看出，大岛不能容忍党的利益和策略左右国防方针的政党政治，同时也表达了期待完全不受政党干涉的超然主义内阁出现这一愿望。

大岛没有像长谷川那样提出用武力手段解决问题，然而，不难想象，超越政党的内阁就是军部内阁。大岛的见解，总而言之是完全否认政党，与田中对政党的态度相比更加保守，其立场与长谷川接近。

总而言之，长谷川和大岛的立场是彻底实施军部所坚持的统帅权独立的原理和原则，由此使军队完全独立于政治。这一主张的真实意图在于，不管发生怎样的政治变动，军队在政治上的地位都不会发生动摇。

从这点来看，可知田中的政党观和应对政党的对策十分灵活，这在陆军当中恐怕是少数意见。但是，基于今后政党势力将会扩张的预测，田中的应对策略就是找出和解点，保持政治领导层内部的统一。至少陆军内部均普遍认为，田中的政治资质对陆军而言是不可或缺的。

即，关于政党，田中给予新兴产业资产阶级和政治势力一定程度的好评，为达到提高军部地位的目的，与其妥协也在所不惜。这与以长谷川和大岛为代表的一类军事官僚有根本的差异。

资产阶级和政党势力以大正政变为契机积蓄了力量，陆军在与其相妥协、对抗的过程中，为了确保自身的地位和正当性，已经不可避免地需要和这些新势力进行合作了。从这个意义上说，早已着目于此并将其具体化为现实政治行动的不是他人，正是田中。

对此，藤原彰在《第一次大战前夕的军部（一）》中指出："军部在大正政变前后的政治危机中，并不是深化了与资产阶级和政党的对立，而是加强了与他们的接近、勾结，作为帝国主义势力的推进者找到了自身存在的意义"。（『歴史学研究』第383期，1973年4月）

军部在大正政变期以后渐渐将资产阶级作为自己的代言人。资产阶级为了克服和补充资本积蓄水平低和市场狭隘这一日本资产阶级的局限性，和军部合作也在所难免。

为了进一步阐明这一事实，下面谈谈山本内阁时期陆海军军制改革问题，探讨这一问题给予了军部怎样的冲击，田中又是如何应对的。

军部大臣现役武官制改革问题

第二次西园寺内阁的瓦解，是强烈要求增设师团的上原陆军大臣单独上奏宣告辞职，而陆军又拒绝推举后任陆军大臣造成的。这是陆军依据军部大臣现役武官制（1900 年 5 月确立）采取的行动。

历代内阁只要不服从军部的意愿就会没有军部大臣，军部也会以此为盾牌推进倒阁，通过这种牵制来实现自身在政策上的要求。

同时，这样也可以阻止政党出身者担任军部大臣。因此，拥护宪政运动展开时，确保军部政治独立性的统帅权独立制和军部大臣现役武官制成为舆论谏诤"军阀横暴"的攻击对象。

受到这些舆论的影响，第三次桂内阁成立之后不久，在第 30 次议会（1912 年 12 月 27 日召开）上，中元田肇（政友会）、尾崎行雄等人向桂内阁提出了《关于内阁措施及政治纲领的质询书》。（前田莲山『歷代内閣物語』上）

其中的第二项是："依据现行官制，陆海军大臣只能为现役大、中将。现行内阁是否认为这是宪政运行时的障碍？"对于这一质询，桂首相回答道："并未看出这对于宪政运行是一障碍"。

但是，之后拥护宪政运动逐渐壮大，桂对他的亲信田健治郎（贵族院敕撰议员）说道："应该进行革新，让文官担任陆海两相"（国立国会图书馆宪政资料室藏『田健治郎日記』第 4 册，第 205 页，大正 2 年 1 月 8 日）。就连陆军出身的藩阀代表者桂都提出要修改军部大臣现役武官制，可见国民舆论对藩阀及军部的批评有多么激烈。

桂内阁总辞职后，与对陆海军大臣现役武官制改革持积极态度的政友会结为政治伙伴的山本权兵卫内阁，正如所料，将这一问题提为内阁的重要课题。

政友俱乐部（尾崎行雄派）与国民党向 1913（大正2）年2月27日再次召开的第30次议会共同提出了有关该问题的质询书，山本首相对此回答道："关于陆海军大臣的现行任用制度，在宪政运行方面无法保证不成为障碍。因此政府希望能对此慎重审议，并实施修改"（井上清『宇垣一成』），明确表示将实施改革列入政治日程。

另外，田中在写给寺内的信中提到桂的态度，他"担心这次桂公的政党反而会主张修改陆海军大臣官制"（大正2年2月2日田中致寺内信，『寺内正毅関係文書』），提出有必要及早防范。

在山本内阁中积极推进官制改革的，是作为内务大臣入阁的原敬。为了顺应国民"打倒军阀"的舆论，他表示政友会一定会在政策上有所反映，以求抑制军部特别是陆军的权力，降低其政治地位。事实上，原敬在日记中写道："修改只能由现役军官出任陆海军大臣的规定，能够缓和国内舆论"（『原敬日記』第5卷，大正2年3月6日）。

因此，3月8日，众议院犬养毅、林毅陆（政友俱乐部）等人质询山本政友会内阁是否认为军部大臣现役武官制是宪政运行上的障碍（大日本帝国议会志刊行会编『大日本帝国議会誌』第 8 卷）。对此，山本首相在 3 月 11 日做出了与前次同样的回答，官制改革问题就这样在议会上可以公开谈论起来，实施改革的趋势高涨。

山本内阁改革官制的动向，是为了回应政友会与拥护宪政运动对军阀的批判。山本内阁的斋藤实海军大臣表示对改革官制并无异议。木越安纲陆军大臣也提到"以该问题来同政府争斗，是内阁更迭的一个原因，不能保证它将来不会成为解决增设师团问题的障碍"（『公爵山县有朋传』下），出于这个理由，木越安纲赞同山本首相改革官制。

陆军早已察知山本内阁实施改革官制的意愿越来越强，便加强了反抗。例如，陆军次官冈市之助在山本议会答辩的前一天，向寺内发出如下电文，主张对这些动向采取对抗措施。

> 山本伯爵在陆军大臣留任之时，明明表示不会同意陆海军机关的官制改革，但因政友会的顽固，而迫不得已将在明日议会上做出今后应予修改的答辩。陆军大臣本不同意，但被以为了总理这一理由说服。故负责人有意在不久的将来自行处理（大正 2 年 3 月 10 日冈市之助电报留底，国立国会图书馆宪政资料室藏『冈市之助関係文書』）。

陆军的强硬反对

那么，陆军反对的理由是什么呢。参谋总长长谷川好道提到"军事上任用预备役、后备役大臣虽然也不要紧，但如果允许预备役、后备役士官加入政党，将加入政党之人任用为陆海军大臣，恐怕会泄露军部的秘密"（前田莲山『歴代内閣物語』下）。

也就是说，长谷川认为，预备役、后备役军人加入政党，事实上一直是不被认可的，与此事实相反的是，扩大任用资格的范围必然会相应地增大后备役军人加入政党的可能性。

长谷川反对的根本原因是对政党的警戒之心。另外，陆军中也有很多人认为改革官制本身就是政党对陆军的攻击。关于此时陆军应该采取的应对措施，"关于陆海军的现役大、中将官制是否有碍宪政运行，即便最初回答无碍，当涉及政党关系，而总理大臣不得不言明修改之时，陆军大臣则向其说明这是关乎现任内阁去留的大事"（国立国会图书馆宪政资料室藏『山県有朋関係文書』第7卷之3），木越陆军大臣甚至表明过倒阁的决心。

但是，也有一些人看透了陆军的想法。比如西园寺公望就认为陆军反对改革官制的理由，"说到底，这是为了防止政党中人成为大臣"（原田熊男述『西園寺公と政局』第5卷）。

在陆军中，以元帅奥保巩为首的大佬们有许多是强硬的反对者，但是作为主力的冈市之助等人则考虑"若这么做增设师团问题就肯定解决不了，更不能制止对陆军的批判与攻击"〔大正2年4月（日期不明）冈致寺内电报底稿，『冈市之助関係文書』〕。

在山本内阁实施官制改革已确定无疑时，冈说道："官制问题是因为这一原因（因为不便明说，容后日再谈）而修改"（大正2年4月27日冈致上原信，『上原勇作関係文書』）。

但长谷川参谋总长并未改变强硬主张，并于4月24日上奏，表示官制改革实乃不妥。但因为山本首相已经向天皇上奏说明官制改革的必要且已得到允许，所以陆军反对派也不得不认可实施改革。（大正2年4月26日冈致寺内信，『冈市之助関係文書』）

在这样的背景下，内阁会议5月2日决定修改陆海军大臣现役武官制。6月13日公布了结果，删去"现役"二字，将军部大臣任用资格扩大到预备役与后备役。陆军放弃反对官制改革确实与天皇的旨意有直接关系，也与增设师团问题这一背景有关。

木越陆军大臣尽管受到陆军内强硬派的攻击，但从加入山本内阁之初他就明确表示，从增设师团的角度来说，除了进行官制改革，别无选择。之后，寺内也最终认为实施官制改革是好计策，他在给冈的信中写道：

> 值此陆军军部内可能再次分裂、舆论批判再次高涨之令人担忧之际，陆军省对于此事不绝对拒绝，放低姿态却并不明说，所谓以柔克刚，之后正好倾注力量解决增设师团问题，这样做如何？（大正2年4月30日寺内致冈信，『冈市之助关系文书』）

田中也抱有同样的想法，他在给寺内的信中写道："官制问题解决反有增设师团问题以落空告终之虞。毋宁官制问题成为悬案，以此换取强行增设师团，此为最佳之策"（大正2年5月1日田中致寺内信，『寺内正毅关系文书』），他想以同意实施官制改革作为实现增师的交换条件。

寺内、田中这些陆军主流主张灵活应对，将增设师团作为交换条件，强化参谋本部的权力。因此，陆军内部的官制改革反对派也做出了收兵姿态。就这样，陆军与山本内阁达成了和解。之后，陆军最大限度地利用这次和解的成果，最终实现增设师团。

不管怎样，在这一系列的过程中，田中的观点是，只要山本内阁得到政友会的支持，那么军方单方面的强硬反而有利于政友会。换言之，田中认为，顺应政党动向采用均衡理论是实现增设师团的捷径。

与此同时，田中敏锐地察觉到官制改革问题中的政党政治力量，并对此怀有深刻的危机感。

围绕着官制改革的利弊，山本内阁与陆军的对立变得更加严重。田中于当年 3 月撰写了题为"关于拥护帝国建军根本意义的意见"（『田中義一関係文書』）的文章，认为官制改革对宪法运行有害，力主官制改革是为了增强政党的权力。下面大段引用其内容。

> 目前持政党内阁主义的政治家中，认为现行陆海军省官制与内阁组织的要义存在矛盾、主张改革者有之，而即使完全对照帝国宪法，也只能视之为谬见。依据帝国宪法第十条，决定行政各部官制、任免文武官员完全属于天皇大权，不能仅仅依据行政上的需要就酌情决定制度。根据帝国宪法，国务大臣的任命首先承担着天皇的信任，国务大臣应该各自尽到直接辅佐之责。像英美那样由议会中多数人控制的政党组成内阁，有违主旨不言自明，倡导这一论调之人绝对是误解了宪政的益处，完全是将是否便于维持政党政派权力作为基础，这种做法破坏了神圣而且卓越得远超他国的帝国宪法之根本。

这里我们看到的是明治宪法的绝对主义解释，本身是十分不讲理的解释。田中在此断然拒绝引入英美式的自由主义资产阶级政党政治，可以说是因为其基本政党观完全没有改变。

照其说法，政党方面为了正常运行宪政要求改革官制反而成了对宪法的错误解释，政党内阁制也成了违反宪法的制度。从田中来说，他考虑到政党要求改革官制是与明治宪法的绝对主义解释相排斥的，进而会使自由主义的解释，即英美式的宪法解释变为既成事实。

因此，虽然田中最终考虑为了实现增设师团而与内阁达成和解，但是可以看出其根本的政党观自始至终没有改变。田中计划在现实的政治过程中通过以退为进来实现陆军目的，实际上他是个反政党主义者。在此，田中具有两面性的特点值得我们关注。

做出了这么多的妥协，若仍陷入无法实现增设师团要求的境地，必将强烈批判与山本内阁保持一致步调、对实现增设师团缺乏热情的木越陆军大臣。（大正2年5月15日田中致寺内信，『寺内正毅関係文書』）

另外，对于公布实施精简行政、财政改革，对实现增师态度消极的山本内阁，田中说它是"借长阀之名破坏陆军"（大正2年7月15日田中致寺内信，『寺内正毅関係文書』），敌意毫不掩饰。

参谋本部强化论的意图

在陆海军官制改革问题上妥协的陆军，接下来通过强化参谋本部的权限，开始积极推进军内部的组织改编。

田中认为，将编制、动员军队的责任交给了作为内阁成员的陆军大臣，是遭到政党介入的主要原因。他认为，要消除政党的干涉，需将编制、动员的权限从陆军省转移到参谋本部，因为参谋本部是天皇直属的军事机构，凭借统帅权独立制和帷幄上奏制等特权制度，能够在法制上坚定地保护独立制。

田中的参谋本部强化论在第三次桂内阁时期既已出现。桂内阁因大正政变陷入危机时，田中给寺内写信说："此时特别需要的是，考虑到参谋本部的活动以及今后的趋势，不如像以前那样将动员、编制权限转移到参谋本部，使其成为政党之外的坚固根基，这十分重要"（大正2年2月2日田中致寺信，『寺内正毅関係文書』），即为避开政党的干涉，将编制、动员的权限从陆军省转移到参谋本部。

确实，编制、动员事项属于陆军省管辖，则预算、经费等带来的问题定会受到内阁政策方针的左右，政党势力会利用这一点来抑制扩军。田中的说法在军内有很强的说服力。

和田中持有相同见解者绝非少数。退役陆军步兵少佐田边元二郎在题为"军制改革意见"的文章中写道："如果以军部的利益为重，相信若将编制、动员依旧作为参谋本部的业务，独立于陆军省之俗务以外更为有利的话，陆相则不得不与内阁同进退，因此也就符合将国防容易卷入政治斗争之弊病的一部分除去这一主旨。"

（『太陽』第 19 卷，1913 年 4 月 1 日）。

但是，陆军的参谋本部强化论受到了舆论、媒体的批判。陆军预备役军官西本国之辅在题为"留下祸患的军相官制改正"的文章中触及了强化参谋本部的原因，看穿了以田中为代表的参谋本部强化论者的政治意图。

> 在长阀军人认可文官出身的军部大臣之前，可以预料舆论一定会穷追猛打，只能采取据守参谋本部的方针。如果将来有了出身文官的陆军大臣，以参谋本部与之对抗，会使陆相进退维谷十分为难，或者通过大臣来操纵内阁。这一狡猾策略路人皆知。（『日本及日本人』第 609 期，1913 年 7 月 1 日）

另外，政友俱乐部成员、法学学者林毅陆提出："由立宪政治的本义出发来思考，宪法上担任辅佐职责的国防大臣被赋予许多权力，同时也不得不肩负许多责任。作为所谓天皇直属的特别机构，被赋予极大的权力绝不是可喜的现象，这会成为正确运行宪政的障碍"。（『日本及日本人』第 610 期，1913 年 7 月 15 日）

受预算问题制约的编制、动员等权限，倘被政治力量完全不能干涉的参谋本部取得，会成为宪法运行上的重大障碍。尤其，林的批判是为了拥护宪政运动所提出的"宪政常道"在政治上得以实现，在此之下，就会重视政党以及资产阶级权利的获得。

总之，参谋本部强化论首先在 6 月 3 日的《统帅命令等省部间协议案》中达成协议（大正 2 年 6 月 3 日冈致寺内信，『寺内正毅関係文書』），6 月 6 日陆军三长官（陆军大臣、参谋总长、教育总监）上奏了"三官衙业务担任规定"的必要性。后又于第二年 7 月 8 日拟订出《陆军省、参谋本部、教育总监部有关业务担任规定》并即上奏，10 日得到批准。

据此，统帅命令、编制、动员、人事等相关权限转移至参谋本部，权限范围比起陆军省更有优势。具体来说，即战时编制、作战计划、训令、动员计划令、动员计划细则、年度动员计划令、年度动员计划细则、动员令、复原令、所动员军队的任务和行动、向国外派遣军队、向国外派遣军队的任务行动等。参谋总长是这些行动的草拟者，也握有这些行动的最终决定权。

军事行政的主要事项决定权几乎都由参谋总长掌握，在这样的背景下，非常明显，彻底强化统帅权独立制的用意就是为了抑制政党势力的发展。在反陆军、反扩军的舆论高涨的情况下，陆军以实施官制改革为交换条件强化了参谋本部，毫不松懈地消除政党的影响力。

统帅权独立性在制度水平上的彻底化，使之后反陆军的舆论成比例相应增长，结果是陆军扩大了自主范围，提升了政治发言权。

在这一意义上，将当时陆军官制改革和参谋本部的权限强化称为军队强化政治地位发展史上一个转折点也不为过。

这一过程中，固执地主张陆军扩军的田中等陆军中坚幕僚与陆军高层之间，围绕扩军的方法开始产生微妙的分歧。陆军高层在当时的态度是，扩军只会徒然增强反陆军情绪，所以应该通过与山本内阁的和解等待时机。

此时，田中的外游计划突然抛出。进入 10 月，田中给寺内写信说："从个人角度来讲，鄙人为此次旅行煞费苦心，且从公事上看，不能变成视我为累赘而放逐国外的局面，需要注意的是上原中将阁下的意见。我也认为最有必要的，还是请对那边做好特别注意的准备"（大正 2 年 10 月 6 日田中致寺内信，『寺内正毅関係文書』），这里暗暗指出陆军内部的对立状况。

田中也与山县会面，就外游得到了山县的赞同（大正 2 年 10 月 10 日田中致寺内信，『寺内正毅関係文書』）。寺内也在写给上原的信中说："已敬悉您对田中一事的意见。我完全同意您的意见，当初我就觉得他是一个充满希望的人，在将来于公于私都会有益的事应该允许，没有必要像对现在的增师问题及陆军内部需要解决的主要问题一样忧心忡忡。"（大正 2 年 10 月 11 日寺内致上原信，『上原勇作関係文書』）。

田中是陆军中坚幕僚的代表人物，在增师问题、官制改革问题中辩论最为活跃，山县、寺内、上原等军部高层当时不得不将其隔绝于政治斗争之外。

田中退出陆军中央，意味着陆军的政治活动也暂时后撤。这证明田中大体确立了政治上其中坚军事官僚的地位。同时，也可以说当时陆军内部的实质主导权正在下降到以田中为代表的中坚层。

因大正政变而显著化的资产阶级进入政治领域，政党扩张这一新的政治现象出现，这必然使陆军内部的政党观或者政治观发生改变。因此，陆军需要持自身正当性，积极寻找存在的理由。在这一意义上说，田中是最符合这一时期陆军要求的人。从第一次世界大战前后陆军及田中同资产阶级合作推进大陆政策这一点，我们也能看清这一事实。

田中被寄予期望的下一个任务是，领导陆军通过与那些新兴势力更加强有力地联合，扮演新时代下帝国主义势力之一员的角色。陆军从此开始走向寻求自身存在意义、扩大势力以及提高政治地位之路。

第五章

对华政策的演进

田中的对满蒙政策

在此让时代再一次回到大正初期，追寻当时田中以对华外交为中心的外交姿态。为了探寻田中就任首相后对华强硬态度的背景，有必要追溯到大正时期。

1913（大正2）年10月14日，具有参谋本部成员身份的田中接受了视察欧美的命令，于翌年11月22日从东京出发。田中在途经大连时生病，不得不在当地医院住了三个多月。

在此期间，田中写下了题为"滞满所感"的关于满蒙政策的概括性意见书，并送到了相关方面，它被认为是"后来大陆政策的基础"（『田中義一伝记』上）。

《滞满所感》包含了对第二次大隈内阁所推行的大陆政策直接或间接的牵制，以及田中暗自要求转换政策的内容。我们先来看看其中高度概括当时大陆政策构想的"满洲善后私案"。田中首先对铁路政策做了以下的记述。

> 这些铁路（"满蒙五线"。——引者注）为满铁之基础，同时亦应有成为我民族发展根基之重要目的。从根本的目的来看，此铁路之修建不同于其他列

强，列强系为卖材料而放贷修建铁路。单纯仿照他国放贷并非上策，必须谋求以某种手段使其与满铁合二为一。（「满洲善后私案」，『田中義一関係文書』）

也就是使满蒙五线和满铁线一体化，以作为扩大在满蒙地区权益的物理手段。但是，充分考虑到中方的反应，也为了避免受到批判，有必要对中方使用怀柔政策迫使中方让步和妥协。

若从军事观点出发，田中认为就满铁完全掌握管理权来说，将路线的起点设在奉天最为合适。但从其他角度看，考虑到与中国日常的经济关系，最终将起点定在了奉天以外的地方。

作为田中，他是期待满铁和满蒙五线合并之后，以奉天为起点发挥其在军事上和经济上的作用。因此他认为若将殖民地政策作为支柱，把满铁的人事交给受政治形势影响的政党出身者来管理是不合适的。他这样写道：

作为满蒙拓殖、民族发展之中心机关，负有重大任务的满铁首脑即便在任之时不怀有政党观念，也会因政党派系的此消彼长而更迭。将此国家事业置于政治斗争的旋涡之中，着实令人忧虑。（「满洲善后私案」，『田中義一関係文書』）

田中在执笔此意见书之前，满铁的人事调动刚刚结束。由于此前满铁的正副总裁为政友会派系人物，陆军强烈反对，所以进行了这次人事调动，产生了许多位非政党出身的理事。田中的排除政党政治之理论再次得以实践。特别是因为满铁经营规模的扩大和强化，对于一向提倡铁路政策中心论的田中来说，由满蒙地区的军队控制满铁理所当然。

其中，田中将铁路政策的中心置于奉天，不光是因为奉天具有在满蒙地区高效利用铁路网设施的地理条件，还因为奉天很适合成为"大陆国家日本"的"第二首都"。田中之后一贯主张奉天中心主义，与寺内正毅等朝鲜总督府的殖民地官僚们意见相左。寺内等主张，作为"大陆国家日本"的玄关，应取京城（现首尔）中心主义。

田中在《滞满所感》中的"关于满洲经营私案"一项提到奉天中心主义，并阐述了以合并朝鲜铁路和满洲铁路、设立"满洲铁路会社"为支柱的铁路统一经营方针，同时得出了将南满洲经营机关的中心设在奉天的结论。他写道：

> 南满经营之首脑机关偏居关东州，并不利于开发，尤其将来南满内地大为开放，内蒙亦进入我经济圈内，统一朝鲜施政，铁路、拓殖也与之靠拢。为此须将满洲所在各首脑机关北移，置于四通八达之奉天，以图扩大经营计划之便。（「满洲善后私

案」，『田中義一関係文書』）

大连、旅顺是满洲经济的中心地区，各种经营机关也都集中在两地，田中认为应该从大连、旅顺向北移。奉天中心主义以战略上的前进为目的，代表着朝着满洲殖民地化的坚实部署。

对南满洲关注的膨胀

提到满铁设立的具体理由，就有必要先看看田中在南满洲地区的地位。

当时，奉天和吉林二省有大面积耕地，并有丰富的地下资源，但是两省人口密度不大，即使将两省合并，人口也只不过 1660 万左右。田中认为将来人口有可能会增加二三倍。他甚至指出："利用我们的政策，使日本人占领这里绝非难事"（「满洲善后私案」，『田中義一関係文書』）。

另外，关于南满洲地区的经济活动，他提到"说到南满的企业状态，由于乃系别国领土，没有土地的所有权和居住的自由权，尚不能展现出其大发展后的成果。但是若能让从俄国继承来的满铁会社的事业脱离支那官僚的控制自由发挥，必可年复一年地展示好的成绩"（「满洲善后私案」，『田中義一関係文書』），指出了经济发展的可能性。

关于日本企业在南满洲活动不充分的原因，"不是因为南满的经济价值低，而是因为支那官僚固守条约款项，不欢迎在满日本人的自由规划，日本政府也没有确立固定的对满方针，导致本国资产家不能放下心来投资此地的企业"（「满洲善后私案」，『田中義一関係文書』）。田中阐述了日本企业受到种种条件制约的现状以及找到打破现状方法的必要性——为了打破这些制约条件，日本人全体必须有这样的共识："须谨记大陆发展乃我民族生存之第一要义"。

对于倡导积极向以奉天为中心的南满地区发展的田中来说，在满铁的主导下统一经营管理朝鲜铁路和满洲铁路的主张，是服务于其"大陆政策"构想的。田中希望以大战爆发为契机，扩大在南满洲的经济权益，确立殖民地化的方向。

但是，作为扩大在满权益的途径，应该是"在外交上获得排他性、垄断性铁路权益，接着利用借款、投资使其实体化，再在铁路周边设置日本人的殖民地，以从总体上扩张日本的势力圈"（金子文夫「第一次大戦期における植民地銀行体系の再編成」，『土地制度史学』第82期，1979年1月）。首先是军队和对在满洲获得权益持积极态度且投下资本的产业·金融资产阶级愿意这样做。这是铁路主导型帝国日本在海外确保权益的典型模式。

实际上，在田中倡导满鲜铁路一体化的前后，日本政府以《关于贷款修筑满蒙铁路的交换公文》（大正2年10月5日）从中方获得了满蒙五线的铺设权。并且，正如《对南浔铁路问题牧野外相的谈话》（内阁会议决定，大正3年4月）和《关于锦朝铁路问题等帝国政府的声明》（大正3年6月13日）等象征的那样，对跨越满蒙地区、中国关内、朝鲜之铁路的问题表示了积极的关心。（外务省编『日本外交年表並主要文書』上）

除此之外，由于安奉线（安东—奉天）的改造工程和鸭绿江架桥工程的完成、《减轻过满鲜国境铁路货物关税的协定》（大正2年5月29日，『日本外交年表並主要文書』）的签字，还有满洲和朝鲜间关税减轻到原来的三分之一，满朝铁路一体化的气氛逐渐高涨。

1917（大正6）年7月28日，根据第九十号敕令，朝鲜铁路的经营在形式上转让给了满铁，田中提出的满鲜铁路统一化的方针得以实现。（南满铁道株式会社编『南満州鉄道株式会社第二次十年史』）

为了发展田中主张的"大陆国家"，以满洲的中心地奉天为起点，可以说是合理的。之后，奉天作为满洲殖民化的据点，因铁路的主导作用，在经济和军事上都成为杠杆。

就这样，田中所提出的满铁吸收朝鲜铁路，使日本认识到了满洲和蒙古在经济上、军事上的重要性，因而在殖民地朝鲜之外，也加快了在满蒙地区的权益扩张。

同时，想要顺利地扩大在当地的权益还有一个手段，就是设置强有力的金融机构，这是下一个课题。

关于南满的金融问题，虽然除横滨正金银行外，还有正隆、南满、北满、铁岭四个银行，但是，还是不足以应对将来在南满的企业活动和资本投入的增加，于是田中有了以下构想。

> 虽然朝鲜银行扩大了其在满洲的营业，但未能准备充足的资金以适应满蒙需要，特别是土地所有权及居住自由开放后，法人涌入内地，各种企业也接踵而至，资金需要量甚大。因此，为了不使满铁会社受到损失，应该诉诸金融事业。为满蒙着想，或须建立特种银行，以图调节金融。（「滞满所感之一」，『田中義一関係文書』）

为了应对在满洲及中国关内的权益的扩大，产生了设置金融机构的要求，这一动向以一战爆发（1914年7月）为契机，逐渐活跃起来。比如，当时地位相当于关东都督的中村觉向大隈重信首相、加藤高明外相提出了《关于设立拓殖银行的意见书》（1915年5月），东京商业会议所向政府提出了《设立日支银行的决议案》（1915年6月）。另外，1915年6月5日，石本鑡太郎、加藤定吉等向第36次议会的众议院提出了《关于在南满洲设立特殊金融机构的决议案》，并且在议会上开始讨论。

提出满洲特殊金融机构设置论

走在这一系列对华金融机构设立要求之前的，是田中的满洲特殊金融机构设置论。但是，田中的提议并没有涉及任何具体内容，不过正如波形昭一所说，"作为将满洲和朝鲜进行统一、合并加以统治这个构想的一个环节，它的提出具有重要的意义"（波形昭一「日本帝国主義の満州金融問題」，『金融経済』第153期，1975年8月）。

在铁路问题上，满洲铁路吸收合并朝鲜铁路、形成一体化，与此构想并行的是在金融方面以满洲地区为对象设置金融机构，开发包括蒙古地区在内的满蒙地区，使之有别于殖民地朝鲜。

这一构想，替当时正积极进行满蒙殖民地化或"满蒙独立运动"的陆军以及支持它的殖民地官僚们陈述了对本国政府的要求。实际上，此构想变成了大隈内阁向议会提出的《满洲银行法案》，从而进入了具体的政治日程。

接受这些动向的大隈内阁，1915（大正4）年7月在大藏省内设立了日支金融机构调查会，调查会拟定并向第37次议会提出了《日支银行法案》和《满洲银行法案》。

其中《满洲银行法案》提到设立满洲银行的意图，即将其作为"对华二十一条要求"所实现的在满蒙地区新权益的对应措施。以此为契机，大隈内阁以回应各方面促进金融机构统一之要求的形式，决定提交法案，以便确立对中国的主导权。

关于这些问题，波形昭一在题为"经济调查会和日支·满洲银行构想"的论文中说，"（大隈内阁的）满洲银行构想给予了'二十一条'夺取的诸利益以资金的支持，一举解决了满洲正金、朝银、兴银并存的错综复杂的金融状况，也解决了满铁、关东都督、军队还有在满工商业者的金融机构独立运动，如果顺利，也不露声色地开拓了满洲币制统一的途径"（『社会科学討究』第 26 卷第 2 期，1980 年 10 月）。

1916 年 2 月 16 日，两个法案在执政党立宪同志会占绝大多数的众议院如所预期地获得了批准，但是在贵族院被否决了。这是因为在议会上，朝鲜总督府拟定的《东洋拓殖股份公司法修正案》（以下简称《东拓法修正案》）与两法案产生了直接竞争。

也就是说，朝鲜总督府想让朝鲜银行和东洋拓殖股份公司（以下简称东拓），即所谓的总督府系列的金融机构进入满洲，在自己的管辖内开发满蒙，扩大利权。在这个意义上，无论如何都有必要阻止大隈内阁提出的两个法案。

实际上，《东拓法修正案》和两个法案在业务内容和营业区域上是基本一致的。贵族院议员后藤新平、田健次郎等接受了朝鲜总督府的意向，阻止了以大隈内阁为中心的满蒙中心主义，同时逼迫大隈内阁陷入了总辞职的境地。

抑制政友会势力的扩大、实现陆军增设两个师团的悬案，是统治阶级要求大隈内阁解决的问题。现在所有目的都已达到，大隈内阁也就完成了它的使命。

在这个意义上，贵族院对两法案的否决，是与殖民地朝鲜休戚与共的殖民地官僚及与其相关的贵族官僚层共同协作的政治策略。

同年10月，接替总辞职的大隈内阁，朝鲜总督寺内正毅就任首相，这意味着对中国的金融政策发生了转换。即，寺内内阁将日支、满洲两银行法案内容并入，向第39次议会再次提出了《东拓法修正案》，并在众、贵两院获得通过，得以成立。

《东拓法修正案》明确了营业区域将加上之前的朝鲜，东拓扩大到外国去，事业内容以金融为中心，以朝鲜、满洲为对象，期待着其能够发挥第一大拓殖金融机构的作用。

满洲殖民地化的开始

东拓法修订的意图是通过朝鲜总督府体系的金融机

构，将在满洲的日本金融机构进行统一改编，以"实现鲜满一体化的计划"（大谷正「満州金融問題と朝鮮総督府」，『日本史研究』第176期，1977年5月）。这和田中之前主张的重视满洲地方独自的利益、给它设置合适的金融机构，以图满蒙殖民化，吸收朝鲜铁路和金融体系，即满鲜一体化政策，从根本上是不同的。

田中在《滞满所感》中就东拓的作用，写有如下文字。

> 从满蒙资源培育的观点看，必须要讲求更加积极的手段，为此，可使东拓担此事业。即以此为目的，增加东拓资本和信用债券发行额，投资由满铁沿线逐渐深入满蒙内地，密切日满关系，方可发挥东拓的真正作用。

田中与寺内不同，将东拓的作用仅集中在资源和拓殖业务上，没有涉及金融部门的发展。

另外，田中对朝鲜银行在满洲的发展，以及一直对满洲殖民地化起到一定作用的横滨正金银行都抱有怀疑。他希望在满洲设置独立的特殊金融机构，以在满洲扩大利权和发展经济，与殖民地朝鲜不相关联。

田中在《滞满所感》中"关于满洲经营私案"一项里，概括以上诸点，列举了以下内容作为目标。

> 其一，调整、合并关东都督府和朝鲜总督府，

设置满鲜施政的统一机构；

　　其二，使满洲各地的领事隶属于满鲜统一机构的长官；

　　其三，合并鲜铁和满铁，作为满鲜铁路会社开展活动；

　　其四，使东拓会社担当满蒙开拓事务；

　　其五，应获得满蒙土地所有权和内地居住权；

　　其六，应设置特殊金融机构；

　　其七，撤销全部关东州的防务，转移至朝鲜；

　　其八，南满经营机构的中心转移至奉天；

　　其九，满蒙的创业资金应依靠向法国借款。

　　总之，田中认为大陆政策的中心对象地区应该从之前的朝鲜半岛向中国特别是中国东北部（满洲）和内蒙古地区转移。所以，首先改变关东都督府和朝鲜总都督府的两分统治模式，使之一元化，赋予其较之前更大的权力，旨在"本国政治争斗圈之外，建立坚实一贯的施政"（「満州金融問題と朝鮮総督府」）。

　　这些不只是以强化殖民地经营和随之而来的军队政治地位上升为目标，扩大日本在满洲的权益，其中包含了为了形成田中在日俄战争之后构想的"大陆国家日本"的据点而构造根据地的强烈意识。

　　这件事从主张将满洲（姑且认为是南满洲）和内蒙古经营机构从之前的大连、旅顺向内陆的奉天转移也可得知。这显然是适合"大陆国家日本"的政策，关于实现政策的方法，田中概括为以下结论。

> 总之，由统一机构统一运作施政、外交、经营，从而逐渐实现满鲜事实上的共同经营，这样，就要求满鲜统一机构的长官在指导监督满铁、东拓两公司的同时，负责保护从事其他事业的资本家，彼此相依以求地方全面开发。（「満州金融問題と朝鮮総督府」）

其中，满洲、朝鲜的殖民地经营机构握有极大的权限，通过与资本家强有力的合作关系，以满洲经营为基点促进殖民地经营的扩展和新利权的扩张。这一意图是不难解读出来的。

缔结日俄协议问题和对华外交

在此，联系其对华政策，研究一下大隈内阁时期的外交课题，即在缔结日俄协议问题上政府内部的对立和妥协。首先来看看田中当时的中国观。

日俄战争后国际秩序发生变化，若将其间日本的外交政策进行大的分类，可分为两条路线，对立皆围绕此产生。即，是继续以日英同盟为基轴坚持与欧美协调，还是缔结日俄协议修复日俄关系，相互承认两国所分割的满蒙地区。

特别是日俄战争之后，对于政治领导层来说，主要的外交课题是朝鲜控制权的确立（殖民地化）和扩大在满蒙地区利权。对立，就是围绕哪一条路线适合这个外交课题的完成而产生的。两条路线的对立与各种势力之间的对立和妥协有关，这是以第一次大战为契机呈现出来的政治争斗的表面化。

具体而言，一方是以日英同盟为外交基轴，向中国政府强硬提出"对华二十一条"要求，希望以此掌握外交政策主导权的外务省主流以及大隈内阁的加藤高明（立宪同志会总理）外相的路线；另一方是指出日英同盟的局限性，以日俄同盟来应对大战后可预测到的与美英围绕中国利权之对立的井上馨等人的路线。两者之间的对立最后发展到加藤辞职的地步。

日俄协议的提倡者田中在《滞满所感二　俄国在满蒙的行动》一文（『田中義一関係文書』）中，将曾相互对立的英国和俄国逐渐接近，对以牵制俄国在印度发展为目的而与日本缔结关系的英国来说日英同盟的意义逐渐下降这一现状，与中国政策相关联做了以下论述。

现今计划在支那西境新疆、甘肃方面闹事的俄国以十年知己的态度取悦于我国，已取得西藏、怀有得陇望蜀之志的英国对此表示欢迎，这也不足为奇。然若任此趋势发展，支那将来命运如何？又将给标榜保全支那领土、以东洋永治为根本要义的帝国东亚政策带来何等障碍？

田中认为，英国和俄国的接近甚至两国的同盟关系，说到底也只不过是基于一时的利害一致产生的，但即使它的变动性很强，因两国同盟的成立而发端的日本在中国的孤立也是必须要警惕的。

特别是以满蒙为中心与英俄关系的变化，加藤外相等人没有做出灵活的应对，田中对外务省主流派表示了强烈的不满。他对此事有以下记述。

> 英俄的直接握手即日可见，日英同盟之类，完全是无用之物，若今有鼓吹效力同盟者，徒取有识之士嘲笑而已。若果如此，实际支那则完全成为英俄鹰鹫的饵食。说分割支那失败绝不为过。（『田中義一関係文書』）

在此情况下，为了防止日本被孤立，避免单方面地与英国、俄国形成对立，田中认为，与废弃日英同盟相反，当下应该加快与英国、俄国的接近。

他还写道："为了东洋永治，为了维持日英同盟的精神，帝国务必要极力打破英俄联合"（『田中義一関係文書』）。他一方面认识到了日英同盟作用的局限性，一方面回避了即刻废弃同盟的方法。

作为此意见书的结论，田中写道："为了破坏英俄的合作，须诉诸各种必要手段"。但是，田中的导入接近俄国之策略的理论，目标是以日俄协议合作弥补日英同盟的实际效力低下，并且通过日英同盟规避日本的孤立化，取得三国在华利权竞争中的稳固地位。

从田中的想法出发，加藤外相推行的与俄国对立固定化、对日英同盟绝对依赖，会缩小日本在远东的外交选择范围，长期来看很有可能会使日本的大陆政策（中国关内、满蒙地方的殖民地化）产生波折。

田中面临的课题是牵制甚至阻止俄国在满蒙利权的扩大，他在日俄同盟论中也提到"暴戾的俄国的侵略政策会逐渐助长分割支那的局势，然而分割支那会导致整个东洋的灭亡，满蒙的丧失直接意味着帝国的危殆"。这是出于对俄国的戒备心的考虑。与此相关，山县有朋说道：

> 依靠日英同盟来维持将来的东亚永久和平，恐怕不能作为政策的全部，即日英同盟之外再缔结日俄同盟作为完善达成我目的的手段，这是今日的当务之急。（中略）目前英国也对我与俄国结盟表示欢迎，绝不能对此不满而加以反对。（山县有朋「日露同盟論」，大山梓编『山県有朋意見書』）

田中、山县认为，日俄协议论，总的来说，就是英国、俄国、日本三国之间相互承认分割方针，在此框架中找出在中国获得利权的余地。

山县、田中等人的日俄协议论一举变得表面化，是由于以一战爆发为契机的两个因素。一个因素是在大战间隙，加藤外相等外务省主流派提出的"对华二十一条"在实际上行不通，另一个因素是随着大战激化，俄国方面向日本提出兵器弹药等军事品相关的经济援助请求。

日俄协议还是日满同盟

　　和山县同为元老的井上馨积极倡导缔结日俄协议，与坚持主张日英同盟、否定日俄接近的加藤外相是对立的，而且这种对立日渐激烈。

　　当然，井上对加藤的批判是出于对政党出身者占据外交政策的中枢，而且重要外交事项也不再跟元老通气等做法的反对。但是，井上更担心的是以大战为契机所形成的英、俄、法三国的团结。

　　他通过望月圭介对决定参战的大隈首相表示了以下意见。

　　　　一、随此战局的发展，随着英、法、俄的团结一致更加稳固，日本和此三国团结一致，此中日本不能不确立自己在东洋的利权；

　　　　二、英国人近来对日英同盟的情感逐渐冷却，在此时局下必须采取让英国人立即后悔的方法；

三、日俄协议在此数年间只是纸上的协议，日本必须以此为基础笼络支那的统一者。（井上馨侯传记编纂会『世外井上公传』第5卷）

井上主张的对华政策是，日本以同盟的形式名副其实地加入针对德国的联合中，特别是相互承认基于与俄国之协议获得的在中国内地以及满蒙地区的既得权益；另外，利用和法国的同盟导入法国资本，以取得在该地区利权的扩大。

井上不顾病躯积极地协调元老间的意见。1914（大正3）年9月24日，举行了山县有朋、大山岩、松方正义三元老和大隈首相的会谈，交换了四元老署名的《备忘录》。

这份文件是以使加藤外相在事实上放弃日英同盟坚持论，承认元老对外交政策的参与为第一主旨的。另外，作为"对支那的根本方针"，"扫除包括袁世凯在内的支那人对日本的不信任和疑惑，使他们信赖我们乃是根本之关键"（『世外井上公传』），批评加藤外相以强硬手段推出的"对华二十一条"要求将使中国国内对日本的不信任增大，成为日本在国际上孤立的原因。

关于日俄关系，井上写道："试探英国的意向，而不一味依赖英国，同时缔结与俄国的同盟关系，以此作为将来日英俄法同盟或者协议的基础"。井上的日英俄法四国同盟论，在日本试图扩大在中国的利权方面确实是合理的方法，是充分考虑了和列强间的均衡的外交方针。

但是，加藤外相无视以井上为首的诸元老的意见，于1914（大正3）年12月3日向袁世凯提出"对华二十一条要求"（1915年5月允诺）。理所当然，这导致了井上所担心的结果。

加藤外相和诸元老在缔结日俄协议上的对立，发展成为在对华策略上领导层间的对立。在此期间，军队，尤其是以田中为中心的参谋本部的态度也一直在摇摆。

关于这一时期缔结日俄协议的问题，田中说："当然，在此期间促进日俄同盟的关键是顾念日俄德之间的亲善关系，间接地与德国亲善"（大正4年6月3日田中致寺内信，『寺内正毅関係文書』）。考虑到在大战初期连续取得胜利、处于优势地位的德国，此时田中构想的是缔结日俄协议意在阻止俄国和德国接近，如果德国胜利，则缔结日俄德三国同盟。

田中在之后给寺内的书信中，详细描述了以井上为首的诸元老与加藤外相的对立已经激化到不可能妥协之程度的事态，还讲了诸元老向大隈直接或间接地要求加藤外相辞职的经过。

田中批评加藤外相，核心在于摆脱加藤外相特征性的"政党者之流跳梁之弊"；此时逼迫加藤外相辞职，"无关政党政派，顺应四周情势，矫正被政党观念驱使

之弊政"（大正 4 年 7 月 3 日田中致寺内信，『寺内正毅
関係文書』）。

当初，包括田中在内的军方也曾强力支持"二十一
条"中的要求，现在田中政策的转换是因为中国民众对
"二十一条"的反对，及随着大战的进展参战列强的势
力发生了变化。

到了 1915（大正 4）年，围绕"二十一条"与袁
世凯政权的交涉并没有如当初预期那样顺利，中国民众
反日运动的高涨和加藤外相的对华政策招致的批判变得
更加显著。

看到这些，田中坚定了缔结日俄协议的想法，开始
了和俄国的接触。

将扩大在华利权放在第一位

那么，这个时期田中设想的日俄协议到底有怎样的
内容？尤其是与对华关系有何联系？对此田中做了如下
陈述。

俄国表现出不愿签订日俄协议而希望签订日英
俄法四国同盟协议的态度，这是从他们的对策上可
以明显看出的。俄国尤其难以同意之处，是日本想
要和支那缔结某些条约的款项。这就限制了日本对

支那的自由行动，所以对于反对支那加入协约国的日本来说，为此结果限制了自己，这是毫无益处的事情。（大正5月4月9日田中致寺内信，『寺内正毅関係文書』）

也就是说，田中认为俄国方面通过建立四国同盟，使列强间的竞争，尤其是在中国获得利权的竞争形成一定的格局，这里就有牵制日本趁大战间隙占据有利地位的意图。他认为俄国的这个意图是危险的。

田中也曾这样阐述有必要戒备俄国牵制日本在华利权扩大政策："（日俄的）协议若因日本对支那的自由意志受到约束而不能成立，那也是没有办法的事情，吾决意如此。"（大正5年5月6日田中致寺内信，『寺内正毅関係文書』）

田中这样将在华利权的扩大放在首位，将保证能实现这种利权扩大的同盟关系的确立作为最大的课题，最终只不过是承认了日俄协议的利用价值。

但是，对于俄国强烈主张四国同盟，田中认为只能接受。田中的日俄协议缔结论是有弹性的，原因之一就是他对俄国与德国接近的可能性抱有极强的戒备心。

事实上，在这之前，同年（1915）3月16日在小泉策太郎家田中与原敬会谈时，原就提出了与德国和俄国单独讲和的可能性。同时他还表示，应该与英国、美国保持一定的距离以为战后做准备，特别是与俄国间尚未解决的事项，也就是满蒙问题，根据两国商定的满蒙分割方式来解决才是至关重要的。田中对此表示了同感。（『原敬日记』第 6 卷，大正 5 年 3 月 16 日）

另外，山县有朋对俄国和德国的接近也认为是"不得了的大事"（德富苏峰『公爵山县有朋传』），提出了应予警惕的看法。他还表示，为了阻止它，日俄同盟是不可或缺的。不管怎样，包括英国在内的四国同盟都是为日俄同盟能够确立而无法避免的选择。

尤其是一战中俄国开始出现脱离战线的可能性，英国邀请日本加入英、法、俄三国的不单独讲和宣言。于是在 1915（大正 4）年 11 月 30 日，日本接受并签署了四国组成的不单独讲和宣言，这可以说是四国同盟缔结的前提。

结果，日俄协议的缔结，进而曾经对四国同盟的成立持批判性态度的英国外交姿态的变化，削弱了加藤外相的立场。加之，以大浦兼武内相在总选举时收受贿赂事件为契机对大隈内阁实施的内阁改造，使得加藤外相辞职。

这样，1916（大正 5）年伊始，要求日本供给武器弹药的俄国的代表借着来日本的机会，提出应该果断缔结日俄协议，并采取具体的措施。

于是，同年 2 月 14 日的临时内阁议会决定了缔结日俄协议的框架提案。其中，关于中国的定位是这么表述的：“若支那政治归于第三国，日俄两国各自认为并认可主要利益受到侵犯时，基于以上协议，双方约定，如一方所行措施招致与第三国发生迫不得已之战争，另一方必须援助其同盟（包括武力援助）”（外务省编纂『日本外交文书』大正5年第1册）。日俄协议缔结的意义是，阻止了除日本、俄国以外的第三国获得在中国独占利权的可能性，当下在满蒙地方，通过与同日本利权争夺最激烈的俄国之间相互承认既得权益，回避了两国之间围绕利权的对立。

在这种情况下，第三国无疑是指英国。如果远东地区的国际形势紧张起来，日俄协议可立即使日俄两国和英国的对立关系固定化。在此意义上，日俄协议的缔结实际上意味着对日英同盟路线的放弃。

作为日本与俄国方面交涉的结果，同年7月3日在俄国首都圣彼得堡签署了《公开协议》和《秘密协议》。《秘密协议》的第一条是：“两协议国为顾念切身利益，掌握对支那、日本国、俄国有敌意的第三国的政治是非常紧要的，应根据需要随时融洽地、诚恳地交换意见，协商为防止前述事态发生而应采取的措施”（外务省编纂『日本外交年表並主要文書』上）。结果，日俄协议清楚地表达出了日俄两国在华利害的一致。

另外，日俄协议是为消除了日本在华扩大利权时的阻碍因素，应对大战后诸列强之间再次展开的新的利权扩大竞争而产生的。根据日俄协议，关于利权扩大不可或缺的投资资本，日本意图接近与俄国有着亲密关系的法国，从法国引进，以回避在国际社会上的孤立。这样，井上和田中等军方的日俄协议路线取得了胜利。

但是，正如原敬对此做出的评价，"仅凭两三条的内容很难想象对将来能产生多么重大的影响"（『原敬日記』第6卷，大正5年6月29日）。不少人对它的效果抱以怀疑。

日俄协议的缔结使中国对两国获取利权的高涨势头更加戒备，并加速了与作为日俄协议所针对的对象、对日本更加不信任的美国之间的对立。

为了对抗日俄协议的缔结，当年7月21日，美国上议院通过了建造军舰的法案。8月29日威尔逊总统签署了《1916年建造军舰法案》，开始了空前的造舰计划。

与此同时，中国政府认为日俄协议缔结的真实意图是日俄两国对中国市场和利权的垄断，对此深怀戒备。所以，中国政府向日本政府发问：在日俄协议中把中国置于什么位置？

对此，日本政府在7月5日通过日置益公使做出回答："日俄两国并无让支那不能行使正当享有之权利的意思，两国协商保护本国权利和利益的手段，并没有与支那的权利发生冲突"（外务省政务局编『日露交涉史』下）。

但是，实质上与日本政府的回答不同，日俄协议的缔结，如前所述，是意图在因大战而形成的中国局势中扩大利权和寻求开辟满蒙殖民地的途径。

如果是这样，即使是田中，也会在发展"大陆国家日本"的同时，下定决心和将来有可能成为最大障碍的俄国达成协议。在这个意义上，日俄协议缔结的交涉过程呈现出的日本政府领导层内部的对立和妥协，几乎都在与对华政策的关联上表现了出来。

另外，作为建设"大陆国家"进程中的一个暂时性变通办法，田中绝对不会一成不变地对待协议。田中这样的外交姿态显著表现出的所谓"状况主义"，从其在大隈内阁到寺内内阁期间对袁世凯政权、段祺瑞政权的应对姿态中同样，也可以看出。

混乱的反袁、援袁政策

当时陆军的有代表性的中国政策构想，大概是1914（大正3）年8月山县有朋在向大隈重信首相、加藤高明外相、若槻礼次郎藏相提交的《对支政策意见书》中展开的"对支提携援助论"。

山县在其中写道："有人过分相信社会或是帝国的武力，认为只要对支那施以威压，就能够达到目的，但是人世间的事不是仅凭暴力就能决定这么简单"（『山县有朋意见书』）。他否定了以对中国行使武力为前提的威慑外交，提出参与到西方诸强塑造的以中国为中心的亚洲地区，"日支亲善，相互促进利益，免除不利，认为非此不可"。

而且，山县为了建立这种日中关系，作为基础，设想和欧美诸国协调以及缔结日俄协议，主张在远东和平的国际秩序当中谋求扩充日本的权益，以此实现不与欧美诸国因日本在中国权益的扩充而产生不和；为此，对中国的长期经济援助和中国国内的政治安定也是不可或缺的。

以田中为首、对对华政策向来都很关心的陆军，特别是参谋本部的中坚层其政策构想又是怎样的呢？我们将焦点集中在大隈内阁时期对华政策的具体课题，即对袁世凯（当时的总统）的援助问题上，进行梳理。

日本政府认为，中国国内政治安定的必要条件是政治权力的集中和以个人载体体现的唯一最高权力者的存在。而这个人就是袁世凯。

但是，参谋本部的陆军中坚层认为，中国辛亥革命（1911年）以来，相较于通过援助袁世凯使中国政治安定从而创造扩充权益的机会，趁中国内政混乱确保日本介入的余地更为有益，所以，也同时在援助与袁世凯对立的革命派和"满蒙独立运动"。

参谋本部的态度是，以第一次世界大战爆发为契机，联系对德参战的主张，以此为机会取得德国在华权益，一举对中国施压。关于此事，田中给寺内的信中有如下记述。

> （中国）最近的形势与去年如出一辙，受到英
> 国愚弄，主要的依靠是袁世凯，他的背后无疑有美
> 国的存在。目前尚有踌躇未决之事，或者最终不了
> 了之。既然已经显示了除去此人的气势，就必须要
> 有对袁施以匕首的决心。（大正3年8月12日田中
> 致寺内信，『寺内正毅関係文書』）

即，在欧美列强因为大战而对中国的关心程度已经
降低时，田中主张终止对袁世凯的援助。袁世凯作为比
较稳定的势力，已经拥有相当的力量。田中强烈要求采
取反袁政策的背景，正如之前的《满洲善后私案》所
示，他判断袁因为与欧美势力关系的强化，应该不会答
应日本对中国满洲极为广泛的权益要求。

实际上，袁的意图是通过调整与欧美列强的关系，
巧妙地运用外交手段，以对抗日本扩大权益的要求。特
别是袁通过亲英美的态度，牵制了"对华二十一条要
求"象征的日本权益的扩大和对各方面的影响力。

田中为了不让袁的意图实现，从1914（大正3）年
年初就多次提出要对中国采取以武力为背景的威压态
度。事实上，在同年2月3日给寺内的信中，田中写
道：有必要觉悟到"此时帝国为了贯彻自己的主张，可
不辞使用武力"（『寺内正毅関係文書』）。但是，这一
年夏天以来，袁恢复帝制的计划明朗起来，围绕此问题

日本政府内部和陆军内部见解的对立浮上台面了。

具体而言，1915（大正4）年8月，实施内阁改造的大隈内阁起初打出了支持帝制和不干涉中国内政的方针。但是，10月14日的内阁会议预测恢复帝制将导致中国内政混乱，从而可能侵害日本权益，所以与欧美列强一同向中国政府表明了劝告中止施行帝制的态度。

对此，中国政府虽然进行着恢复帝制的准备，但是在11月11日通告了帝制施行延期，第二年（1916）2月再次通告了实施的意向。

大隈内阁在1916年3月4日的内阁会议上，放弃了之前支持援助袁世凯的方针，确立了试图扶植代替袁的新势力的方针。在这个过程中，中国内政的不安定是必要的，也意欲在其中新树立一股能够满足日本政府要求的政治势力。

摇摆不定的对袁政策

这样，关于帝制问题，大隈内阁的态度调转了180度，从支持袁变成了打倒袁。在这期间，田中对此事态的推移又有怎样的看法呢？

1915（大正4）年10月4日，取代明石元次郎就任参谋次长的田中，在10月13日给寺内的信中，关于帝制问题写有如下文字。

需要立刻解决的问题是帝国要决定对支那帝制的政策。前两日陆军的意见是，在适当的时机承认帝制，甚至对其进行援助。在此意义上，必须要慎重对待我权利范围内的革命党和与之有关的人物。若发生骚乱，帝国必须要有自卫性地保护自身利权的思想准备。（『寺内正毅関係文書』）

此时田中的见解与内阁的方针几乎一致，主张明确对帝制计划的支持，对袁进行经济援助，镇压与袁敌对的革命派。这意味着之前田中等人的方针改变了。但是，田中等人持此意见的背景有两个。

第一，田中预测到，因为施行帝制，中国国内的反帝制政治势力必然诉诸更加强硬的手段，政治混乱扩大，袁必定会向日本求助更多的经济和军事援助，这样干涉中国的机会就增大了。

第二，通过大隈内阁的改造，掌握外交主导权、批判陆军对华工作的加藤外相辞职了，这样，陆军方针的选项增多，就有了根据情况转换方针的可能性。

所以，田中态度的变化，与其说是同意大隈内阁，不如说是为了实现自己的政策、根据状况做出的判断。

而且，根据袁世凯对日本的态度，日本可以随时转变到反对帝制、反袁的政策。事实上，受田中指示负责袁世凯工作的坂西利八郎，也赞同田中之前的"中国政府的行动欠缺对日本的诚意"的说法。他说，"我认为日支两国关系作为特别的存在"，有必要"在内政和外交上进行开诚布公的商议，达到让日本作为他国也能提出异议的程度"，从结果来看，"目前的情形，尚未达到使支那有此认识的程度"（大正5年1月3日坂西致田中信，『田中義一関係文書』）。

或许，田中也和坂西一样，对中国政府的不信任感增强了。可以认为他们此时察觉到了支持袁的局限性。同月18日，田中终于表明了反对帝制的意向，让坂西把这个想法告知了中国政府。

关于对袁世凯政府的态度，田中在他给冈市之助陆相的信中进一步表明。

> 支那问题，近来袁已呈人心尽丧众叛亲离之势，（中略）作为日本，以保持支那和平为重点，目前要寻求使袁退让的手段，同时，要寻求扶植我政治势力的手段，这才有利。（大正5年2月21日田中致冈信，『岡市之助関係文書』）

作为"使袁退让的手段"，田中在给冈的信中，叙述了"对支政策已渐渐确定，与袁决裂之后将面难缠之事，大体上是取先助长南方方针"（大正5年3月9日田中致冈信，『岡市之助関係文書』），并确认了将与两日前在内阁会议上通过以援助南方革命派实现倒袁之方针的大隈内阁采取共同步调。

也即，大隈内阁在3月7日的内阁会议上通过了《应对中国目前局势帝国应执政策》（外务省编『日本外交年表並主要文書』上），决定了倒袁方针。

其内容在政府3月9日向各有关方面下发的《阁议要领》中有所阐明。主要框架是："一、帝国在支那确立优势力量，使支那人意识到帝国的势力，建立日支亲善的基础；二、为此，采取排袁政策"（『原敬日記』第7卷，大正5年11月9日）。

接下来，田中的作用是笼络甚至瓦解一直批判反袁政策的以山县和寺内正毅（时任朝鲜总督）为首的陆军上层、后藤新平、胜田主计等，以及寺内周围的官僚层、贵族院议员等支持袁世凯的那些人。

在陆军上层中，参谋总长上原勇作支持以田中和明石等为中心的陆军中坚力量的反袁政策。上原是冈陆相的后继者，他说，大战结束后，"为便于与各方交涉，相信推举田中将是顺应时势的"（大正5年3月7日上原致寺内信，『寺内正毅関係文書』）。

在大隈内阁决定倒袁前后，3月4日，山县和寺内对帝制问题的陆军中坚力量中心人物田中说，希望中止以倒袁使中国内政不稳的方针。

比如，寺内的主张有如下内容。

目前满洲时有骚乱，终将使整个支那全体陷入骚乱之中，因向俄国供给兵器之事，使我国也不得不投入战火之中，如此不利余认为不能忍受，此事请慎重考虑妥善处理，是为至要。（大正5年2月2日寺内致田中信，『田中義一関係文書』）

寺内认为中国内政不稳可能会招致俄国等欧美列强介入，这样的话，反而会使日本丧失行使影响力的机会。

在大隈内阁决定倒袁之后，寺内始终坚持认为通过支持袁使中国内政安定，不丢掉建立以袁为中心的中国政府和日本政府的和平同盟关系才是最佳方针。

逐渐加强说服寺内的工作

田中为了改变寺内的方针，一边与其他陆军中坚力量和上原勇作参谋总长等取得联系，一边亲自连续致函寺内。在此期间，和田中等人同样进行说服寺内工作的立花小一郎（时任第十九师团长，朝鲜）在给上原的信中写道："实际在京中，我和田中、明石的三人会议中，两人都给寺内大将带过忠告的口信，本人逐一做了陈述，但是却遭到反驳，本人深感遗憾"（大正5年4月27日立花致上原信，『上原勇作関係文書』），他对说服寺内表现出焦虑。

另外，4月9日给寺内的信中，田中关于反袁政策是否妥当有如下叙述。

> （在日中关系上）难以认同的是想要与支那缔结某种条约时有些条款的存在需要俄国的承认，这使得日本对支那的自由行动受到了约束，日本反对支那加入协约国，结果反而使自己受到约束，再没有比此更不利的了。（中略）大体上说，目前的形势，支持袁是不合理的，结果反倒使事情都陷入纠纷之中。（大正5年4月9日田中致寺内信，『寺内正毅関係文書』）

田中认为现在已经不能期待袁对日本的绝对忠诚，中国从属于日本的可能性很低。

从这件事可以得知，田中等人利用大战的良机，试图运用威压的手段，一举在中国建立从属日本的稳固不可动摇的傀儡政权。田中试图实践通过排袁以"有利于谋求扶植我政治势力的手段"（大正5年2月2日田中致冈信，『岡市之助関係文書』）的主张。

坂野润治有这样的论述。关于在中国确保军事资源和战略要地这个问题，山县、寺内等陆军上层和田中、明石等陆军中坚力量立场是一样的；但是，关于实现确保在中国的军事资源和战略要地的方法，前者认为应该通过与稳定的军阀政权建立同盟关系来实现，与此相反，后者认为应该打造顺应日本需求的完全、彻底的傀儡政权。（坂野润治「大正初期における陸軍の政党観」）

　无论如何，关于田中等人的排袁计划，不仅是山县、寺内等陆军上层，在陆军中坚层和外务省，甚至后藤新平等官僚势力中也有很多批判者。从整个领导层来看，田中等人是少数派。

　比如，陆军的奈良武次（青岛守备队队长，1916年3月31日成为陆军省军务局局长）写道："帝国的政策尽管一时犹疑，最终也应确定。虽然支那之治乱前途莫测，但是身为反对党中坚力量的革命党既无钱又不统一，终究不能成大事。（中略）需要形成的观念是，对此日本应该采取的大方针，是应让袁认识到无论是帝制还是登基都是无法成功的。"（大正4年11月24日奈良致上原信，『上原勇作関係文書』）

　町田经宇（时任驻中国公使馆武官）也说："正如所料，眼下若除去袁，找遍支那也无一人可以取代。但他一旦称帝，由于不平和嫉妒之心，国内势必更加动荡，加上财政缺口与日俱增，袁所受的痛苦当会不少，袁处于困难之境地，就会东顾，窥我日本之鼻息"（大正4年9月19日町田致上原信，『上原勇作関係文書』）。他和奈良一样，表示了通过援助袁而实现扩大日本权益才是良策的判断。

　另外，宇都宫太郎（时任第七师团长，旭川）也说过，"他（袁世凯）并非泛泛之辈，目前先成全其志向也是一个办法"（大正4年9月6日宇都宫致上原信，

『上原勇作関係文書』），陈述了与其绝对支持袁，不如采用暂且支持袁的策略，随机应变地在情况的发展之中准备替代政策的见解。

町田和奈良的侧重点虽然不同，但最终都和宇都宫的想法相同。

官僚势力的代表后藤新平对田中等陆军中坚层对对华外交的介入和陆军的单独行动一贯持批判态度。后藤对反袁政策的批判是以同时确立官僚对外交的主导权、保护和扩充在大陆的既得权益为目的的。

具体而言，后藤认为大隈内阁的反袁政策会招致袁与英美接近的结果，"对支那政策的确屡屡失败，之后如何构建恢复之政策，对于现内阁是颇为困难的"（大正5年5月1日后藤致寺内信，『寺内正毅関係文書』），表明了自己对大隈内阁的不满。后藤一贯批判大隈内阁的对华政策特别是反袁政策，并以有必要联合亚洲人对抗欧美诸列强作为支持袁的理由。

比如，后藤在给金子直吉（参与策划日本制粉、六十五银行的设立）的信中说："目前东洋各国在欧美人的压迫下，如果不抹去各国的边界建立新的大联合，即若不实现大亚细亚主义，相互都能保全生存是不可能的"。（大正3年5月14日后藤致金子信，『後藤新平関係文書』）

政府内部围绕反袁政策的对立，因6月6日袁的去世搁置下来了。但是，在对立过程中，关于在中国获得权益的方法的见解差异显现出来，同时，反对大隈的势力由此集结起来，这个势力之后形成了支持寺内内阁的智囊团，比如，后藤新平、胜田主计（原大藏省次官、贵族院议员、朝鲜银行总裁）、西原龟三等，即朝鲜帮。

从这些势力的组成来看，围绕反袁政策的对立，即是关于作为殖民地政策的最重要据点，朝鲜和满洲应该哪一个优先的问题。为了强化朝鲜殖民地，寺内等人始终认为应该去除在满蒙的不安定因素，虽以鲜满一体化作为基本政策，但却否定了田中所构想的鲜满一体化。

援助段祺瑞政权的理由

1915（大正4）年末到第二年，领导层在对袁政权问题上的分裂已成定局。但是，随着1916（大正5）年6月6日袁的死亡，事态有了新的发展。其中因为"对华二十一条要求"和反袁运动进展不利而受到责难的田中，认为应该支持在袁之后就任大统领的黎元洪新政权，从而在外交上回避对陆军的批判和孤立，重新掌握主导权。

田中在袁去世的第二天，执笔写成了《对支意见草稿》（山口利昭「浜面又助文书」，近代日本研究会编『近代日本と東アジア』）。这篇文章开头写道："袁世凯死后，黎元洪根据约法理所当然应该成为大总统，借此机会，帝国应拥护黎元洪，帮助南方派，从根本上践行扶植支那的政策"。

总之，即支持以黎为中心的中央政府、援助南方派，对以孙文为中心的南方派和黎元洪、段祺瑞、徐世昌等北方派的和解和妥协助以一臂之力，实现对对华外交的介入。

具体的措施是，若黎有要求，便可答应派遣军队以维护北京治安，同意予以贷款，劝其邀南方代表北上实现南北代表会谈。

这样，田中推出了南北和解、妥协路线，但这并不意味着他想使中国正常化。对于田中，支援南方有如下的意义。

田中在袁刚刚去世时，给在中国工作的青木宣纯（参谋本部仰付①、后黎元洪军事顾问）发去了这样的电报。

关于支那现状，有人认为干涉的时机到了，但我认为为时尚早。我估计南北武力相争的事态即将到来，诸国也感到危险，因之力促日本予以干涉，此时日本可以做出虽不愿如此、事出无奈只好干涉的姿态。（中略）使南方增强实力之事，必须考虑是否符合这个目的。即根据日本政策上之需要，来

---

① 仰付，职位名。闲职，无具体工作，前往海外工作的间谍多挂任此职。

应对如何供给兵器等方面。(田中义一致青木宣纯电报,山口利昭「浜面又助文書」,近代日本研究会编『近代日本と東アジア』)

综上所述,田中支援南方派的真实理由是,南方派与北方派(中央政府)相比处于劣势,给南方派加个杠杆可以缩小南北间实力的差距,使得两者的内部纠纷恒常化,以至中国政情的不安定成为常态。

最终,试图找出干涉中国内政的空隙,乘机夺取中国本部的利权。关于这一点,高桥秀直指出,"(陆军、田中的)支援南方派被认为是基于南方派比北方派弱小,适合被日本傀儡化的判断"(『日本歷史』第434期,1984年7月)。

所以,袁去世后,田中推出支援黎元洪中央政府路线的背景,可以认为如下:袁死后,中央政府(北方派)的相对优势消失,南北间力量不相上下;而且黎政权成立不久,还没有深入解读其政治力量。

总之,陆军(尤其是参谋本部)和田中的想法是,因反袁工作使得中国内政混乱,正是日本进入的前提条件。袁死后,这个想法也没有改变。

田中的这种南北妥协论是以援助南方派为中心的,从中可见,这与同样在袁死后打出支援黎元洪方针的外务省对南方派的应对,有根本上的差异。

石井外相在同年6月24日与在日本的黄兴会谈时,

明确了外务省的见解，"此时南北双方意见存在分歧，既然在根据原约法恢复等根本主张上没有变化，求同存异、迅速使时局稳定才是上策"（『日本外交文書』大正5年第2册）。

另外，石井与田中一样，表面上是持南北妥协论，他说道，"观察眼下的状况，主流上同意南方的主张，虽然北方派也知道不应对抗潮流，但为了保持自身地位，也不能立刻向南方屈膝"（『日本外交文書』大正5年第2册），归根结底是希望与南方派划清界限后再推进与南方派的妥协。

这一点上，外务省的方针是以中央政府（北方派）的优势地位为前提的南北妥协论。有人认为此外务省方针的基础是"支那被各国分割之时，日本明显将直接受到可怕的影响，保全支那的领土是符合日本利益的"（『日本外交文書』大正5年第2册）。

也就是说，比照加藤前外相强硬推动的"对华二十一条要求"使得日本孤立于国际社会，中国国内的排日、抗日运动致使外交失败这些教训，外务省提倡"保全支那领土"借以修复与中国的关系，将重新取得国际信赖作为紧急课题。

事实上，外务省在袁世凯去世时，通过驻华总领事和领事等外务官僚，与北方派、南方派的重要人物分别会了面，积极开展行动，力图使南北两派能以黎元洪为中心互相妥协。

田中（陆军）和外务省之间存在着这样的差异。另外，陆军以参谋本部为中心，不顾政府、外务省的意向，依然通过在中国的武官，反复向黎元洪提出要求。

认为在中央政府之下南北妥协统一，树立稳定政权为当下对华政策之课题的山县有朋、松方正义等元老，还有下届首相候选人寺内正毅、贵族院议员的官僚势力代表后藤新平等，都对参谋本部这种独断提出了尖锐批评。

结果，陆军表面上不得不放弃以援助南方派为契机进行武力干涉的机会，田中等人秘密进行的满蒙计划事实上也只好无可奈何地中止了。丧失武力干涉机会的陆军大为不满，这种不满情绪引发了 8 月 13 日日中两军的冲突（郑家屯事件）。

结果，陆军逐渐丧失了对华外交主导权，陷入只能与政府、外务省的对华政策保持一致的境地。关于其意义，关宽治说，"这标志辛亥革命以来反反复复的参谋本部计划，即常常依靠驻外机构强硬情报的以田中参谋次长为中心的团体其国家阴谋的失败"（『現代東南アジア国際環境の誕生』）。

尤其是 1916 年 1 月 9 日，有望改变对华政策的寺内内阁成立，陆军内部对参谋本部的批判也增多，要求处分田中的呼声以及参谋本部孤立的形势凸显出来。

比如，三浦梧樱和后藤新平（时任枢密院顾问官）向寺内提出调动田中的要求。后藤最为强硬，对于以消极态度应对的寺内，他跟原敬说："若不公然敦促寺内，他会置之不理"（『原敬日記』第7卷，大正6年1月9日）。在这样的情况下，寺内内阁推出了新的对华政策构想。

寺内正毅内阁在第二年，也就是1917（大正6）年1月9日的内阁会议上通过了《关于对华政策事宜》。其中开头部分就提到"帝国尊重支那的独立并拥护领土保全主义"（外务省编纂『日本外交年表並主要文書』上），以尊重中国领土为中国内政安定的前提条件，也就是主张放弃日本的侵略意图，抑制了大隈内阁对中国政策的基本姿态——通过展开威压外交强硬地夺取利权。

所以，寺内内阁的领土保全主义就是概括了对大隈内阁对华政策之批判的产物。它与田中的《对支意见草稿》划清了界限。田中的《对支意见草稿》则显示了他希望从根本上阻止中国内政安定及国内统一、独立，中国政府永久脆弱化的态度。

领土保全主义的实际情况

寺内内阁为了推行领土保全主义，有一些具体的手段，如改善中国的庶政、不干涉内政、与外国协调等。

与此同时，寺内内阁提到"帝国在支那，除去拥有特殊利益问题外，在尽量与列强保持协调的同时，应该逐渐努力让列国承认我帝国的优越地位”（『原敬日记』）。所谓领土保全主义，结果被定位为将中国政情的稳定化作为促进利权扩大和资本投入的契机。

关于此事，高桥秀直指出，寺内内阁在此推出支持中国中央政府的本来意图是“通过积极的‘支援’政策，使得中国中央政府亲日，进而傀儡化”（「寺内内阁期の政治体制」，『史林』第 67 卷第 4 期，1984 年 7 月）。

另外，原敬在日记中说，寺内这一对华政策对于“阻止一切想通过制造支那纷争来获得利益的小计策”是有意义的。寺内首相、本野外相也说道：“此方针当然不新奇，但因为大隈内阁与此背道而驰，所以（寺内内阁的方针）可谓回到正道上来了，又恢复了所谓的常规”（『原敬日记』第 7 卷，大正 6 年 1 月 15 日）。

北冈伸一认为，对中国的“援助（提携）”论，因这个内阁会议的决定而首次被作为政府政策得到采用，“它不是没有原则的作为主义提出的主张，而是出于对干预内争带来的工商业上利益的损失（对一处不满而引发对其他处的不满→招致联合抵制）和对与列国协调的关心提出的主张”。（北冈伸一『大陆政策と日本陆军』）

以“领土保全”主义或者“日支提携援助”论为基调的寺内内阁的对华政策，虽然得到了贵族院势力和政友会的一定支持，但是半年多的时间里，由于中国国内的政变，该政策急需修正。

就在当年5月23日，实力派督军张勋被邀请到了北京。而张勋解散了国会，第二个月又命李经义组阁，并于7月1日宣称"复辟"，黎元洪逃至日本公使馆。

离开北京的段祺瑞，号召各地督军讨伐张勋，结果，复辟派无法抵抗，全面崩溃。7月14日，段回到北京，再次组阁。8月1日，冯国璋副总统就任代理大总统，为一连串的政变画上了句号。

在此政变剧中，寺内内阁始终采取了支援段祺瑞内阁的方针。目的是通过强化对段政权的支持，试图树立一个强有力的中国中央政府，以强化与日本的关系，从而制约列国的矛头，实现强有力的"日支联合"。

同年5月1日从东京出发去中国视察的田中与中国的政要频频会谈，基于体验，他给寺内写去了如下一封信。

　　此次旅行在支那最混乱的时候完成了研究，还和多方面的人物进行了接触，尝试性提出了个人建议，自己以为对于看透真相和考虑将来的对支国策，得到了一丝自信。（大正6年6月24日田中致寺内信，『寺内正毅関係文書』）

与中国政要会谈中得到的"一丝自信"是什么？从信中来看，指的是段的罢免、张勋被邀至中央政界和下台，以及段的再度组阁这一连串的政变只是"毫无道理的戏剧"，而且这一"戏剧""尤其具有欲利用阁下之内阁的胆魄，此事我已看透"，拐弯抹角地批评了寺内内阁支持段祺瑞的政策，对把强化以段为中心的中国中央政府作为对华政策之基轴进行了批评。

田中接着写了自己的想法。

> 目的好不好另当别论，过度施行策略，就会使得北方派分裂，或是因为这些政策而作茧自缚。不可随着支那的状况来决定日本的应对，日本应以此为机会，商定国策之后再面对支那。以严正的态度观望事情的发展趋势，然后抓住机会实行我国之国策，这是非常重要的。（大正6年6月24日田中致寺内信，『寺内正毅関係文書』）

总之，田中认为，寺内内阁推行援段政策，从变化不定的中国政情来看，是为判断过早，在此情况下援段政策与日本的对华政策捆绑在了一起。田中最终对支持北方派（段）的政策表示了批判。

田中认为，此时的对中国政策应该是"南北融合"（大正7年1月31日田中致寺内信，『寺内正毅関係文書』），无论是支援北方派还是南方派，只支持一派就缩小了对中国政策的选择余地，对田中来说都是不合理的政策。

"状况主义"的对华姿态

田中在此时的确是南北融合、妥协统一论者。实际上，田中曾劝说张勋中止复辟运动，游说冯国璋进行"国家的结合"，提倡所谓的"南北统一""举国一致"。（『田中義一伝記』上）

另外，作为视察中国的成果，田中写成的《对支经营私见》（1917 年 9 月）提到"现今将恢复、改善革新支那国内行政组织的诸般设备作为紧急事情的不只是政府当局，朝野有识之士致力于救国济民者也比比皆是"。（『田中義一関係文書』）

但是，田中这样的主张本身也不是固定不变的，可以说是在向"状况主义"转化。从黎大总统罢免段开始，在中国一系列政变期间，田中采取了与寺内内阁的政策意图全然无关的行动。

总之，与大隈内阁时期相同，田中是脱离日本政府领导的，与同在陆军、坚持日中"联合"论的宇都宫太郎等上原勇作派和接受田中意向从事对华工作的坂西利八郎相比，是极端的。

所以，想要通过所谓西原借款推进对段祺瑞援助的西原龟三在这个时期，加强了对田中的批判。1919（大正 8）年 6 月 10 日，在天津出差的西原给胜田藏相发去了如下电报。

> 田中次长将黎总统置之不顾，期望收拾时局开展各方面活动，这正好和亲美派的目的一致，黎和徐世昌、段祺瑞无论如何也不能成为一体。即田中的活动，抑制了徐一派，使得时局愈加混乱，使得亲美派达到目的。要改变此时局，实现日支亲善，谁都认为徐的出现是必要的。宜适当地通过总理阻止田中的行动，尽力让徐得以出面。（『日本外交文书』大正6年第2册）

西原援助以北方右派段祺瑞和徐世昌为中心的政权，意在施行扩大日本利益的政策。田中则支持与段、徐从根本上不能相容的黎。这与将整治中国国内混乱、使一个强有力的政府得以出现作为当下的课题，推行日中"联合"论的寺内内阁的意图是相反的。

实际上，寺内内阁在1917（大正6）年7月20日的内阁会议上，决定了《关于对华外交政策》（『日本外交年表並主要文书』上），准备援段，给予借款、供给兵器和军需品，拒绝南方派的求援。

寺内内阁在第二年即1918（大正7）年3月8日，进而做出了旨在促进解决中国国内混乱、劝告南北两派妥协的阁议决定。虽然尝试修正了若干轨道，并显示了与政友会的协调，但是作为基本政策，援段政策并没有改变。即使"南北妥协"论得到发展，终究是以北方派优先为前提的。

寺内内阁在此之后，推进了与中国中央政府之间的日中"联合"路线，1918（大正7）年5月16日和19日，完成了《日中共同防敌协定》的缔结。另外，7月31日，通过第二次兵器借款等实现了真正的军事援助，与一系列的西原借款一并，在军事、经济、政治各领域强化与中国中央政府的关系。

到寺内内阁的后半期，田中对通过西原借款给予中国政府经济上和军事上援助的方针，表明了赞同的意见。这是因为西原借款援助中国中央政府的内容田中是可以接受的。

也就是说，之前田中与寺内内阁关于中国政策不能协调的原因，正是"领土保全"主义、"日支提携援助"论的用词所体现的对与列强协调外交的过于顾虑和对中国抱有的色彩浓重、消极的经济第一主义。

正如很多研究已经阐明的那样，西原借款是以威压为背景的政治上的"援助"，绝不含尊重中方主体性的内容。

在此意义上，北冈伸一提到"把中国作为强化日本军事力量乃至国力的手段而彻底利用，这才是田中认为应当的中国政策"（北冈伸一『大陆政策と日本陆军』）。正如北冈指出的那样，最终寺内和西原的中国政策与田中的中国政策构想一致起来了。

在缔结日俄协议问题及应对袁世凯、段祺瑞两政权的过程中呈现出来的田中对华政策的变化，确实非常明显。但是，田中为了把中国变成"大陆国家日本"的基础，经常准备有数种方法和几个选项，在实际的政治过程中酌情行使，在政策决定中一直发挥一定的作用，这一点正如此前所述。

通过这些，田中自己，甚至陆军自身，在包括外交领域在内的舞台上，以多种形式作为一个政治势力占据了稳定的位置，对此在下一章再做详细说明。

第六章

对西伯利亚的野心

在十月革命中摇摇欲坠的寺内内阁

若要了解田中接下来的外交态度，就不可不知在出兵西伯利亚时，田中把外交姿态作为战争指导这一观点。本章将通过追溯田中的对华外交以及决定出兵西伯利亚的政治过程，来说明田中与原敬首相是如何从最初的对立走向密切合作的。

当时寺内内阁对华政策的支柱，是以军事力量为后盾的《二十一条》和以合作姿态为内容的"日支亲善"这两个相互矛盾、不具有统一性的方针政策。这样的对华政策也是建立在当时欧美帝国主义列强之间一定的平衡关系之上的。

但是一战的爆发打破了原有的平衡。其中最大的问题是，地理位置不在欧洲主战场，但通过向英法等协约国输出武器等而不断提升发言权的美国的崛起。

其间，一直以来忙于对华政策的日本政府及日本陆军，一战爆发的同时就在绞尽脑汁地苦苦思考，该如何应对一战后美国对亚洲的干涉。

例如，当时属于参谋总部的田中向寺内递交了这样一封信：

> 预计今后交战各国将陷入疲劳困苦之局面，可

在能轻易打破战局平衡之时，一方面准备向俄国方面出兵，一方面与美国合作，成为争取和平的首要功臣。既然有打算演出如此外交戏剧的热情，就应该从现在开始考虑该如何去做。（大正4年2月3日田中致寺内信，『寺内正毅関係文書』）

于是，一战期间的田中试图通过《日俄协约》及强化与英、法、俄等协约国的关系来确保从中国获得的利权。这也意味着，田中在对华政策中所表现出的既强硬又妥协的两面性，实质上就是动用各种手段在一战结束时确保日本利权不受损害的有意在政治上的表现。从这一点出发，对田中来说，较之过去，对美政策成为更需要考虑的重要课题。

然而，1917（大正6）年11月7日（俄历10月25日）爆发了俄国革命。布尔什维克党人推翻了沙俄政权，俄国就此脱离了协约国阵营。这件事对日本推行的大陆政策产生了重大影响。

也就是说，沙俄政权的瓦解，导致远东地区的势力平衡关系发生巨大变化，特别是西伯利亚出现了"势力的真空状态"（细谷千博『シベリア出兵の史的研究』）。而且，迄今为止连续四次签订的《日俄协约》——日俄两国在远东地区构筑的共同战线将中国本土也划入其范围——已经名存实亡，反而意味着阻碍日本势力在中国满洲北部扩张的因素已经消失。

再加上作为参战国的俄国脱离了协约国阵营，这意味着欧洲东部的战线事实上已经消失。那么在欧洲主战场，德国就可以把士兵集中到与英法对峙的西部战线上去。

所以英法两军在此局面之下被迫与德恶战。结果两国不得不放松其远东政策，这便成为日本获得满洲北部及沿海州统治权的绝好机会。

因此，一直以来打算将日本发展为"大陆国家"的陆军，便明确将满洲北部到西伯利亚东部划入自己的统治区域内，并将获得中东、西伯利亚两条铁路的管理权定为目标。十月革命爆发之后，陆军立刻制订了对西伯利亚东部及其沿海州的占领计划，并开始派遣情报人员，试图以此来巩固"大陆国家日本"。

高桥治在《派兵》一书中指出，据陆军少尉家村新七（从属第十四师团第十五联队）的证词，田中担任日本陆军大臣期间，曾在军官们的面前训示说："出兵西伯利亚的真正目的是占领沿海州。从地图上看就能知道这么做的理由，如果不把沿海州变为日本的领土，日本国防就不能成立。"同时，根据高仓彻一的《田中义一传记》所载内容，田中出兵的目的是"将包括满洲、蒙古、朝鲜以及西伯利亚在内的区域变为辽阔的军事缓冲地带"，以此避免日苏两国的军事冲突。

以上强调的是军事上的意义，但与此同时，也有很多重视经济意义的讨论。例如："应该开拓西伯利亚的宝藏。

这样的话，不管是人口问题还是粮食问题以及国家的富强，都自然迎刃而解"（德富猪一郎主编『西伯利亚』）。

日本陆军希望能乘此机会实现"日本海内海构想"，即将沿海州确保在势力范围内，把日本海变为名副其实的日本内海。同时，日本陆军也认为获得满洲和沿海州的统治权，可以使得日本本土防御拥有前进据点，同时两地可以成为进攻西伯利亚西部及中国本土（华北、华中）的据点，即将满洲和沿海州视为具有极高价值的战略要地。

俄国革命爆发之后，日本陆军为了有效利用这样一个好机会，早早开始制订占领西伯利亚的计划。在此期间，1917（大正6）年12月26日，英国政府正式向日本政府提议，希望两国能共同出兵西伯利亚。

在此之前的12月17日外交官调查委员会上，出兵西伯利亚首次成为议题，之后，该如何应对出兵提议及制订日本陆军的西伯利亚占领计划与作战准备，已成为当时最大的课题。

围绕出兵西伯利亚的攻防

和一战爆发时对德宣战并出兵欧洲战线时的消极应对不同，此次同样是出兵，但与之前的意义完全不同。从下面两份"意见书（草案）"中可以看出自始至终一直指导着出兵计划的田中的应对。

首先，《田中参谋次长关于西伯利亚的意见（草案、大正7年）》简要概括了出兵西伯利亚的意义与目标。虽然稍长，但引用如下。

> 在今天这样的情况下，谨言慎行会危害国家。倒不如利用俄国人的同仇敌忾之心阻止德国、奥匈帝国势力的东入，同时借此机会提出建立一个关系到我国存亡、包含支那的自治国，并且以保全对协约诸国信义为名拉拢处于远东悲惨境遇的俄国人。将来可领导其开发资源丰富地区，按此步骤则机不致失。假如希望平安无事而拱手旁观，不仅失信于列国，国防上沿黑两州也会置于德国、奥匈帝国的势力之下，使我国陷入战略包围。不得不说这样不仅会丧失日本海的制海权，也会招致列国中德国、奥匈帝国、俄国人的轻侮，进而引起支那人的侮慢，最终将致一事无成。（『田中義一関係文書』）

在此可以看出，田中认为出兵西伯利亚的意义为"防止德国、奥匈帝国势力东扩"，从而把一直以来试图扩大对中国（特别是满洲北部地区）的统治权这个目标，正当化为"承担起协约诸国的信义"，同时这样做也有可能避免遭到欧美列强的批判。而且，田中还提出，如果不把握住这个绝好的机会采取有效行动的话，反而不仅会导致和欧美列强的关系恶化，还会导致对中国影响力的下降。

　　田中把握住基本上与日本陆军见解一致的政府内部的意向，尽可能不那么露骨地写下了最具代表性的见解。

　　就在外交调查委员会在讨论是否出兵、出兵内容及目的之时，同样在 1918（大正 7）年 7 月，田中在《田中参谋次长对西伯利亚出兵计划的意见（机密·草案)》（『田中義一関係文書』）的开头部分写道："若现在中止这个计划，则帝国政府必失信于俄国的稳健分子，且会招致协约诸国的怀疑，史何况俄布尔什维兑党人已经侦察到日本的行动，是不可能获得他们的信任的"，再次强调了为了承担对协约诸国的信义而出兵的理论。

　　然后，田中将日本政府应该采取的方针概括为以下内容。即为了应对英法等协约国诸国出兵西伯利亚的要求田中提出的三个方案。

　　第一方案是，向协约国诸国建议与日本采取统一步调，如果对方没有回应，"日本出于自卫上的必要性，继续劝诱对方认可日本单独进行军事行动"，这样日本能够积极把握住武装干涉的主导权，但需要找出这种必要性的逻辑所在。

　　第二方案是，进行出兵的准备，同时"劝诱英法美中采取统一步调，除了美国外其他盟国或者只要英法同意，则立即开始军事行动"。

　　也即，即便美国没有加入，英法等协约诸国若采取统一步调，就应该采用军事干涉政策，在此并没有偏重对美国的顾虑。以上两个方案中都预备了不为美国的动向所左右的外交及军事上的选择。

但是，田中的第三个方案是："盟国中即使只有一个国家（尤其美国）不同意就不给与兵力援助"。与上面两个方案对比，这里给是否决定出兵添加了附加条件，提出了争得美国同意的重要性，将对美国的顾虑放在了最优先考虑的位置。

最终采用哪个方案虽然要由首相、外相、陆相三者协商来决定，但田中做出了既是预测又是期待的结论。内容如下。

> 对以上充分商议的结果，假如决定采取第三个方法，即若未能得到美国之同意及确认，虽有遗憾，也只能迅速中止促进西伯利亚自治的运动，所派遣诸官须至急召回。（『田中義一関係文書』）

在这两份意见书中，前者的目的是，以田中为中心的参谋本部独自行动，在西伯利亚成立"独立自治"国，试图通过公然出兵援助来确立日本的统治权。

这是用直接的形式表明了参谋本部的强硬方针。相对而言，后者则更加慎重地根据一战的趋势预测远东局势的变化与未来并充分纳入视野，可以说是非常巧妙的政治判断。

换言之，前一份意见书明确表明了出兵西伯利亚的目的，后一份可以看作阐述了为达到该目的所采取的手段。其中，引人注目的是后者中的第三个方案。这个方案中对美国的顾忌，表现了田中对获得"美国的同意"之重要性的认识。

事实上，进入1918（大正7）年后，田中在给寺内首相的信中，一面陈述共同出兵已不可避免的实际情况，一面也说："我认为不得不共同出兵，这比只是日本一国之事看上去要合适多了"（大正7年2月12日田中致寺内信，『寺内正毅関係文書』），陈述了共同出兵的合理性。田中还从"各国武官为了预防将来日本在远东地区的势力扩张而在不断活动"的现实出发，认为应该避免与协约国各国的摩擦，通过调整帝国主义诸国之间的利益冲突来逐步达到日本当前的目的。

在后来围绕与美国共同出兵的目的、方法、兵力规模等问题，国内各层进行意见调整的时候，田中对美国的这种态度成了决定性因素。

接下来我们先看看以参谋本部为中心制订的日本陆军西伯利亚出兵计划，以及在制订该计划时田中发挥的作用。

逼迫政府做出兵决定

为了准备将来和俄国及德国作战，参谋本部在1917（大正6）年11月早早制订了《为保护在留居民对俄领远东地区派兵计划》。下面列举一些该派兵计划的具体内容。

　　一、往沿海州方面派遣临时组建的一个混合旅，将主力放到浦潮，一部分派遣到哈巴罗夫斯克及其他重要地区，保护在留居民及铁路、电线。

　　二、往满洲北部派遣相同的兵力，主要由驻扎在满洲及朝鲜的部队组建。将主力部队派遣到哈尔滨，一部分兵力派遣到齐齐哈尔的要地，保护在留居民以及铁路和电线。（参谋本部编『西伯利亚出兵史』上）

随着情况发生变化，第二年又制订了《沿海州增加派兵计划》（大正7年1月末）以及《对后贝加尔州方面派兵计划要领》（大正7年2月），对原先的派兵计划进行了若干修改。

而且翌年（1919）3月制订了更为正式的《俄领远东地区出兵计划》。按照这个出兵计划，参谋本部向陆军省下达了总共约7万人的军队派遣通知，其中沿海州方面派出1.9万人，后贝加尔州方面派出5.1万人。

另外，军费方面，计划中出兵后一年内的经费约为3亿日元。2月28日，陆军中央为了推进出兵计划，成立了以田中为委员长的军事共同委员会。通过一系列的动作，陆军，实质上是参谋本部主导了整个出兵计划的秘密推进。

在此，如果简要概括参谋本部的意图，很明显就是试图确立从满洲北部到西伯利亚东部的统治权，并掌握东清、西伯利亚两条铁路的管理权。

出兵问题作为该时期外交及军事政策的主要课题而渐渐浮上台面，并成为牵动舆论动向的热门话题。而此时，陆军已经完成了准备工作，随时可以发动战争。

陆军当前的目标是，为了实施既定的作战计划并达到出兵目的，需要尽快开始做寺内内阁的工作，让寺内内阁同意采用陆军的方针。于是，田中参谋次长开始了说服陆军上层、元老及政界各阶层的工作。

首先，看看山县有朋对出兵是什么态度。

山县在《时局意见》（大正7年3月15日）中说："最近内外频繁怂恿、主张我国出兵，如敌国入侵支那边境，特别是满蒙之地，就有可能威胁到我帝国的安宁与利益，为了我国之存亡，又为了保障东亚之治安，我国不应有片刻沉默，应立即奋起扫荡，此时并非顾忌协约国诸国意图之时"（『山県有朋意見書』）。从确保满洲——日本能够获得权利的对象地区——的角度来说，山县主张日本应立刻出兵，打倒苏维埃政权。

但是，从另一个角度来说，即便将出兵的目的定为对抗德国势力进入远东地区，在动员陆海军时，军用补给也只能期待英国和美国的援助而已。

所以，"如果不弄明白各国的意向，轻率地做出我们自己的决定的话，他日可能会不得已陷入困境，这也是我始终关心英美对俄政策的原因所在"（『山县有朋意见書』）。山县还提出了维持与英美的合作关系是出兵的前提条件这样的见解。

而且，山县还在此后完成的《西伯利亚出兵意见》（大正 7 年）中指出："一旦出兵，就不能轻易满足新政府的希望，最终可能与新政府交战，所以将不得不有与整个俄国为敌的觉悟"（『山县有朋意见書』）。这里一方面指出出兵方针的重要性，另一方面则提出了之前的意见书中没有的见解，即以防协约国诸国要求日本撤兵，日本有必要为了不陷入困境而事先与各国进行好交涉。

山县认为，与协约国诸国，甚至与美国的关系也到了不得不考虑的地步的理由就是，在筹措军费方面对美国的依赖是无法避免的。在这份意见书中留下了如下记录。

毫无可能向英法两国募集军费公债，然若美国依一贯方针反对帝国出兵，则必不会接受帝国向其募集公债，我国储蓄于美国的金币也很难拿回，帝国独自筹措军费的希望有多少呢？（『山县有朋意见書』）

以军费筹措的形式，日美关系作为一个直接问题体现出来。实际上由于日本资本主义的后发性，它无法避免地依赖美国金融，由此导致日本的外交、军事政策都受到影响。

至少山县认为，这是当前出兵政策中的最大课题，所以，要实现出兵，与美国保持一致步调是达成本来目的的必需条件。

当时田中已经正式对北满及西伯利亚西部地区进行出兵前的调查，并且开始积极说服以大岛健一陆相为首的陆军上层，要求尽早出兵。为此，山县有朋给田中发送了以下这封电报，要求田中注意控制这一系列的行动。

> 东清铁道，在我军事上的重要性是毋庸置疑的，但如果日本要对此实施国策则需要万全的准备。众所周知，过去我不同意英法对俄的政策，更何况如果日本政府追随这一政策而导致国策失去一贯性，是令人十分忧虑的。最近，有观点认为，若英国的政策发生变化将独陷日本于不利之地，还望谋求国家永远之利益时，应对世界大势与日本的实力深思熟虑后再做打算。军略与政略固然会因时机而变，但不可与今日之场合混淆。（『田中義一関係文書』）

由此可以看出，山县认为外交及军事政策应该在符合"世界大势与日本的实力"的情况下来合理施行。所以，在山县看来，田中的一系列行动都明显表现出他对日本的国情与世界形势的认识不足。

围绕出兵鸿沟加深

同时，寺内内阁中虽然有本野一郎外相那样强硬主张出兵的大臣，但寺内首相与山县一样对出兵一直采取慎重的态度。

此时，寺内首相的意见是："一、针对俄国复兴，如果有必要，也不否定出兵。二、若德俄联军袭来，则必须立即出兵。三、不可有乘此机会占领一部分俄国领土的计划。四、不可不让人怀疑出兵的名义。日本从来没有过没有正当理由的战争历史。"（鹤见佑辅编『後藤新平伝』第3卷）

既然不能确保出兵有正当名义，那么寺内首相避免尽早出兵的判断是合理的。当田中认为可以依赖的山县、寺内两人都主张慎重出兵的时候，他被迫认识到当初的估计出了问题。

因此，田中开始全力说服寺内首相。从1918年计划在西伯利亚树立反革命政权开始，田中进行了各种准备工作。其中，为了推动援助高尔察克，田中在1918（大正7）年2月15日给寺内首相的信中这样写道：

因该方面（东部西伯利亚）的情况时刻发生着变化，为了达成阁下之原本目的，依鄙人之见，还望针对"高尔察克"一事快速做出决定，否则终将失去唾手可得的机会。（『寺内正毅関係文書』）

田中督促日本政府要立即下定决心援助高尔察克，并提出以下方案作为援助的方法。

现立采取外交形式并非上策，不如仅单纯作为军事当局者之间的商谈，不拘泥于形式，却能取得事实上的效果，私认为这才是良策。（『寺内正毅関係文書』）

要之，为避免与欧美列强的摩擦，不采取公开的援助，单凭军事情报机关对其进行明确的支持，这就是田中暂时的政策。对于田中来说，正式对西伯利亚出兵之前，为了尽可能地整备内外条件，需要持续不断地积累既成事实，以保证投入军队即能取得效果的条件。

对于田中的这些动作，山县、寺内等人是十分清楚的，田中为了找到能进一步说服他们的理由费尽心机。在这种背景下，田中给寺内首相发去了以下这封信。

如今随着时间的推进，各方面都开始反对过激的思想，如果我们对此坐视不理，不仅过激派，就连稳健分子也会抱怨日本难以信赖，那时则一定会去投靠美国。还请阁下慎重考虑后，与陆军大臣及财政大臣多做商议。（『寺内正毅関係文書』，大正

7 年 4 月 27 日）

在这里，田中也意识到了美国的存在，他试图在美国开始军事介入西伯利亚前实施出兵，好先发制人。

同时，在反对出兵的人中，能与田中相提并论的最强对手就是政友会的总裁原敬。而且，此时原反对出兵的理由与山县和寺内基本上一致的。

原在 1917 年末的日记中写道："当务之急是充实我国国防，要有无论发生何事都有备无患的决心。万一俄国和德国向我国挑起战事，已经疲惫不堪的英法是靠不住的，如果能与美国结为盟友，至少在军资上能得便利。"（『原敬日记』第 7 卷，大正 6 年 12 月 28 日）

因为苏维埃政权的成立，原承认日本有可能会与苏维埃政权或德国发生战争，但是，当务之急是充实国防；另外，如果开战，美国的援助是不可或缺的。也就是说，原认为不管打不打仗，维持与美国的合作关系，是日本提升在大陆的地位、扩大利益的合理方法。

而且原认为："出兵内地论是陆军方面提出的，陆军只是以陆军为本位，对全局没有认识。某种说法一行不通了，田中义一等人就鼓动山县，试图通过山县向寺内施压来达到企图。"（『原敬日记』第 7 卷，大正 7 年 4 月 4 日）原在此强烈地批判了田中等陆军方面的所作所为。而且，他对于反对出兵或者说是对出兵持慎重态度的山县及寺内，此时也是心怀警惕的。

原将陆军不理解"大局"的行为称之为"陆军外交",并对此进行了强烈的抨击。例如,他在1918(大正7)年7月13日与伊东巳代治的会谈中说:"政府受陆军外交的影响,多年来宿弊累积,常累及国家,此种例子不胜枚举"(小林龙夫编『翠雨荘日記』),对包括田中在内的陆军进行了严厉批评。

在美国提出共同出兵之前,以原为代表的"对美协调派"的观点是非常有力的。他们认为,在充分认识到日本资本主义对美国的从属性之后再运作外交政策才是现实的。虽说田中也认识到日本的状况,但他还是试图从北满以及东部西伯利亚获得适合"大陆国家"发展的经济基础及军事基础。

此时,陆军上层中强硬主张出兵的,除了首当其冲的田中以外,还有上原勇作(参谋总长)、中岛正武(参谋本部总务部部长)、福田雅太郎(参谋次长)等人。另外,外务省中还有遥相呼应的本野一郎(外务大臣)、松冈洋右(外务书记官、首相秘书官)、木村锐一(政务局第一课首席事务官)等人。

同时,外务省内还有一些人的观点与原敬相同,例如币原喜重郎(外务次官)、小幡酉吉(政务局局长)、小林欣一(政务局第一课课长)、武者小路公共(政务局第二课课长)等。

田中为了进一步说服这些反对出兵或者对出兵持慎重态度的人,意图使用其他手段。这就是通过缔结日中军事协定，由中国政府提出让日军向北满派兵的要求，再以此为借口出兵。这样就能找到一个站得住脚的出兵理由。

期待签署日俄协约

军事协同委员会成立之后，立即裁定了作为西伯利亚派军准备计划内容的七个项目。

其中的《日支陆军共同防敌军事协定的缔结》是这样写的："针对时局的出兵及将来有可能发生的对俄、德作战，有必要使支那军队协助我方，并在军需补给等方面相互密切帮助。鉴于此，可提议缔结日支军事协定。"（『西伯利亜出兵史』上）

对田中来说，签订这个协约的目的是，在混乱的日本对华政策中，通过对段祺瑞、徐世昌等北京政府方面进行军事援助，来实现日本占优势地位的日中"联合"。但眼前的目标，就是让日军在出兵西伯利亚及作战时能够获得援助。

所以，协定中写到"从满洲北部、蒙古东部及远东俄领方面到西伯利亚东部"，基本上日军保持对中国军队的指挥权。田中希望这个协议从表面上来看不是由日本单方面提出要求并缔结，而是在中国的强烈要求下日本才同意签订的。

这既是回避与欧美发生摩擦的手段，又是实现日军向北满和蒙古东部、远东苏俄两方面出兵的绝妙借口。

在此意义上，田中在 2 月 2 日给驻中国武官坂西利八郎少将发送了题为"关于让对方提议日中军事合作问题"（外务省编『日本外交文书』大正 7 年第 2 册上）的电文，由此可知田中对此协定的期待有多迫切。

日中在 3 月 25 日（1918 年）交换了协同御敌的相关公文，接着在 5 月 16 日签订陆军协同御敌协定、5 月 19 日签署了海军协同御敌协定。

日本政府由此获得了满洲北部地区的派兵权与军队驻留权，为军事入侵蒙古东部及西伯利亚东部做好了铺垫。签订协定的目的，毫无疑问是为了在国际政治上获得日军出兵西伯利亚的借口。同时这也是田中为了实现出兵、扫除政治障碍的计策。

原看清了田中等人的目的，在日记中是这样评价日中军事协定的：

> 此条文权为简单，无非是若德国势力进入俄国，应采取必要行动时，将日支协同处理等。从形式上来看是支那提出的要求，事实上是支那方面应他们的要求采取了这种形式，实际上这是我国的要求。（『原敬日记』第 7 卷，大正 7 年 5 月 2 日）

在该协定中，作为对北京政府提供援助的条件，日本以"协同防敌"为名获得军队驻扎权，勉强制造出一个对相关地区派兵的既成事实。原在信中批评了这种"陆军外交"的做法，同时表达了对日本政府无法抑制这些情况的不满。

这样，日本海陆两军通过日中军事协定总算成功地创造出了向满洲北部地区派遣军队的条件，但是这个排除欧美列强干涉、获得出兵借口的计划，在国内统治层中并没有得到一致赞成。

对山县与寺内等人来说，最大的课题是确立日中"联合"路线，而出兵西伯利亚反而会给美国带来干涉中国的借口，这也是个需要回避的问题。

特别是寺内内阁1917（大正6）年1月决定了以保全领土、不干涉内政、与列国合作为主要内容的对华政策之后，一直试图通过贷款来控制中国经济，并扶植亲日政权。因此，他们希望与田中等人的一系列出兵工作划清界限。

日中军事协定签订以后，英法两国在国际联盟上提出共同向西伯利亚出兵的提案，该案成为外交调查委员会的中心议题。因此，如下所示，原敬不断提出日本有必要照顾到美国的看法。

　　此时，特别应该关注的是日美关系。可以说日美是否亲密关系到我国未来的命运，然日美间动辄出现隔阂的主要原因是，不管是在西伯利亚还是在支那都猜忌我国有侵略之野心，故为我国之利益，

应竭力避免采取可加深其猜忌的行动。（『原敬日记』第7卷，大正8年6月19日）

虽然山县、寺内、原等人的见解相互视角不同，但作为基本一致的外交方针得到了大部分人的支持。

从这个角度来看，田中等人的行动只能加深与政府高层的摩擦，两方是绝找不到一丝共同之处的。因此，主张出兵的田中等人逐渐陷入了孤立。

但是，7月8日美国政府提出了"限定出兵"①的提议。这拯救了陷入困境的主张出兵的田中等人。同时，田中在向政府高层做工作的过程中，更进一步认识到，要想实现出兵计划，特别需要与以原为中心的各个政党以及财界建立紧密联系。这表现为田中在政策上慢慢开始向原靠近。

实现出兵

美国提出的出兵计划内容是，以支援捷克斯洛伐克军为目的，出兵地区限定为海参崴，日美兵力均为7000人，并且发布达到目的之后立即退兵的日美共同宣言。总之，在"限定出兵"的条件下，日美站在完全对等的立场上启动出兵。

---

① 在带有附加条件的前提下可以出兵。——译者注

针对美国的这项出兵提议，一直以来主张慎重的寺内内阁也发生了转变。即，7 月 12 日的内阁会议在承认出兵提议的同时，关于出兵的方案，日本政府从自己的判断出发，大大超出了美国的"限定出兵"的框架。

　　比如，寺内内阁中此前就坚决主张出兵的后藤新平外相（1918 年 4 月 23 日就任），曾对外交调查委员会委员伊东巳代治说："顾及帝国之地位，单向海参崴出兵是远远不够的，西伯利亚方面也有出兵的必要"（『翠雨荘日記』）。可见，日本试图超出"限定出兵"的规定，将出兵范围延伸至西伯利亚地区。

　　在这一点上，后藤的观点与田中的观点是完全一样的。田中知道美国的出兵提议后，向上原参谋总长说："反正要出兵，那就应该派遣在作战上足够的兵力"（『田中義一伝記』下）。迄今为止，反对出兵的最大理由是之前已经阐述过的美国的反对，现在既然已经没有了这个顾虑，断然出兵的氛围变得浓烈起来。

　　在内阁会议承认出兵后，如何设法打破美国的"限定出兵"，以及最重要的如何让日本国内都赞成"非限定出兵"成了新的问题。事实上，即便是在承认出兵后，以原为代表的反对派在外交调查委员会会议上也掀起了激烈的争论。

　　在整个过程中，日本陆军将美国提出共同出兵当作向西伯利亚出兵的绝好机会。7 月 20 日的寺内首相、大岛陆相、田中三人会议，商定将派遣第三、第十二师团并扩大出兵的范围。

对于日本陆军来说，虽然接纳了美国的出兵提议，但绝不是"限定出兵"，而是一直以来试图实施的"自主出兵"。为了能够具体实施这个构想，陆军方面公然表明试图通过大规模出兵并武力控制西伯利亚地区，一举实现确保资源的目的。

当然，这是与美国"限定出兵"的要求完全对立的，和总是考虑要与美国维持协调关系的原等人的观点明显不同。

对于寺内内阁以及陆军来说，最大的反对势力就是政友会的总裁原敬。因此，7月12日内阁会议决定出兵之后，后藤外相（13日）、山县有朋（14日）、寺内首相（15日）均试图说服原敬。但原到最后都没有妥协，于是讨论的阵地转移到了外交调查委员会。

在外交调查委员会会议上，原明确向以寺内首相为首的提出"非限定出兵"的各内阁幕僚提出反对意见。寺内首相及各内阁幕僚们主张"以美国的提议为契机向海参崴派遣一个师团，出兵西伯利亚时只向美国通告必要的消息，先派遣一个师团，如有必要再行追加"（『原敬日记』第7卷，大正7年7月16日）。原强烈反对寺内首相这种毫不掩饰目的的做法，认为这将成为破坏日美关系的主要因素。

图7 在符拉迪沃斯托克市街上行进的日本军队

但是，在 7 月 17 日的外交调查委员会会议上，为应对原等人的反对意见，寺内内阁拿出了准备回应美国的电报概要（『西伯利亚出兵史』上）。其中的重点问题有两个，一个是兵力："虽然帝国政府无意派遣大量兵力，但我们认为从性质上来讲也并非是能事先限定之事"，表达了兵力应由日本政府自行判断的意见。事实上这暗示了有大规模派兵的可能。

另一个就是出兵地区。电报中还说："帝国因为地理上的关系，对国家安宁及切身利益被迫感到最重大的威胁，而且理应上述支援'捷克、斯洛伐克'军方针而产生的形势变化中，我应有向西伯利亚出兵之场合"，暗示了向西伯利亚出兵的构想。

美国国务次官博科在接到驻美大使石井菊次郎的回信后，于 7 月 25 日与石井大使进行了会谈，再次要求日本应彻底遵守"限定出兵"。当时，由于美国政府表达了强烈的不满，所以日本政府提出以将兵力提升至 1 万人至 1.2 万人，及如果有必要出兵西伯利亚西部则与美国再次协议为主要内容的妥协方案。

至此，美国政府认为日本政府基本上认同了"限定出兵"，两国政府相互妥协。8 月 2 日，日本政府发表出兵宣言，日本陆军于 8 月 12 日、美国陆军于同月 19 日分别在海参崴登陆。

日本政府虽然成功地获得了出兵西伯利亚的机会，但日本陆军对在此期间日美交涉的内容以及日本政府的应对态度，发表了以下见解。

> 近来我政府的措施颇为优柔寡断，接到美国的出兵提议后已过两周却仍未确定动用兵力，且从军事角度出发的参谋本部的计划、献策每每受到政府的干涉、压制，不仅错失良机，还动辄连纯粹的统帅事务也被从旁干预，朝令夕改令当事人陷入疲于奔命之事态。（『西伯利亚出兵史』上）

也就是说，在陆军内部特别是参谋本部，为了实施长期一直计划着的西伯利亚出兵计划，在对美关系上给日本政府施加了压力，要求日本政府采取不妥协的态度。同时在出兵兵力、出兵区域、作战计划等方面，参谋本部也摆出坚决排除政府干涉的姿态。

这是因为，参谋本部一直计划通过侵略中国使陆军的作用正当化并构建"大陆国家"，但此次以重视对美让步为首要因素的出兵，存在着否定参谋本部长期以来的这个计划的危险。而且，像原的发言所代表的那样，政党对兵力以及作战计划加以干涉，这就产生了作为军部需要绝对避免的所谓"统帅权介入"问题。

特别是美国政府拒绝了日本政府的"非限定出兵"提议后（7月25日），日本政府被迫在内阁会议上修改了7月12日的"非限定出兵"内阁决议，这让陆军有一种深深的危机感。

陆军认为，尤其是领导着政友会的原的言行，赤裸裸地侵犯了统帅权的独立。上原参谋总长为了抗议政友会这样的做法，甚至委婉地表露出了辞职的意向。

扩大出兵的方针受到批判

在此期间，在对国内情况产生危机感的同时，陆军正着手制订将出兵海参崴转变成大规模出兵西伯利亚的计划。当时，初步的计划是出兵满洲北部及西伯利亚东部地区，其借口就是《日中共同防敌军事协定》。

7月24日，陆军以参谋总长上原勇作的名义向日本驻中国使馆武官齐藤季治郎发去了一份电令，名为"就日本出兵西伯利亚东部要求中国协助之事"。基于协定第十一条，陆军打算采取应中国方面的要求派遣军队的形式，为出兵找一个"正当"的理由。

就在同一天，田中发给齐藤的军令中明确地写着陆军的企图。

帝国的计划，即使支那方面存有异议，鉴于与其他协约国的关系，需要使其理解我之想法而进行交涉。考虑如何能。（『シベリア出兵の史的研究』)

以上种种，都表现出参谋本部抱有强烈的出兵决心。当时参谋本部向政府内部提出的出兵理由是，因为苏俄红军及德国军队即将攻击参谋本部支持的谢苗诺夫，所以被迫出兵。

参谋本部于 8 月 9 日下令出动驻扎在南满洲铁路沿线的第七师团，对此接受的日本政府在同月 13 日正式宣布出兵满洲里。

在此前后，关于占领西伯利亚东部地区的意图，参谋本部留下了以下记录。

一、让列国绝对且永远地承认帝国在远东俄领土上的优先权，及在西伯利亚东部以及与之接壤的支那领土上切实扶植的帝国势力。

二、在上述地区的前线，拥立能够执行帝国意志的坚实的统治机关，使其成为有力的缓冲地带。（『西伯利亚出兵史』上）

此时，因为田中一直指导参谋本部的扩大出兵方针并要求日本政府增加兵力，已经引起了美国的反感和怀疑。在日本国内，主张以对美让步为基础发展日本帝国主义的原敬和支持原的资产阶级的不满也再次高涨。加上此时苦于应付米骚动，寺内内阁最终在 9 月 29 日集体辞职，原的政友会内阁登上政治舞台。

在寺内内阁集体辞职的前后，政府内外渐渐对参谋本部以及田中等陆军中坚力量的扩大出兵计划表现出恐惧。例如，从署名"铁拳禅"的《军阀的骄儿》一文中可以看到端倪。

> 后藤（后藤新平。——引者注）为政界骄子，田中乃军阀骄子。两个骄子相互挑动，天下风云也欲静而不能。此番落入出兵论之漩涡而能巧妙运作者乃田中。以田中而言，若其无行动，或许出兵论就不会如风中之烛摇曳不定，外交的困难也不会如此似危险暗礁。（『中外新論』第 12 卷第 9 期，1918 年 9 月）

面对最终容忍了参谋本部扩大出兵的日本政府，美国政府的态度更加强硬。

对于美国政府来说，日本在满洲北部及西伯利亚东部地区展开军事行动是完全无法容忍的，本来美国向海参崴出兵的实际目的就是为了阻止日本进入该地区。如果日本在该地区扶植势力，对美国而言，就等于失去了美国在中国乃至亚洲的据点。

在考察 9 月 26 日成立的原内阁的出兵政策之前，有必要先整理一下日本陆军对之前的寺内内阁出兵政策的反应。

如前所述，日本陆军的不满，主要集中在外交调查委员会会议上统帅权受到干涉以及上原参谋总长就出兵兵力问题辞职这两件事上。在此期间有机会与田中进行会谈的小泉策太郎在写给原的信中也提到了这些事情。

> 参谋本部方面对现政府的不满已经超出了外界人士的想象，即便是田中，其当务之急也同样是打开局面。他讽刺说，首相不要一而再再而三地错失落马时机啊。（大正7年8月9日小泉致原信，原敬文书研究会编『原敬関係文書』第1卷）

小泉在信中告诉原，田中和寺内首相的关系已经相当冷淡，而且分析他们关系恶化的原因为"近来寺内的态度相当不明确，敷衍模糊，可以想象他们成天不过是粉饰门面而已"（大正7年8月11日小泉致原信，『原敬関係文書』第1卷）。

还有，此时山县等人也渐渐放弃了寺内首相，在同一封信中有如下记述。

> 田中并不忌讳暗中活动。有观点认为他在不久的将来会发动政变，以我之见，这大概是有一定根据的。虽然有一部分观察者认为，军阀为了实现陆军的扩张，有让内阁存在的必要，即便是勉强，也会到议会来煽动大家。但陆军方面和政府之间已经产生了外界难以想象的距离，我觉得阁下早已清楚

这一点了吧。（大正 7 年 8 月 11 日小泉致原信，『原敬関係文書』第 1 卷）

接近原敬

从小泉的信中可以看到，田中对寺内内阁的出兵政策本身就有所不满，同时田中还认为寺内内阁在面对米骚动时缺乏政治领导力。国内政治的混乱和与美国关系的恶化，使寺内内阁明显陷入了内外两方面的政治僵局，如果支持寺内内阁的话，反而会限制陆军自身发展。

为了避免妨碍到陆军的发展，田中认为，应尽早结束与寺内内阁的合作关系，以重新探讨陆军的立场来保全日本陆军的地位，以至期待日本国内出现拥有更强大政治领导力的内阁。从这个角度来说，田中所期待的强大有力的政治领导者就是原敬，这是田中接近原的具体原因。

此时，日本一直以来的政治统治的明显不足在第一次世界大战中暴露出来。田中自己也充分意识到，当务之急的课题就是如何应对民众登上政治舞台。其典型的事件就是米骚动。

田中深切感受到，在第一次世界大战之后，民众登上了历史的舞台，在这种新的政治局面中，想要实现迄今为止构想的"大陆国家"，不仅需要统一政治领导层的意志，还需要民众的支持。

从这个角度来说，田中之所以接近获得民众强烈支持的原，就是想从能够吸收民众政治力量的政党那里获得对陆军的支持。此前，田中一直认为政党是与陆军相对抗的势力，由此可以明显看出田中的政党观发生了变化。

对于田中的改变，田崎末松认为："从田中的立场出发，同意原的观点这件事本身，等于全面否定了他自己在制定《帝国国防方针》方案以来，一直作为陆军首领所主张的'对外强硬路线'，从而将他自己置身于矛盾的危险之中"（『評伝田中義一』下）。田崎末松由此断定，田中"叛变"了。

另外，高桥治则认为，田中接近原的原因有两个："田中不过是从骑牛换乘马。同时田中必然已经认识到，迄今为止的元老政治早已经不适用了"，"接近原敬，原敬必然会提出压制陆军的政策，到时可从体制内阻止其发展"（高桥治『派兵』第2卷）。

总之，田中最终成为原内阁的陆军大臣，得以入阁。关于在此前后原内阁的出兵政策以及田中的出兵构想发生了怎样的变化，以下将做一整理。

原敬接手政权时，面临的最大难题就是日本的西伯利亚出兵政策成为妨碍日美关系的重要因素。

此时，如何抑制参谋本部强硬的扩大出兵路线成为一个课题，原敬因此在组阁前就开始专心致志地做陆军的工作。并且他逐渐成功获得以山县为首的诸元老的支持，对参谋本部产生了强大的影响，也成功地拉拢了扩大派的领导者——田中加入内阁。

原试图通过这个过程来间接抑制陆军，尤其是参谋本部的行动。从这层意义上来讲，对于原来说，接近田中也同样是一个重要的课题。

因此，田中与原各自对出兵政策的定位，应该是当前的问题。至少，参谋次长时代的田中认为，原考虑的在对美让步的基础上执行内阁主导的出兵与自己的意见基本上难以找出共同点。

但是，从田中进入原内阁前后的发言中，可以清楚地看到田中正试图修正之前的强硬路线。例如，原9月16日的日记留下了这样的记录：

> 关于向西伯利亚西部出兵一事，田中也认为并非良策且没有必要，这与我意见相同。就其他军备问题，我说了概要，在大体内容上，田中基本上也和我意见相同。但是在具体问题上他实际是如何考虑的就不得而知了。（『原敬日记』第8卷，大正7年9月16日）

对于原敬来说，田中加入内阁是重新检讨在山县与田中强大的影响下的陆军出兵政策的绝好机会。而且田中自身感到有必要修正出兵政策，这也是田中能够成为陆军大臣的关键原因。

而且，站在原的角度来说，为了与推举田中的山县维持一定关系，确保与山县—田中一系保持和谐关系也是很重要的。原认为只有这样才能保证国内政治的安定。这也是原得以发挥强大的政治能力的路径。

在此背景下，原内阁首先在 10 月下旬实施了向西伯利亚减少派兵的措施。第一次是提出削减约 1.4 万名士兵，第二次则是将派遣人数削减到约 2.6 万人。这在 12 月 19 日的内阁会议获得通过。然后，关于东清铁路管理问题，原则上切换为国际管理方式，并于第二年即 1919（大正 8）年 2 月 10 日签订了铁路协定。

原内阁实施削减出兵兵力的计划，使得对日本不按规定扩大出兵产生警惕的美国政府的态度有所缓和。在协调对美关系课题上，原内阁暂时获得了成功。

支撑原内阁不断提出的削减兵力计划的，恰恰是田中陆相的合作态度。通过以下日记，可以看到在此期间田中是怎样定位出兵政策的。

> 田中说：西伯利亚西部的军队，虽英法有所要求却无法行动，而且现已达到最初的支援捷克斯洛伐克的目的，已基本没必要驻扎大军了，所以如果还按现状继续驻军的话，不仅难免招来各国的猜忌，美国也会依然感到不快，而且又要耗

费巨资；若议会上有人提问为何要耗费巨资驻扎大军，亦会无言以对。出于为国家着想，除了维持治安的守备队以外，其余人员一概召回，改为平时编制如何？（『原敬日记』第 8 卷，大正 7 年 12 月 18 日）

另外，在此之前的 1918 年 10 月 22 日的外交调查委员会上，田中回答犬养毅委员关于日军侵占西伯利亚的可能性的提问时说："从目前西伯利亚的状态看来，无论何种情况，出动五个师团果真能达到预期的目的吗？我自己也不得不认为这样做是不可能达到目的的。"（『翠雨莊日记』）

田中明确认为展开大规模的军事行动不一定就能取得好的结果，倒不如实现以少数兵力守住铁路这样具有实利性的目标更现实一些。从这里可以看出，田中大幅度地修正了从前一边倒的出兵路线。田中也开始意识到，如果让美国政府加深对日本的警惕，会使得日本的外交陷入不利局面。

而且，日本若想在第一次世界大战后成为"大陆国家"，与美国的协调关系是不可或缺的。再加上米骚动成为民众政治力量登上舞台的契机，日本国内对于消耗了庞大军费的陆军批判愈演愈烈，这些都是迫使田中转换方针的原因。

所以，田中对扩大出兵派的中心——参谋本部的行动加以了限制。全力配合原内阁兵力削减计划的田中，在得到天皇对撤兵措施的裁决后，没有留给参谋本部判断的余地，而是单方面地发出了通告。从这件事可以看出他有相当坚定的决心。

但是，田中这样的态度与当时陆军的整体行动并不一致。特别是上原参谋总长、宇垣一成参谋本部第一部长等人，正试图在原内阁成立前后进一步将出兵范围扩大至西伯利亚西部地区。

1918（大正7）年9月20日完成的《关于东欧新战线构成的研究》（『西伯利亜出兵史』上）展示了一个准备向西伯利亚投入全部常备师团的前所未有的大规模出兵计划，意图一举占领西伯利亚西部全域。

但是，这样大规模的出兵计划，对于试图在对美协调的基础上建立起"大陆国家"的田中来说，是绝不能允许的。

在此可知，为了建成"大陆国家"，田中自身在国内与政党势力合作，在国际上对美国采取协调的态度，以此为实现目的的途径。

这是基于第一次世界大战、西伯利亚出兵、米骚动等国内外出现的新局势所做出的选择。对于政治领导层来说，这也是一战后为了能在亚洲地区与其他帝国主义列强的竞争中胜出、打造日本帝国的基础所做出的合理判断。

痛下撤兵决心

原内阁在出兵西伯利亚的政策上虽然开始实施裁兵计划，但是在第二年即 1919 年 5 月，又明显地修正了该政策。此后，原内阁的西伯利亚政策也并非一以贯终，虽与参谋本部依然有基本性质上的对立，但还是可以看出其政策并不稳定。

田中陆相在此期间不论是忠实地执行原内阁的路线，还是抢先一步为修正政策做铺垫，都在原内阁顺利应对陆军的过程中起到了重要作用。

从这一点来看，田中与参谋本部之间的距离就变得更加明显了。从结果而言，田中的做法缓和了因为出兵针对陆军的集中指责，并且进一步巩固了其在陆军中的地位，而且为其在政党和财界也赢得了一定的好评。

但是到了 1919（大正 8）年 5 月，原内阁承认了鄂木斯克的高尔察克政权，甚至提出武装干涉西伯利亚西部地区的政策。

田中陆相也在 5 月 17 日召开的外交调查委员会会议上回答说："因为公然承认了鄂木斯克政府，且对俄方针也已经落实，我相信今后如有出兵要求，我帝国出于道义当然不可推辞。"（『翠雨庄日记』）已经明确表露出先前一直否认的侵略西伯利亚西部地区的意图。原内阁试图在俄国远东地区，通过支持外贝加尔地方临时政府来扩大势力，因此实施了新的出兵政策。

原内阁提出新的出兵政策的原因，可以从以下几个方面来考虑。因为害怕俄国革命的影响从远东地区波及日本，所以将西伯利亚西部地区暂且作为屏障；同时，如果向俄远东地区投入过多援助的话，恐怕会产生与美国对立的可能，而如果日本军队在西伯利亚西部方面展开行动，可以多少缓和与美国的关系；等等。

但是，此事受到了参谋本部的强烈反对。他们意图以滨海边疆区为中心确保日本在西伯利亚东部地区的权益，通过投入大量兵力确保这里可成为侵略大陆的据点。也就是说，参谋本部在这个时期采用了远东俄国第一主义，并且强化了对在此时期对抗高尔察克的谢苗诺夫的支持。

1918（大正7）年11月27日，参谋本部制定了《远东俄领地诸机关指导要领》，海参崴派遣军司令官大谷喜久仓将贯彻支持外贝加尔地方临时政府和谢苗诺夫的方针传达各部。

同年12月8日，首相、外相、陆相、海相明确了支持鄂木斯克的高尔察克政权的方针之后，参谋本部依然持续支持谢苗诺夫，田中对此强硬地行使了陆军大臣权限进行压制。

田中陆军大臣12月12日给大谷司令官发去电报称："谢苗诺夫的行动总之欠缺慎重，累及我政府，抹杀了我国民之同情，他不明大局、感情用事、急功近利，如果他还如此行动不慎，我国应断然终止对其援助"（大正7年12月12日田中陆相致大谷司令官电报，防卫省防卫研究藏『西密受大日記』，大正7年2月）。田中的这份电报语气强硬，命令参谋本部及派遣军遵从原内阁的出兵政策。

经此，日本政府终于实现了对高尔察克政权的承认，其中显然有田中的大力配合。

参谋本部的强硬方针因田中的行动一时受到抑制，与此同时，很大程度上一直影响着原内阁出兵政策的是作为政友会之有力支持的金融界。在一战带来的战争经济繁荣中获得的过剩资本，金融界认为可以投资到西伯利亚，特别是俄远东地区，对此，金融界的关心不断高涨。

譬如，1918（大正7）年8月9日，成立了以贺田种太郎（前日本帝国政府特别派遣财政经济委员长）为委员长的临时西伯利亚经济援助委员会。第二年即1919（大正8）年1月18日集结三井、三菱、久原、古河、住友等大企业，组织了远东兴业团。而且，关西的金融界也向政府提出了《关于保证对俄贸易的请愿书》，寻求扩大对西伯利亚地区的贸易框架。

此外，同年5月2日，临时西伯利亚经济援助委员会的早川千吉郎（三井银行理事）委员和木村久寿弥太（三菱合资公司总理事）委员也曾逼迫原内阁承认鄂木斯克的高尔察克政权。原内阁承认鄂木斯克的高尔察克政权的最直接理由，就是金融界的这一要求。

经此，原内阁的出兵政策总算开始稳定下来。因为一直与高尔察克有纠纷的谢苗诺夫开始屈服，高尔察克政权基本控制了西伯利亚，日本政府也开始了对其真正的援助。可是，加藤恒忠作为派往鄂木斯克政府的全权大使赴任不久，高尔察克政权开始慢慢显现出其政权基础所存在的弊端。

出兵方针的转变

到了 7 月，高尔察克政权面临更为深刻的危机，为了支援高尔察克政权、阻止布尔什维克势力向该地区渗透，同月 11 日的内阁会议对是否需要派遣军队进行了讨论。

事态由此迅速铺开。同月 15 日，日本驻鄂木斯克总领事松岛鹿夫要求派遣日军，而且 18 日驻日俄国大使瓦西里·科尔本斯基要求派遣两个师团的日军。原内阁不得不再次讨论是否向西伯利亚地区增派军队，或者说是再度审视了日本对西伯利亚的整体政策。

在这样的局势下，田中 8 月 13 日向外交调查委员会提交了备忘录。其中写道："世界性的大动乱给国民思想带来的动摇是不容乐观的，何况在朝鲜，帝国已经感受到了该派的侵袭，现在不得不认真寻求处置之途径"（细谷千博『ロシア革命と日本』）。田中认为，除了殖民地朝鲜，为了阻止"该派"——布尔什维克军向满蒙地区的"侵袭"，有必要向西伯利亚地区投入相当程度的军队。

这个向西比利亚西部地区投入大量兵力的设想，和田中之前的西伯利亚政策相比，明显发生了变化。之所以如此，可以认为田中从"米骚动"、"三一运动"等发生的原因中感受到了布尔什维克的力量，或者说是布尔什维克的幻象。因此，与以前的进攻性出兵相比，田中这次的增兵设想具有强烈的防御色彩。

参谋本部也已经决定向西伯利亚西部增加派兵（『西伯利亜出兵史』上），因此，8月14日的内阁会议就田中的出兵提议进行了讨论。会上，从经济角度出发持反对意见的高桥是清藏相和田中之间发生了激烈的论战。

在内阁讨论的第二天即15日召开的外交调查委员会会议上，向西伯利亚西部地区增派军队的提议被再次提出并进行了激烈讨论，会上田中阐述了以下观点。

> 我帝国为了抗御过激派的东进，不得不承认当下最为紧急的任务就是构建缓冲地带作为自卫之策，（中略）围绕我帝国之任务是维持贝加尔湖以东地区的秩序这一固定方针，当务之急是取得各位

的承认，为了国家，渴望至极。（『翠雨莊日记』）

田中将阻止激进派（布尔什维克派）向俄国远东方面渗透作为理由，请求向西伯利亚西部地区增派兵力。即便如此，田中的增派论也是在原内阁一贯的对美妥协线路范围内的。

犬养和平田两委员对增加派兵所产生的庞大的军事费用和与欧美列强间关系忧心忡忡。对于两位委员的提问，田中回答："若说即便赌上国际联盟也要继续执行西伯利亚行动的话，姑且不论其军事上的意义，在国策上最需要考虑的事情已经不需要讨论了"（『翠雨莊日记』）。

总之，在田中的增派论中，所谓的"国策"是指坚持原内阁的对美妥协方针。这个"国策"显然比"军事"更为重要。所以，关于这个问题，9 月 8 日，派遣军司令官大井成元、驻西伯利亚大使加藤恒忠、原敬首相、田中陆相、内田康哉外相、加藤友三郎海相等人同时在场之时，作为内阁的全体意见，做出了望慎重对待对美关系、以期维持现状的训示。

对此，原敬在日记上有如下记述。

无论俄国发生何种变化，依目前情况来看，我国只能维持在西伯利亚的势力，然后静观其变。另外，应努力与列国保持和谐关系，尤其是必须经常与美国进行充分的沟通。以上为训示内容，此外，

陆相和外相也向各方面做出了训示。(『原敬日记』第 8 卷，大正 8 年 9 月 8 日）

此后，虽然原内阁对西伯利亚的政策一直在动摇，但再也没有越出对美国协调框架一步。所以，田中的增兵论实际上是极其有限的。

即便如此，在实施增兵和维持对美协调这两项政策之间，作为陆军大臣的田中也逐渐陷入了困境。在第 25 次外交调查委员会会议上，困顿中的田中做出了以下发言。

> 若幸而能与美国顺利维持关系，我陆军之希望为尽早实现增兵。要说到万一美国不同意增兵我们该做何处置，作为帝国当然不能对自己的军队陷入困境袖手旁观，故应依据实际情况采取些必要措施。但绝非时至今日再决定撤兵。我国出动的军队一旦撤离了西伯利亚，会瞬间波及朝鲜半岛，而且若撤离满洲北部，就意味着我们要抛弃在北满的势力。(『翠雨荘日记』)

由此可见，事态已经相当严重了。即使强行增派军队也不可能在第一时间解决问题，而且美国是完全不可能同意日本那样做的。相反，如果强行增加派兵，此后撤兵也会变得有一定难度。这就意味着此时日本对西伯利亚的政策本身已经破产了。

就在田中做这一发言的前后，11 月 15 日，在苏维埃军队的进攻下，以高尔察克为首的鄂木斯克政府首脑放弃了鄂木斯克。所以 11 月 21 日在内阁议会上田中提出增派 6000 名士兵的方案。

但是，高桥藏相提出："今后如果由我国独力维持西伯利亚的安宁，不仅在财政上难以为继，而且师出无名，内政上也难免会有阻力。美国方面也应与其交涉共同出兵，如果美国拒绝，得不到美国的后援的话，还是撤兵为好。"（『原敬日记』第 8 卷，大正 8 年 11 月）高桥藏相的观点代表了内阁多数人的意见，事实上否定了田中的提案。

对此，田中在当日的内阁会议中再三恳求，至此日本面临的是增兵还是撤兵的二选一的抉择，但为了应对万一可能出现的增派军队的情况，还请大家理解并做好应对的准备工作。

彻底撤兵之路

1920（大正 9）年 1 月 19 日，美国突然决定从西伯利亚撤兵。一直摇摆不定的原内阁于是逐渐统一思想，向撤兵推进。

例如，1 月 9 日原首相和田中陆相会谈之际，提出了撤兵方法："我们如果继续屯兵不动，不但会成为各国猜忌的焦点，还会消耗巨大的军费开支，国内舆论也可想而知。但该地与我国又有种种特殊关系，当然不能轻易撤兵。所以将来需要抓住一个好时机，召集我国当地居民，利索地撤兵，将军队驻守在海参崴，和支那一同在其领土上守备东清铁路，由此可改变局面"（『原敬日记』第 8 卷，大正 9 年 1 月 9 日）。

对此，田中回答说："实际上我也考虑过撤兵的问题，最初出兵是为了救援捷克，不能从捷克撤出时，可守备在各个地方，待其可撤离时，撤到海参崴等地驻守即可。"可见关于撤兵的方法和条件，田中和原意见基本上是一致的。

1 月 13 日的内阁会议决定以撤兵到海参崴为条件，将 5000～6000 名士兵派至满洲，用以巩固对苏维埃军队的防御体制，确保满洲地区的安全。最后，内阁决定，作为从西伯利亚撤兵的第一步，先从后贝加尔以及哈巴罗夫斯克地区撤兵。

在此期间，增派论作为田中所主张的撤兵条件的一环，除了纯粹的军事意义以外，也发挥了对一贯主张强硬的参谋本部暂时妥协的作用。

即田中对原首相提到过的"陆军军部内的感情"（『原敬日记』第 8 卷，大正 9 年 1 月 12 日），这是指以参谋本部为中心的陆军表示强烈反对撤兵。要实现从后贝加尔以及哈巴罗夫斯克撤兵，对田中来说最大的难题就是如何驾驭和制约参谋本部。

此后，包括1920（大正9）年4月4日的海参崴事件、5月25日的尼港事件等，日苏两军发生了军事冲突。于是6月1日，内阁正式决定从哈巴罗夫斯克撤兵。

如此一来，尽管参谋本部强烈反对，日本还是以尽早从西伯利亚全域撤兵为方针开始了行动。从西伯利亚完全撤兵的政策是同年年末山县有朋在和原首相会谈之时提出来的。当时，原首相的姿态是反对这一提案的（『原敬日記』第9卷，大正9年12月8日）。

山县有朋呼吁，应当重视美国已经着手从西伯利亚撤兵而日本仍然继续出兵的姿态已经引起了反感。在这之前，原内阁在内阁会议上陆续决定于6月28日发表从后贝加尔撤兵的声明、9月10日从哈府撤兵。以山县有朋提出完全撤兵为契机，原内阁把原来的部分撤兵方针转变为完全撤兵。

围绕对西伯利亚的政策，1921（大正10）年1月22日召开的第44次帝国会议上展开了论战。在野党宪政会反复要求原内阁从西伯利亚全面撤军。原内阁在这个时候对外表态依然如故。内阁事实上做出撤兵的决定，是4月8日内阁会议上田中陆军大臣的发言。

即，田中在内阁会议上表示，从中国山东撤兵的同时，"关于西伯利亚问题，应当抓住机会撤兵才是上策"，第一次正式提议从西伯利亚全面撤兵。

对此，原首相以对西伯利亚、满洲、朝鲜推出统一的新政策为由召集各地军司令官、总督、领事到东京，召开会议（后称"东方会议"或"满朝会议"），通过这种方式，使田中提议的全面撤兵方针作为内阁统一方针获得承认。

由于美英等国对日本的批判，日本在国际社会上日渐孤立，再加上全世界范围内和平主义思潮日益高涨等原因，原内阁被迫采取全面撤兵方针只是时间上的问题。而且各国开始纷纷承认苏维埃政权，在这个大环境下只有日本和主流背道而驰，这将陷日本于非常危险的境地。

同时，就国内政治动向而言，山县有朋和在野党宪政会所主张的撤兵是一个明智的选择，他们的发言可以说正合时宜。再加上大战后经济的低迷，出兵所产生的庞大费用也成了一个相当大的负担，因此就撤兵逐渐成了共识。

对军事当局来说，被派往西伯利亚的士兵军纪涣散，并且出兵本身理由不明确，随着当时战争范围的扩大，兵站的军需补给早就已经超出了可以承受的负荷。此外，被强行分散的兵力部署招致的苏维埃政权游击战所带来一波一波的冲击早就超出了预估。面对没有胜算的战争，日本国内国民反军国和反陆军的情绪日益明显。出于以上这些原因，不得不说，要是反对撤兵，是没有什么依据的。

田中提议撤兵的原因

在这些客观的撤兵理由面前，田中为什么选在这个时期直接向内阁提议撤兵呢？最重要的原因，正如前文所述，是应对日本国内外的现实状况的必然。

田中任参谋次长的时候率先主张出兵俄国远东地区及西伯利亚西部的最大契机，是日本政治上的空白所带来的。

远东共和国于1920（大正9）4月6日在乌丁斯克（后迁移到赤塔）成立。随着局势的安定，远东共和国请求日本不要再干涉内政了。这样一来，至少在国际社会上日本失去了干预其政治的正当性。

海参崴方面派遣军司令官大井成元（1921年1月由立花小一郎接替）就出兵目的曾对士兵有所训示："此次出兵是出于政治外交上的考虑，与普通国防作战大不相同"（男爵大井成元大将『西比利亜出兵ニ関スル思出ノ一端』，外务省第一课，特辑第10期，1939年5月），这说明此次出兵并没有明确的军事目的。

日本对西伯利亚的政策是纯粹的政治和外交领域的问题，因此会随着政治、经济状况而变化，可以说从一开始就存在着撤兵的可能性。

从军事上来看，在这种极为不确定的军事行动中，田中做出撤兵的决定是非常现实的一个处理方式。

出兵西伯利亚本来就是一个政治上的谋略，作为当事人的田中自己对此也有充分认识，所以，田中作为内阁的一员，从其所处位置上能够做出这样的政治判断——撤兵。

同时，对于在制定对西伯利亚政策时发挥了主导作用的田中来说，他希望可以经由自己早点做出决断，确保留有应对以后政治状况的变化的余裕。

实际上，西伯利亚政策的转换，客观来说，对田中和陆军双方都是一次沉重的打击，但是对于田中自身，作为补偿，却换来了不小的政治成果。

他所取得的政治成果将在下一章进行阐述。田中在此修正了他的"大陆国家"构想。他认识到通过与政党的接近，有可能创造出一项既符合一战后国内外情势，又能政战两略一致的政策，并且通过实践田中已经抓住了制定该政策的线索。

田中在 4 月 8 日的内阁会议上以生病为由向原首相表明了辞职的想法，田中说："现在倒下真是遗憾，但这是为了将来再次与阁下共同立于政坛，所以现在需要静养"（『原敬日记』第 9 卷）。但由于原首相的强烈挽留，田中暂时留任。

从上一年（1920）2 月 26 日心绞痛发病以来，田中身体状况一直不好。田中在东方会议的最后一天即 5 月 25 日，再次表明了辞职的意愿，6 月 18 日辞呈终于得到批准。田中在 6 月 9 日极力推荐的山梨半造接任了他的职务，至此结束了将近三年的田中陆军大臣时代。

第七章

引导日本走向总体战体制

第一次世界大战的冲击

曾在原敬内阁担任陆军大臣的田中，在第二次山本权兵卫内阁再次出任该职（1923 年 9 月 2 日至1924 年 1 月 7 日）。

在此期间，田中取代了1922（大正 11）年 2 月去世的山县有朋，不断巩固作为名副其实的陆军最高统治者的地位和基础。以此为背景，田中为了实现长期以来的"大陆国家日本"构想，在内政和外交决策过程中发挥了巨大的影响力。

田中在实际政治中一步步实现着自己的政治构想。也就是在这个过程中，他发现此时的自己虽然可以算一支强大的政治势力，但陆军也只不过和贵族院、官僚、枢密院一样，属于非选出势力的一部分。对此，田中感到了陆军权力的局限性。

换言之，田中认为，军部是以反民主的组织形态为基础的，在大正民主主义的社会当中，军部已经不可能再像过去那样发挥强大的政治影响力了。

所以对于田中来说，为了灵活应对政治状况的变化，将军部改造成能够在政策决定过程中继续发挥影响的部门成为新的课题。田中对此给出的结论，就是军部存在的价值不应仅仅局限在军事领域，有必要在政治领域也找出军部存在的理由。第一次世界大战的教训和总体战设想为构建逻辑、寻找理由提供了主要契机。而且该时期陆军中坚层的一部分人也强烈意识到了这一点。

在此我们看看以田中为中心的总体战准备工作是如何进行的。这对于探讨田中进入政界的背景（见下一章）也是必不可缺。

第一次世界大战中，国家面对战争，必须把其拥有的军事、政治、思想等多方面能力全部动员起来，这就是所谓的总体战。这种战争模式引起了政治领导层，特别是军队中坚层的军事官僚们的强烈关注。

他们预测，未来战争的总体战形式必定会比第一次世界大战中的更为彻底。所以他们开始再次研究国内的政治体制，并以构筑适合总体战的经济构造为目标着手探讨总体战体制。

那么第一次世界大战到底是怎样的战争呢？让我们回顾一下这段历史。

1914（大正3）年8月开始的第一次世界大战，是战争形态、战争样式、战争方法、战斗领域和此前所有战争都完全不同的一场战争。

例如，整个日俄战争期间，日本动员的总兵力为108.9万人左右。而在一战期间，德国动员的军队为915万人，奥地利为705万人，法国为565万人，英国为524万人，意大利为405万人，美国为375万人。

图8 第二次出任陆军大臣时的田中（1924年）

整个一战期间（1914～1915），包括国内相关人员，德国总动员人数为1325万人，占当时德国人口总数的19.7%。

同样是国内动员人口总数，法国为680万人（此外，在殖民地动员140万人），占总人口的17.2%；意大利为561.5万人，占总人口的15.5%；奥地利为900万人，占总人口的17.3%；美国为380万人，占总人口的3.8%；俄国为1800万人，占总人口的12%。

而且，从战争持续的时间上来看，日俄战争耗时584天，耗资21亿美元。而一战耗时1556天，耗资2083亿美元。（陆军军事调查部编『近代国防の本質と経済戦略其他』）

还有从动员的师团数量来看，德国平时拥有50个师团，而在开战的最初一个月，扩展到112个师团，最多时曾把264个师团投入战场。奥地利平时拥有48个师团，在一个月的时间内就增加到57个师团，最多时增加到82个师团。法国平时拥有44个师团，在5天的时间里增加到83个师团，最多时到了214个师团。

为了构筑这种在战时能够将人和物资都大量动员起来的体制，在作战方针、作战指挥以及国内军需生产体制等方面，参战各国都被迫进行了根本性的改革。

一战开战前，德国就采取了施里芬计划打算进行闪电战，但没有想到在开战一个月后的马恩河战役中早早到达了消耗的临界点，被迫更改作战计划。

之所以会发生这种状况，是因为炮弹和军用燃料等军需品的消耗大大超出了预计，按照当时的情况，开战后二至三个月国内储备的军需品就会告竭。

这种状况不仅出现在德国，其他参战各国也都是如此。开战后不过数月，各国都被迫重新构建新的经济、工业动员体制。

德意志帝国最后一位参谋总长汉斯·冯·塞克特面对这个事实，将德国败北的原因总结为："由于大战变成了长期消耗战，在人员和物资方面德国远不如协约国方面充裕，这是导致德国战败的决定性因素"（塞克特『一軍人の回想』）。即，他认为协约国方面在人力和物资上的优势是德国败北的原因。

可以说第一次世界大战从一开始进行的就是总体战，而且参战各国都预测到今后的战争需要进一步进行更为彻底的全国总动员。这是参战各国对一战的共同认识。

所以，德国从开战第二年开始对原料和粮食实施控制。英国也在同年 5 月采取了控制煤炭出口的政策，同时在 7 月颁布了军需品法规并按照此法规来管理军工厂。这些都是为了应对总体战而实施的紧急措施。

提出总体战理论

日本在第一次世界大战中以遵守日英同盟为由，接受了英国的邀请，加入到协约国一方。

　　日本的陆军和海军以打败德国的东洋舰队、攻陷德国在中国的根据地山东青岛为目标展开了军事行动。日本希望能够借此机会确保获得在中国的利权地，同时占领德国在南洋诸岛的殖民地，准确地说是希望得到德国占领的俾斯麦群岛。

　　此外，为了支援在开战之初略显劣势的协约国，日本海军还向地中海派遣了舰队，希望在那里能击败负责攻击协约国方面运输船的德国 U 型潜艇。

　　这样一来，虽说不管是在亚洲还是在欧洲日本都派出了军队，但都远离大战的主战场——欧洲，而且承担的都是些规模不大、极为有限的作战。

　　也正因为如此，一般老百姓对一战基本上不怎么关心。所以包括媒体在内都没有充分意识到一战是和以往的战争形态完全不同的新型战争。

　　但是，对于政界、经济界的首脑，特别是军事官僚们来说，这样的战争形态引起了强烈的关注。

　　陆军和海军的领导层为了掌握一战的实际情况，从大战一开始，就命令驻地武官、派遣武官等积极搜集并研究大战的情报，随时向本国汇报。所以开战后很快就能看到一些军人参考这些报告和研究写出的文章。

　　例如，陆军步兵少佐上村良助认为从大战中吸取的教训是："不管在战线上派遣多么精锐的部队，如果没有进行彻底的工业动员，武器弹药等不能充分补给，那些精锐部队是不可能自由行动的"（上村良助「欧州戦争と工業動員」，『欧州戦争実記』第 75 期，1916 年 9 月 25 日）。在这里他强调了为了补充军需品的巨大消耗，有必要进行工业动员。

上村进而论述道："从欧洲大战的情况来看，一个国家兵器弹药的补给是决定战争胜败的一个重要因素，这一点早为世人所知，然而，我感到这个问题的要害在于原料的多少及补给的难度。"（上村良助「交戦諸国の原料問題」，『欧州戦争実記』第 84 期，1916 年 12 月 25 日）

上村提出这个主张的依据是，日俄战争中日军在奉天会战的 13 天里使用了 27 万发炮弹，而在一战中的香巴尼会战中，法军使用了约 230 万枚炮弹，约是日军的 10 倍。

而且，在欧洲战场上，飞机、坦克、潜艇等近代武器纷纷亮相，所以也能够看到很多要求改善日军装备编制的文章。例如陆军少将津野一辅在《就欧洲战事所感一节》中是这样描述的：

> 对于今日各种先进武器之威力，绝对要给予承认。如果不顾时代前进的步伐，不借鉴此次战争宝贵的教训，只相信精神力量而忽视了火器的威力，或者对其掉以轻心，那么最后我们必定会付出生命代价。（『偕行社記事』第 529 期，1918 年 8 月）

面对军事技术的提升与发展，津野认识到军队的近代化是一个迫在眉睫的课题，同时也对日军素来依赖精神力量的做法提出批评。

此外，一战是持续了四年的长期战，也正如"总体战"三个字所体现的，是需要倾举国之力进行的战争。于是也有人认为为了能够应对长期消耗战，不可或缺的就是强化国民精神、思想以及团结力。

例如，细野辰雄在《欧洲大战的教训》中认为，德国和奥地利之所以会失败，俄国之所以会爆发革命以致脱离战线，都是错误的"民主主义"带来的恶果。反之，协约国方面之所以能取胜，也"拜巩固了国家团结力所赐"。由此，细野的结论是，"民主主义"思想是阻碍国民精神、思想团结的最大因素。（『偕行社记事』第 539 期，1919 年 7 月）

所以，为了能够打赢总体战，要排除重视个人主义、个人利益需求的"民主主义"思想。同时要求每个国民都拥有作为国家一员的觉悟，尊重规则秩序，并具有为了国家牺牲一切也在所不惜的精神。为了培养出能够应对总体战的国民精神，国民教育和军队教育都受到了重视。

吸取一战的教训、对总体战发表观点的政界领导也有不少。

例如，元老山县有朋在 1917（大正 6）年 10 月 15 日给山口县知事林市藏的信中曾表示：为了能在今后的战争中获胜，"不得不举国民、尽国力，依靠所谓上下一统、举国一致的力量"（德富猪一郎编『公爵山县有朋伝』）。可以看出，山县意识到已经进入了总体战的时代，他还提出为了应对总体战的各个阶段，各部门的工作也有必要进行调整。

政党之中也有人和山县观点完全相同，为首的就是国民党总裁——犬养毅。

犬养在1918（大正7）年1月的国民党大会上发言说："全国男子皆为兵，全国工业皆为武器军需的工厂"，今后应该以经济合理性为基调，有必要进行工业动员，促进彻底的举国皆兵政策（鹭尾义直『犬養木堂伝』中）。

后来，犬养毅在第45次帝国议会上提出了军缩论，但这也是为了适应总体战，更为有效地使用军费而提出的。所以以犬养为代表的政党人士提出军缩论，有站在政党人士的角度，为了应对总体战而对既往军事力量的面貌提出质疑的意味。

这一问题提出的背景，是总体战的构想已被强烈关注。被视为山县有朋—田中义一路线继承者的宇垣一成在日记中是这样写的："未来的战争不仅止于军人的交战术，战争的成败取决于构成国家的总体能量的大碰撞，以及如何发展、运用总体能量"（『宇垣一成日记』Ⅰ）。

和这些讨论并行，构筑总体战体制的具体意见有一些已早早提出。

例如，寺内正毅内阁（1916 年 10 月 ~ 1919 年 9 月）决定向中国段祺瑞政权提供一系列的贷款，史称"西原贷款"。在日本向中国扩张的经济政策中，充当先遣角色的西原龟三于 1917（大正 6）年 3 月向寺内首相提交了《战时经济动员计划私议》意见书。

西原在意见书中说，第一次世界大战的"胜败并不取决于战场，倒是其经济设施的优劣决定了最终的结果"，明确了他对总体战的认识。为了应对将来的战争，军事和经济应合理地结合在一起，进行"持久的经济动员"，为此，他提出了当务之急应先将"支那置于与我国同一经济圈内"的见解。（国立国家图书馆宪政资料室藏『西原龟三関係文書』）

西原提出的"持久的经济动员"的具体表现之一，就是两度向中国交通银行提供贷款，同时促成日中签订七个贷款协定。再加上武器贷款等，日本向中国政府提供的贷款总额高达 2 亿日元。

关于日本为中国提供贷款的动机，西原贷款强有力的推动者——寺内内阁的大藏大臣胜田主计是这样说的：一战中"我邦感到最为困难的就是与协约国的协同作战中，要供给我邦所必需的军需品和其他工业原料"，为了解决这个问题，我们"和物资丰富的支那应在平时就缔结最为紧密的经济关系，无论战时、平时都将其置于与我互通有无的关系之中"（铃木武雄监修『西原借款资料研究』)。

胜田的目标非常明确，就是通过对中国经济的渗透，强化与作为资源供给地的中国的关系，形成"自给自足圈"。

而且，西原表示，为了将来的战争，"帝国最为感到必要的就是工业原料的顺畅供给"，所以应"将军国所不可缺少的铁、镍、铅、石油、硝石等矿产的量都详细记录在案以备急需"（西原龟三『日支親善と其事業』）。

为了实现这些设想，西原提议设立军需省，以便统制军需品的生产、贩卖和配给。1918（大正7）年5月31日，军需省成立，这是日本第一个就总体战进行调查和统一管理的机构。

进入总体战准备阶段

第一次世界大战给日本的陆海军带来了强大的冲击。一战一开始，军方就动员日本驻欧洲各国的武官积极调研与一战有关的所有情报。成果就是提供给相关各个机关的《海外差遣者报告》、《欧洲战争实记》、《偕行社记事》等刊物。同时，陆军于1915（大正4）年12月成立了临时军事调查委员会，海军则于同年10月成立了临时海军军事调查委员会。

当时担任参谋次长的田中义一是参谋本部的实际掌权者。他给参谋本部第一课（编成、动员课）的课员森五六大尉下达了一个命令，要求其调查参战诸国的动员计划，并制定适合日本国情的总体战体制。森大尉于1917（大正8）年9月提交了《全国动员计划必要之议》报告书。

该报告书现存于防卫省防卫研究所战史部图书馆。笔者在拙著《总体战体制研究——日本陆军的国家总动员构想》一书中曾全文引用。现存的报告书由于是最终版本，所以可以认为编写过程中也吸纳了田中的意见。

该报告书是一份珍贵的史料。因为从该报告书中我们可以看到，早在一战还没有结束的时候，为了应对以后可能发生的战争，田中就早早开始准备构筑相应的体制了。而且从该史料中也可以看到田中所要构筑的是一个怎样的社会体制。下面介绍一下该报告书的部分内容。

报告书首先明确了"动员"的定义——"军事上自不待言，国家所有的组织从平时状态转为战时状态所需要的所有事业的总称"。随后强调，在未来的战争当中，能够一举压倒性地歼灭敌人是非常重要的，从日本的军需生产能力上来说，采取以短期歼灭为目标的作战方针是比较理想的。

但是，从一战中可以明显地看到这种歼灭战的极限，以及随之而来的长期消耗战成为常态的状况，就战争准备而言，培养国民忍耐长期战的觉悟也是有必要的。应站在此角度上重新检讨日本的国防整备状况。

而且，为了一开战就快速迫使对方进行决战，有必要从平时就准备充足的交战兵力，储备充裕的军需物品，并且培育可以应对这种状况的国力。

出于以上认识得出的结论是，"平时积蓄国力的多寡以及其组织能否适应战时的状况"是未来战争胜败的决定因素。战争开始后，目标即为基于国家总动员计划，在动员军队的同时实施全国总动员使国家体制顺利快速地从非战时转为战时。

作为国家总动员计划的具体案例，报告书列举了德国在大战中顺利进行全国动员的情况。同时也指出，英国、法国正是因为在国家总动员上的准备不足，开战之初败给了德国。该报告还指出，试看日本现状，对于国家总动员没有任何的计划和准备，而且即便是在非战时，日本的工业对国防也供给不了充足的军需物品，大部分的军需物品是由为数不多的国营工厂生产，还有一部分则依赖于国外市场。

而且，国营工厂和私营工厂之间没有联系，特别是私营工厂往往优先考虑自己的利益。所以结论就是，目前这种状况，在战时是不可能实施工业动员和生产并提供足够的军需物品的。此外，确保劳动力充足和可动员士兵充足之间的矛盾也有必要加以协调。

为了完成这一系列的国防计划和国家总动员计划，

仅仅依靠军事当局的努力是不够的。必须要将这些计划当作国家一大事业来进行统一指挥，以便"整备军队和增进生产力之间进入一个平衡的状态"。总之，国家总动员计划的出发点就是"首先在开战之初最大限度地发挥国家的能力；其次能够维持自给自足的供给，而且确保社会组织在此非常时期不会发生激进的变化"。

报告书列举了八个需要具体研究的事项，包括调查军用资源，不管战时还是平时在学校和社会中教育国民应服从军事要求等。报告书建议，为了研究这八个事项应成立负责实现国家总动员计划的统一机构，由内阁总理大臣或天皇委任的元帅出任委员长，国务大臣、参谋总长、军令部部长等构成委员会。

这个机构将决定国家总动员的大方针。同时为了能将形成决议的事项具体落实下去，在委员长之下各个行政部门设置事务官或技术人员，由他们和负责军需的官员协同处理。

从这个报告书中可以看到希望政府与军队合作，将国家总动员当作国家的一大事业，共同实现总动员计划的意图。当然，为从根本上使该机构实质上由军队来主导运作而做了周到考虑，在此后的现实政治中逐渐显现的军缩型总体战体制计划案的源头，就是这个报告书。

这份报告书意义深远，因为从中可以看到编写负责任人——田中义一的总体战国家构想的大致轮廓。

要之，田中所要创造的总体战国家，是指不管是平时还是战时都能够应对总体战的国家，这就注定了要以战时（＝总体战）为基准来决定国家和社会的内在。原本的作用是确保个人的平等与自由的总体战国家，为了赢得总体战的胜利，变成了一种手段。

1914 年在欧洲主战场上第一次世界大战爆发。这篇诞生于一战尚未结束的 1917 年的报告书可以说明，田中已经预测到了这次大战在结束之后会成为影响国家存在模式的一大转机。

实际上，这份报告书中所使用的"国家总动员"一词，在对自由主义、个人主义的关心不断高涨的大正民主时期曾一度几近消失，但在大正末期至昭和初期却再次浮现。

开始制订动员计划

按照田中推动编写的《全国动员计划必要之议》，为了将日本转型成可以适应总体战的国家，法律和行政机关方面的整备工作一步步进行着。

最先启动的是法律方面的整备，即 1917（大正 6）年 12 月 21 日参谋总长上原勇作向陆军大臣大嶋健一提交的《军需品管理法案》。这是为了确保日军出兵西伯利亚时所需之大量军需品的法案。而且，由于第一次世界大战表明在近代战争中会大量消耗军需物品，其数量远远超过预先所料，所以军方认为日本现有的《征集令》、《戒严令》、《铁道并用令》远不能应对武器弹药和军需品的消耗。

上原提交的《军需品管理法案》经过以陆军省军事课和兵器局枪炮课为中心的相关部门的反复研究，及与海军省、法务局协商交涉，于1918（大正7）年2月18日形成了最终方案。以此为基础，同年4月16日制定了《军需工业动员法》。

该法规定，平时就应调查清楚战时所需的各种资源，对于不足的资源应确立保护机制，并尽量加以充实，以便能及时应对战时所需。和以筹集现有各种资源为目的的《征集令》不同，《军需工业动员法》的重点在于要开发出事先预估的战时所需各种资源。

1918年5月3日，成立了《军需工业动员法》的实施管理机构——军需局。军需局属于内阁管辖，由首相出任军需局的总裁，陆海军次官兼任军需次官。1918年9月29日，日本历史上第一个政党内阁——原敬政友会内阁成立。此前一直在暗地里操纵成立总体战准备机构的田中义一出任原内阁陆军大臣，此后作为前台的领导者开始了果敢行动。

为了配合《军需工业动员法》的出台，在田中出任陆军大臣之前，陆军就在陆军省内成立了兵器局工政课。工政课课长是《军需工业动员法》的实际负责人吉田丰彦大佐，兵器局局长则是筑紫熊七少将。此二人都是在充分理解田中的总体战理论的基础上积极进行各种活动的。

当田中作为陆军大臣再次成为军界领袖时，陆军兵器局工政课就开始了依据《军需工业动员法》每年制订陆军军需工业动员计划的工作。

1919 年 10 月 15 日，该课制订了《大正九年度　陆军军需工业动员计划要领》，并于翌年即 1920（大正 9）年 10 月 10 日得到陆军大臣田中义一的批准。此后，原则上每年都要制定陆军军需工业动员计划。日本在一战结束后的第二年早早就开始制订军需工业动员计划，是和日本陆军的作战设想紧密关联的。

换言之，像日本这样的资源小国，为了应对总体战，有必要平时就储备大量的军需物品并构建相应的生产体制。对此，大正 10 年版的陆军省文书《军事机密大日记》（防卫省防卫研究所战史部图书馆藏）中有如下记载。

> 鉴于帝国的国防、国情，速战速决方针为我国军队作战之根本方针。（中略）补给对灵活的作战而言亦极为重要，然现有之补给能力远不能满足需求，故无法展开灵活作战，此实乃国防上之一大缺陷。

这段话所表现出来的认识和《全国动员计划必要之议》开篇之言——"如期待在开战初期就迅速进入决

战，需要充足的战斗兵员，储备充裕的军需物品，以及培养可以应对开战后此等需要激增的国力"所表达的看法完全一致。

日本陆军中被称为总体战派的高级军官们，都认为作为资本主义社会的日本生产力还处在一个比较低的水平上，因此有必要平时就准备应对总体战。明确提出这一基本战略的人就是田中义一。

一战后的军扩计划

由于第一次世界大战的主战场在欧洲，所以日本政府认为这个空当对日本来说是扩大在华利权的绝好时机。大隈重信内阁深知中国内政极为混乱，向中国提出了对其而言是屈辱性的"对华二十一条要求"。这自然成为中国国内反日运动的诱因。

加上日本占领了德国在山东半岛的租借地——青岛，并从德国手中夺取了西太平洋上俾斯麦群岛。

这一系列对中国的侵略以及所表现出的膨胀主义加深了日本和美、英、法等欧美列强的对立。为了新一轮的扩张领土和侵略中国，陆海军要求进一步全面充实军备。

1917（大正6）年3月，陆海军着手修订国防方针，各自起草了《国防整备案》，试图强化军备。在陆海军军部当局的共同协商之下，两份整备案合二为一，并于 1918（大正 7）年 6 月 12 日上奏天皇，同月 29 日获得天皇的批准。陆军原本的假想敌对国的顺序是俄、美、德、法，而新国防方针的特征是改动了顺序，前两位和过去一样是俄国和美国，第三位从过去的德国变为中国。

同时，海军将第一假想敌对国从过去的英国改为美国。也就是说，陆军和海军分别将世界上最大的陆军国俄国和世界上最大的海军国美国放在了第一假想敌对国的位置上。

出于这样设想，海陆两军开始计划进行军扩。陆军原本是 50 个师团的编制，即平时 25 个师团、战时 25 个师团。为了实现军备的近代化，陆军计划削减常备师团，变为平时 20 个师团、战时 20 个师团的 40 个师团的编制。

海军则提出了 24 艘主力舰的设想，即拥有两支战舰编队，每队 8 艘战舰，以及一支拥有 8 艘巡洋舰的巡洋舰队。此外，新国防方针中提出"能够承受长期战的觉悟和准备是必要的"。因此海陆两军打算以第一次世界大战长达四年的实际状况为依据，将日本军队转换为能够适应长期持久战的军队，并将原来的基本作战方式——短期决战转变为长期持久战。

战争一旦进入长期化，就和短期战不同，会变为长期消耗战，这就要求提高持续作战的能力。像补给和修补能力等工业能力成为直接制约胜败的要因，这就是总体战。问题是实际上政府是否认可海陆两军的军扩要求呢？

代替寺内正毅内阁登上政治舞台的是日本宪政史上第一个政党内阁——原敬内阁。原敬内阁在成立之初，就公布了"四大政纲"，其中之一是"充实国防"。但原敬内阁虽然基本上认同军方的军扩方针，却强调不应由军部来主导，应在内阁的统制之下来强化国防力量。

原内阁的这种态度，由其在第 42 次帝国议会（1919 年 12 月至 1920 年 2 月）上同意陆军追加经费 4.8282 亿日元、海军追加经费 3.1445 亿日元一事明显表露出来。

事实上当时军费开支在预算中所占的比例已经非常高了，第一次世界大战结束之后，即便没有了战争的威胁，军费开支也居高不下。

例如，1918 年度直接军费 5.8007 亿日元，占年度支出的 58%；1919 年度为 8.563 亿日元，占年度支出的 65%；1920 年度军费 9.3164 亿日元，占支出的 46.8%；1921 年度军费 8.3792 亿日元，占支出的 41.9%；1922 年度军费为 6.9029 亿日元，占支出的 45.5%。（藤原彰『军事史』）

军费比重如此之高，舆论自然不会视而不见，批判之声此起彼伏。但是相对而言，对于海军的扩军，舆论和财界都表示可以接受。因为一战之后，美国取代英国成为世界上最大的海军国，海军是为了对抗美国而进行扩军。而十月革命后俄国沙皇统治已经结束，陆军的第一假想敌对国已经消失。在这种情况之下陆军要求军扩的说服力就明显不足了。

为此，以田中义一为中心的陆军以抢占先机的方式提出了陆军军扩案。其大致内容是，为了应对在一战中兵器近代化的发展，日本陆军兵器的近代化也迫在眉睫，另外陆军将导入三单位制、军团制以进行军队编制的革新。计划花25年时间、耗资20亿元组建标准兵力25个军团。

对于陆军提出的军扩案，原首相的解决办法就是请田中义一出任陆军大臣，希望军备扩充方面的主导权能够保留在内阁手中，并尽可能抑制军部的要求，以抑制军部对政治的介入，强化政党政治并实现与美国的合作外交。

田中是在明白原敬用意的基础上加入原内阁的。由于政党政治具有强大的影响力，特别是舆论是站在内阁一侧的，所以田中深切感到有必要摸索与政党政治妥协的道路，军队和政党不能陷入永久的对立。

在田中看来，原是一个现实主义者并已意识到有必要与军方进行协商。

所以田中并不是从一开始就站在原的对立面的，他只不过是想找一条妥协的道路，使得自己主张的军备扩充能够回避舆论的批判并得以实现。但，大正民主的潮流中，对军部的批判远远超过了田中的想象。

对军部的批判

舆论对军部的批判，是在大正民主主义的代表论者、东京大学教授吉野作造的主导之下展开的。

《中央公论》是当时自由新闻工作者的代表性综合杂志。吉野作造以《中央公论》为阵地，发表了数篇反对军扩的文章。例如《反对陆军扩张》（1918 年 2 月号），《军队的非文明》（1919 年 2 月号），《征兵制度改革之急务》（1919 年 6 月号），《军队生活内面改革之必要》（1919 年 11 月号）。

以吉野为先锋的一系列对军部的批判，在 1922（大正 11）年迎来了最高峰。这年的《中央公论》3 月号以"陆军军备缩减论"为题组织了特辑，刊登了《陆军可否裁军及其难关》（水野广德）、《缩减陆军与改善军事思想》（三宅雪岭）等文章。

曾是海军军官的水野广德认为，在这一年的时间里，陆军军缩论急速高涨起来，虽然很多是出自各党派自己的党派策略，但"对批判性舆论比较敏感的政党，才能够将此事当作党派策略，从中至少可以察知舆论的趋势"，所以对军部的批判某种程度上来讲是反映了民意的（『中央公論』1922 年 3 月号）。

按水野文章的说法，陆军军缩论的根据主要有两个。一方面，陆军的第一假想敌对国沙皇俄国已经覆灭，所以陆军的相对军事压力也有所减轻。另一方面，整理、裁减非战时兵力节约出来的经费可以重新组织国家经济。而且，这些议论的最终结论都归结到使国民生活安定、涵养民力、振兴产业以及军事上的改善兵器、提高军人待遇、通过改编军队提高效率等问题上来。

关于第一个方面，水野的中心论点就是，如果对俄国和中国不采取积极的政策，只维持国内以及朝鲜、台湾殖民地的治安，那么只需要保持必要的兵力就足够了。所以，常备兵力根据内外局势，应尽可能做到少数化、精锐化；与此同时，也应构筑起一旦发生战争能够短时间内动员大量兵力的体制。

同时，水野还认为，不管出于何种理由，决定军事力量规模的应该是已经确定了的国策。如不这样，就会纵容军事力量本身即具有的自我无限增殖的性质。此外，军缩论就改革军制还提出了兵役年限的问题，对此水野主张通过提高军事教育的效率来缩短兵役年限。

最后，水野批评了军部躲在特权制度之后，对于要求改革军制的呼声充耳不闻的现状。水野说：

> 今日军阀之所以跋扈，其罪一方面固然在军阀，但另一方面责任在国民。因为国民容忍了宪法上不合道理、官制中难以理解的制度存在。如不先在制度上进行改善，那么无论国民如何高喊裁减陆

军，他们军阀都会躲在帷幄上奏权的坚实壁垒之后，以大臣辅佐官制为武器，绝不会顾及国民的要求。是以确立我国之国策后，如有必要裁减军队，则有必要对军阀之武器——官制进行改革，废除军部之堡垒——帷幄上奏权。（『中央公論』1922 年 3 月号）

此外，《中央公论》1922 年 12 月号上以"以彻底失败告终的西伯利亚出兵——以此为契机葬送军阀之辞"为题编辑了特辑。刊登了《西伯利亚影院的军阀剧》（水野广德）、《西伯利亚撤兵与军阀的恣意妄为》（堀江归一）、《不葬军阀则军界难以肃清》（吉野作造）、《剥去了身价的参谋本部》（三宅雪岭）、《军阀问题》（杉森孝次郎）等强烈批判军阀的文章。

这些文章有一个共同的认识，即为了打击军阀，应该形成裁减军备的舆论并展开具体活动，导入陆海军大臣由文官担任的制度、反对军部对政治的介入、废除帷幄上奏权等军方特权制度也是不可或缺的改革。

各政党对于这些议论纷纷采取了呼应的态度。政党中的国民党对军部改革最为积极，这也是出于和政友会的对抗。在 1919 年 3 月 25 日第 41 次帝国议会中，国民党向议会提交了《关于陆海军大臣及台湾、朝鲜总督任用资格质问主意书》意见书，主张军部大臣和殖民地长官应从现在的武官专任制变为文官制。

但是，政友会在第 14 次总选举中获得胜利之后，国民党的这个主张就立刻消失了。1921 年 1 月 20 日的国民党大会上，犬养毅总裁提出了以产业立国主义为代表的军备改革论。

他主张的体制是：在经济上，实施财政整理和军缩，以提高产业的生产力，具有在国际市场上足可竞争的经济实力；在国际关系上，贯彻面向世界的产业第一主义，以表明日本乃和平主义国家的立场；在军事上，为了整备成适应总力战的军事力量，平时尽量抑制兵力，而举全力增强工业生产能力，战时可以一举投入。

犬养主张的产业立国主义，以经济的合理性为基础，将目标定为保持总力战阶段高效率的军事力量，并增强、提高工业生产能力。在这一点上，犬养的主张与政界、财界、军部内革新派基本一致。他们对把军事力量整备成能适应总体战的水平是极其关心的。

以犬养毅为代表，议会内部、政党中存在的这些议论不仅仅是针对军备的单纯批评，在与总体战阶段这个时代或者说国际环境变化相对应的国内态势的变革和调整这一大背景下，其影响力连军部也无法忽视。

第 44 次帝国议会（1920 年 12 月至 1921 年 3 月）上无党派人士尾崎行雄提出《限制军备决议案》后，争论变得更加激烈了。尾崎的主张与犬养基本上没有大的差别。

只不过尾崎特别强调的是，有必要提高日本的工业生产能力，因为日本和欧美诸国的经济实力差距非常明显，而且日本还要负担过剩的军事费用，这种状况不光阻碍了生产力的发展，对国家的知识、道德等方面的发展也都构成重大障碍。

宪政会和政友会这两个保守派的大党起初对国民党、尾崎等的行为持批判态度，对批判军部是消极的。后来迫于舆论和议会内改革势力的压力，在第45次议会（1921年12月至1922年3月）上终于下决心批判军部，因此，这次议会看上去就成了"批判军部的议会"。

1922年2月1日，宪政会的野村嘉六提交以要求废除军部大臣现役武官制和帷幄上奏权为主要内容的质问书。另外，2月7日政友会也提交了《陆军军缩建议案》，同时，政友会骨干大冈育造在本次会议中对军部的特权制度做了批判。这些意见在议会闭会的前一天，也就是3月5日的会议上获得了通过，各政党在导入军部大臣文官制这一点上达成了完全一致。

《陆军军缩建议案》的提交者之一植原悦二郎在建议案提交理由中，提到要求缩减军备和军部大臣现役武官制的关系："如果不对此官制进行改变，就完全不可能依我国国力和我国全体国民所希望的那样来整理陆海军"，从为了创造出能够适应总体战阶段的军事力量这个角度出发，他认为让只擅长军事领域的人当军部大臣是不够的，应该让拥有广阔知识和眼光的人来担当这个

职务。（『大日本帝国議会誌』第 13 卷）

这一关于扩大军部大臣任用资格的主张打破了阻碍政党政治强化的主要因素——军部大臣现役武官制，这个主张让政党一直以来的建立一个政党能够统制军事的制度的想法，有了实现的可能。

政党这种追求军缩舆论和军制改革行动的背景是，1920（大正9）年3月前后，日本国内由于战后经济危机造成的财政危机开始显现；国际上，1921（大正10）年7月在美国总统哈定的倡议下召开了华盛顿海军裁军会议，这次会议象征了国际范围的军缩形势。

陆军的危机意识逐渐增强

在大正民主运动的背景下，形成了要求进行军制改革、缩减军备的舆论，同时议会上缩减军备建议案相继提出，再加上原内阁明显的以政党抑制军部的政策等，1920年代初期这一系列对军部的活跃打击，让军部，尤其是陆军开始有了深刻的危机意识。

作为原内阁的陆军大臣入阁的，是陆军当中众所公认的最具实力的田中义一。当时，田中表示了如下的见解。

就近来社会情况来看，有些人将政治家的自由作为挡箭牌，恣意讨论国防相关诸事，玩弄不确切的言论，诱惑无稽国民。他们认为不应不顾其他政务，将赏钱都投入所谓的国防方针中。这种观点若听之任之，则无法保证不发展到阻碍施行国策的地步，野心家们洞察到了政党者之流以及一部分的陆海军官的想法，利用其煽动社会舆论，令两者的言论引起纷争，最终使其成为议会问题，并诉诸政党间的争论，借此约束军令之独立，使军令之独立不保，如此对建军基础构成威胁之事，着实令人相当寒心。（「時弊に鑑み軍令権の独立擁護に関する建議」，『田中義一関係文書』）

在危机意识的反面的根基中，可以看到，军部以帷幄上奏权、统帅权独立制、军部大臣现役武官制为基础的意识，以及作为天皇直属机关的军队这种精神上的特权意识在强烈地流动着。

对于一直固执地认为军队不受其他任何机关制约的军部来说，大正民主运动对军部展开的批判，以及以平等主义为基调的民主主义思想有向军队内部渗透的可能性，使得等级制度森严的日本军队在政治上以及精神上的地位都有动摇的危险。

特别是最受抨击的军部大臣任用资格问题，军部认为，一旦将任用资格扩大到文官，由政党人士就任军部大臣，军队将不再是国家＝天皇的军队，而成为有党派属性的军队，这必将导致军队秩序的崩溃。

总之，正如宇垣一成在日记中所说的那样，"民主主义是军队组织最强有力的溶解剂"（『宇垣一成日記』Ⅰ）。由标榜民主主义的政党来统制军部，成为军部最为警戒的事情。

所以，军部为了对抗此事，首先对政党提出的军部大臣文官制展开了批判。军部提出了武官制的根据并主张其正当性。军部的主张可分为极力主张武官制优点的积极论点和指出文官制缺点的消极论点。前者的内容是统帅权神圣论以及军部大臣专家论，而后者的内容则是各种文官不适当论。

随着军部卷土重来，批判军部的政党因各自的策略相互纠缠，步伐变得杂乱，于是一系列军制改革案到了最后也只得妥协。政党政治针对军部的政策，即便是在最有力的时期，也会自乱阵脚，这就给了军部进一步反攻的机会。

特别是和构建总体战体制有重要关系的是，在这一系列批判军部与军部卷土重来的策略对立之中，包括退役军人也认为，军部和政党或者国民相对立的状况已经成为构建总体战体制的决定性障碍。

因此，出现了倡导为了能够适应总体战阶段，应该大力推进军事装备近代化以及强力推进改善国民意识的主张，并通过各种各样的出版物以及讲演等媒介，铺天盖地地直接涌向了国民。最初担起此任的，是代替军部内被限制活动的现役将校的退役军人们。

对军队近代化的摸索

的确，从应对总体战阶段的角度来看，不管是军事装备、军队编制还是兵站部门等方面，日本军都只不过是一支旧态依然的军队。所以，陆军在第一次世界大战中，从寺内正毅内阁（1916 年 5 月成立）时期开始，就实施以改良兵器和修改特科编制为中心的军事装备充实计划。在 18 年的时间里为这个计划持续投入了预算经费 1.278 亿日元和临时费用 5526 万日元。

另外，寺内内阁之后，在原敬内阁（1918 年 8 月成立）时期，又扩充了航空部队，使气球部队独立，新设陆军省航空课程，开设航空学校，设置陆军航空部队及工兵学校等，尤其以充实空军战斗力为着力点，推出了一系列军队近代化的策略。

但是，在 1920 年阶段，包括近卫师团在内，日本陆军的总体规模是 21 个师团（273175 人），每年仅维持费用就需要 1 亿日元以上。所以，在开发整备近代兵器方面，一直没有能够投入足够的经费。

因此，与欧美诸国的军事装备相比，一定是相形见绌的。

比如，从军事装备近代化的重点目标航空战斗力来看，日本陆军不过拥有 9 个中队大约 200 架飞机（海军拥有 100 架左右），而英国有 1600 架，法国有 2000 架，美国有 1350 架。不只是数量方面的问题，型号、机体的整备技术、驾驶人员的熟练程度等都明显表现出了质的差距。

为了打造出适应总体战阶段的军事力量，从根本上引导国民支持军事近代化，通过提高工业生产能力大量生产军需用品、开发近代武器、调整生产系统等，都成为当务之急。

立足于此观点，只有极少数人能够明确地认识到实施军备充实计划才是军部本应实现的目标。这极少数人中的一个，就是当时任参谋本部第一部长之职、颇受田中义一信赖的宇垣一成。

第一次世界大战时期，宇垣在自己的日记里就今后的军制改革问题总结出了三点：对国民进行军事熏陶、促进产业军事化、对军部内部进行调整（『宇垣一成日记』Ⅰ）。另外，1918 年时，关于总体战阶段，他写道："无论是军队国民化还是国民军队化，就现状而言，都是紧要的事情"。宇垣的这个总体战思想忠实地再现了田中的思想。在此，基于田中—宇垣一线，1920 年后军队开始尝试以能够对应总体战的军队为目标转变。

在此过程中，陆军内部寻求军制改革的行动也变得活跃起来。特别是通过出版物提出改造陆军计划方案的军队相关人士变得引人注目起来。

主要出版物有陆军步兵中尉中尾龙夫的《限制军备

与改造陆军》。中尾龙夫提出可通过限制军备、整理军备来达到挤出军事近代化费用的目的。桥本胜太郎的《经济上军备的改造》则认为，国防是军人专管事业的时代已经结束，现在国防已经成为一般国民应该承担的事业了。桥本特别从总体战的战争形态出发，将其称为"国民战争"。

此外，陆军中将佐藤钢次郎在《军队和社会问题》中提出，目前为止军队让人感到与社会隔绝，因此有必要通过合理化、社会化，让军队在一般社会中获得其存在的正当性与权威性。陆军大佐小林顺一郎的《陆军的根本改造》则认为，对陆军进行根本性的改造不仅仅是陆军自身的问题，也是全体国民的课题。

事已至此，陆军中枢部已经不能忽视这些舆论和有关人士的强烈要求了。

所以，作为陆军军缩政策的第一炮，时任加藤友三郎内阁（1922 年 6 月成立）陆军大臣的山梨半造实施了两次裁军。但是，山梨的裁军是以整理军队编制为中心进行的，完全没有削减常设师团，将清整相当于 5 个师团规模人员的目标替换成以推进机关枪、野战重炮、飞机等兵器的近代化为目标，与财政整理完全不相干。

因此这个政策并没有得到舆论的认可，各方面对它一致认为"这次所谓的军缩只是整理而不是缩小"（『週刊朝日』1924 年 9 月 6 日）。陆军不满足于这样不够彻底的军制改革，为建设能够适应总体战阶段的军事力量不可避免地需要大胆削减庞大的常设师团这种言论，又活跃起来。

比如，当时陆军航空部的高级部员小矶国昭（之后成为首相）认为，为筹措出扩充航空战斗力的费用，有必要削减 4 个师团（小矶『葛山鸿瓜』）。另外，第一次世界大战中从军于法国军队、1923 年时任陆军省军务局航空课课长的四王天延孝，着眼于空军战斗力的重要性，主张了为了大规模扩充航空力量、研究新型兵器，应该有削减 7 个师团也在所不惜的觉悟（『四王天延孝回顧録』）。

至此，陆军内部的革新派基本达成了通过坚决实施相对彻底的裁军政策以实现军事近代化目标的共识。受此影响，出任清浦奎吾内阁（1924 年 1 月成立）陆军大臣的宇垣一成果断地实质性削减了 4 个师团。

可以认为，小矶、四王天、宇垣等革新派的行动直接或间接地吸取了田中的意向。后来宇垣出任继清浦内阁之后成立的加藤高明护宪三派联立内阁（1924 年 6 月成立）的陆军大臣，他认为实行军备缩减政策会让政党的势力得以扩张，这必会招致军队内部的反对，但即便如此，为了呼应加藤内阁提出的行政、财政的整理政策，裁军也是不可避免的。

宇垣在日记里写道，"理想暂且不说，即使为了度过眼前这关也不可等闲视之。不仅如此，要将这些作为中心事项，拿出相当的敬意和适度的诚意来对待"（『宇垣一成日记』Ⅰ）。作为陆军大臣，宇垣认为虽然缩减军备是不可避免的，但其主导权无论如何不能落在政党手中，必须要在陆军的主导下方可实行。

1923（大正12）年8月，宇垣制定了《陆军改革私案》。可将其归纳为以下三点（国立国会图书馆宪政资料室藏『宇垣一成関係文書』）。

　　一、做足无论是短期战争还是长期战争均可胜任的准备；

　　二、建造无论是一部分的军队战还是全民皆兵的举国战都可使用的设施；

　　三、即便是以武力决战为主，也应做好经济战的准备。

在其后的《改革纲领》中，他还加入了"应该进行无论有形无形全方位的国家总动员"一项，由此可以明确地看到宇垣是将缩减军备定位在国家总动员构想的框架之中的。

宇垣的"改革私案"的最终成果是1925（大正14）年5月的裁军。其内容包括取消第十三师团（高田）、第十五师团（丰桥）、第十七师团（冈山）、第十八师团（久留米）这4个师团等，裁减了38894名士兵。在1925年预算中，平时费用和临时会计费用合计节约1295万日元。

但是，实施裁军的同时，一个总额高达 1.4126 亿日元的全新的军备扩充计划却得到立案。这是一个从 1925 年到 1932 年的八年长期计划，此计划意图实现军事装备的近代化。的确，实实在在地削减 4 个师团无疑是日本军队创始以来最大规模的裁军，但是，与山梨的裁军一样，都是希望通过削减常备师团以达到军事装备近代化的目的。

虽然增强火力和整备航空力量是重点，但是对于在总体战中火力的压倒性重要性，陆军全体的认识依然不足。

比如，小林顺一郎认为："火力战斗的胜败直接关系到军队的胜败，随着科学工艺的进步发展，不得不说，这个责任逐渐转移到拥有最大威力火器的炮兵身上是个必然趋势"（小林顺一郎『陸軍の根本改造』）。另外，就火力战斗的比重又上升一个层次的现状，他直截了当地说，"对于只有肉体的步兵来说，在此极其猛烈的火力之下，要求其既成为决战的主体，又成为火力战的主体，是不可能的事情，这就是让国民去白白送死"（『陸軍の根本改造』）。

受到田中影响的军内革新派宇垣，大胆实施了军缩政策，其目的是为了应对各政党提出的通过军缩来整理财政的要求，显示出响应国内外军缩趋势的姿态。同时再巧妙地利用这次裁军，通过削减常备兵员和强化军备，达到推进陆海两军整体合理化和近代化的目的。

但是，我们难以断言装备近代化在质上和量上都取得了成功。在军队的合理化、近代化这一方面，如何确保战时的兵力动员、补充有能力的将校和下士官这些困难依然没能得到充分解决。虽然实施了三次军缩，但最终在军队近代化方面还是遗留下了很多未能解决的课题。

军队内部围绕宇垣军缩的对立

对于宇垣军缩，军队内部逐渐出现激烈的反对意见。这是围绕推进军队近代化的方法的对立，同时也是关于构建总体战体制的方法和时期的对立浮上了台面。宇垣在裁军结束后的第 50 次帝国议会上，在说明陆军所辖预算的概要时，对作为总体战的第一次世界大战进行了如下概括。

> 第一，与之前相比，在战争中对科学的利用，尤其是对机械的运用程度大为提升。第二，战争普遍变成大规模并带有持久性，成为所谓的国家总动员，即在战争中倾注一个国家的全部智慧和能力。这一点给国防基础带来了很大的变化。（宇垣一成「国家総動員に策応する帝国陸軍の新施設」，辻村楠造监修『国家総動員之意義』）

宇垣强调了军缩是总体战的对应策略。宇垣这种总体战理论可以说是忠实地继承了田中的观点。正如宇垣预想的那样，总体来说，议会和政党有关人士大都善意地理解了这个观点，要求军缩的呼声暂时平息了下来。

但是，宇垣曾不顾陆军内部的反对强行削减了4个师团，这也成为以宇垣为中心、主张通过军缩来构建总体战体制一派与反对此方案的势力对立加深的原因。

双方争论的焦点之一就是，到底应该大量保有常备师团，还是应该在平时使常备师团少数且精锐化。与此相关，宇垣在第51次帝国议会（1925年12月至1926年3月）的众议院上，对削减4个师团的理由进行了说明。

> 军队是精锐之师并且兵力强大是我们的理想。但是国家财政有限，军队建设与国家财政二者不可兼得，毫无疑问，军队精锐化势在必行。（『大日本帝国議会誌』第16卷）

由此看来，之前的扩大战时动员兵力的志向有所后退。有人主张根据日本的国情，为了打造出能够适应总体战阶段的军事力量，有必要先推进军备的近代化，并放弃保有大量的常备师团。这是以宇垣为中心的军缩推进派＝军制改革派的共同认识。

对于这种观点，军队内部存在完全相反的论调。比如，宇垣军缩的裁减对象——第十五师团的师团长田中国重中将在 1924（大正 13）年 7 月 29 日给上原勇作元帅的信中，批评了宇垣裁军。

> 虽然没有必要不同意军备整理，但我觉得有必要避免发生只是为了迎合民心陆军就自己积极地进行裁军、缩短兵役年限、减少师团等诸如此类的事情。不难想象，如果削减一个师团，反对军备者就会要求削减第二个，削减了第二个，就会要求削减第三个。换而言之，在现在的日本，有必要铭记：退让一步就是退让百步的开始。像减少师团这种对陆军加以添削之事，会影响国民志气，弱化国民的国防思想，一目了然，这无形中会造成国防上一大缺陷。（『上原勇作関係文書』）

可以说，田中国重属于上原一派。这一派主张应该保有大量常备师团，他们是军内的保守派人物。田中国重的根据是，日本欠缺自给自足的能力，所以以长期战斗为前提的作战构想本身就是不合理的，如果不采用以保有大量常备师团为基础的短期决战为作战方案的话，那么胜败结果将令人担心。

在日本的工业生产能力水平较低这一点上，宇垣与田中国重的认识是一致。但是，应该优先培育能够承受长期战斗的国力，还是与之相反、从最初开始就采取短期决战型的军事力量至上主义的立场，是宇垣与田中的分歧所在。

在陆军内部，还有一些军官反复批评宇垣的裁军，并提出步兵万能论或者偏重精神威力论。例如，在宇垣实施裁军的时候，作为军事参议官反对宇垣路线的福田雅太郎大将说："战争的根本是人。无论机械如何精良，将人替换为机械、减少人员都是错误的"（黑坂胜美『福田大将伝』）。

福田大将说的"人"必然是指"军人"。这与田中义一—宇垣的想法是完全相反的。田中和宇垣一直提倡国防不单单是军人的工作，国防的主体是国民，应该促进全民皆兵主义的彻底实施以实现"国民军队化"或者"军队国民化"。

在陆军内部，以参谋本部为中心的作战工作相关人士也持这样的步兵万能论或者偏重精神威力论。调查报告书《关于交战诸国的陆军》记录了第一次世界大战参战诸国国内体制的实态，该报告书写道："不得不说单纯信赖我国民精神力量的优越性并按此来制定编制、教育训练等诸多制度是危险的"（第 4 版，第 25 页），但是，作战工作相关人士没有充分理解此内容。

所以，在主张扩充空军战斗力的陆军改革派中，田中义一的后继者之一小矶国昭不得不反复提倡以下主张。

> 未来的战争是科学的战争。而且毋庸置疑，凄惨暴虐之极，超乎我等想象。如此一说，不知各位

读者会有何反应。"什么是科学的战争！就是我们的大和魂！"试问，拥有大和魂的人吸入毒性瓦斯就不会死吗？被燃烧弹击中也不会烧起来吗？眼下已经不能只依靠肉体了。不能只依靠大和魂的世界到来了。（小矶国昭、武者金吾『航空の現状と将来』）

虽然在陆军内部的确存在这样的意见，但是即使是到了太平洋战争时期，也一直没有建立起步兵应对炮兵作战的充分对策。所以，步兵战斗依旧是以肉体攻击为中心的。

所以当碰到拥有压倒性火力的敌人时，顶多只能采用"夜间运动战和夜袭"（『密大日記』1927 年第 2 册）的战术，这也是后来被迫使用日本式的"万岁冲锋"这一特殊战法的原因之一。

在匆忙构建总体战体制的背景之下，由于日本工业生产能力低下、军队内部围绕着如何用兵作战还存在对立等各种各样的原因，虽然渐次设置了一些国家总动员机构，但构建总体战体制依然没有直接的进展。

总体战应对机构的设置与变迁

到了 1920 年代，所谓的总体战应对机构被反复设置、取消。1920（大正 9）年 5 月 15 日，新设置的国势院作为军需工业动员的中央统制机构开始发挥作用。国势院增添了军需局没有的"关于工业动员法施行的统辖事务"和"军需工业复员调查事务"这两个新业务。

国势院由内阁总理大臣管理，总裁由专职人员担任。政友会总务委员小川平吉出任实质上的最高责任人——总裁一职，牛塚虎太郎担任第一部部长，原象一郎担任第二部部长。此外，在军需局，陆海两军的次官依然是军需次官，但是在国势院，就降格至"参与"层次。

就设置国势院，原敬内阁于同年8月27日发布了敕令（第342号），内容是"内阁总理大臣就统辖军需工业动员法之施行相关事项发布必要命令，可对相关各厅进行命令指挥"。这道敕令是政党以及官僚强烈希望将此前一直由陆军主导的军需动员计划夺回手中的一个象征。给予首相动员计划的指挥命令权，意在强化首相的权限。

国势院是为了构建田中设想的"全国动员"体制而设计出来的旨在使政府、官僚及军部一体化的组织。从这个角度来看，它被设定为掌控总动员的中央机构。虽然围绕总动员的主导权三者会有角力，但是田中构想的能动用举国之力的"总动员机关"这个概念，暂且得到了实现。

但是，1922（大正11）年10月30日，国势院又被取消了。表面上的理由是，第一次世界大战后国际反战和平形势高涨，加上1921（大正10）年11月12日召开的华盛顿海军裁军会议（1922年2月6日闭幕）所象征的国际舆论要求缩减军备的方面，以及国内出现的要求政府整理财政的舆论。整理财政作为财政紧缩政策的一环，是历届政府均未解决的问题。

取消国势院是财政整理的一个环节，政府对此进行了说明。就连看似积极推进构建应对总体战之国家的陆军，也没有对此措施进行抵抗。

陆军之所以没有进行抵抗，是出于以下判断。首先，从国际形势来看，近几年内发生总体战的可能性极低。其次，虽然取消了国势院，但是作为工业动员机构，兵器局工政课正逐渐步入正轨，从1920年度开始，工业动员计划也有序进行。所以陆军认为单凭自己也能够继续推进工业动员方面的业务。

另外，也有国际和平运动的助力，陆军内部未必都能够切身感受到构建国家总动员体制的必要性，对总体战的认识也不够彻底等因素的影响。

此后，在一段时间内，虽然国家总动员机构的设置被暂时搁置，但是陆军内部依然坚定不移地继续实施着工业动员计划。

1926（大正15）年10月1日，继兵器局工政课之后又设置了整备局。有人提出不仅要进行军需动员，还应该设置立足于广义的动员概念——包含国民动员在内的所谓国家总动员——的国防会议。

经过这样的讨论，田中就任首相之后，于 5 月 26 日设置了作为国家总动员机构的资源局。

资源局作为为统制做准备、运用总动员资源的中央统辖机构及咨询机构，设置在内阁总理大臣之下。到目前为止，田中义一反复提倡的总体战对应型国家所必需的国家机构，已经初见眉目。

宇佐见胜夫（总裁）、松井春生（总务、企划课课长）、植村甲午郎（调查课课长）、宫岛信夫（设施课课长）等官僚掌控了资源局的主要部门，在资源局 27 名职员当中，陆海两军的现职武官作为专职职员兼任资源局事务官者有 11 人。

这无疑是一个官僚主导的动员机构，其中军事官僚占到将近半数，构成了政、官、军三者联合的形态。从这个角度来看，这个机构具有综合性国家总动员机构的性质与内涵。

资源局作为文官型的国家机构，却有陆军军务局局长阿倍信行（之后成为首相）、陆军整备局局长松木直亮、海军军务局局长左近时司政三人作为顾问，参与谋划。这表明第一次世界大战以来，作为国家战略，军部一直主张的以构建总体战体制为目标的国家总动员构想，在制度上基本上得以稳定。在田中义一掌握政权的这一年出现这样的局面，意义是非常重大的。

也就是说，军部已经具备了合法干预政治的条件，并且该时期的首相是陆军出身、率先提出构建总体战国家的田中义一，所以这绝不是一系列的偶然。

资源局在同年 9 月 29 日制定了《关于资源的统制运用准备设施》文件。在这个文件中，将资源定位为"国力之源泉"，并且认为"资源的范围极其广泛，包括了一切人力物力、有形无形的发展国力所必需的事物"（防卫省防卫研究所战史部图书馆藏『甲辑第四類永存書類』，1928），强调了出于国防目的，需要从平时就开始构建资源管理体制的重要性。

通过回避在设置国势院之时悬而未决的"这样做有可能会干涉各部门权限"的问题，资源局贯彻作为各部门总动员业务的调整统一机构的作用，获得了一定的权限。另外，作为顾问参与策划了资源局的陆军省军务局局长松木直亮，曾这样阐述国家总动员的意义。

> 国民战争之时，倾举国之力，一事一物均一丝不苟地进行有效统制，即统制分配国家的总体机能及资源，这一方面能有助于国民生活，一方面又丰富了战争所必需的资源。（辻村楠造监修『国家総動員の意義』）

从此我们可以明确看到这样的认识，即国家总动员巩固了国家的基础，与平日里的行政没有任何差异。正是国家总动员体制发挥了让战时行政日常化、平时化的作用。换言之，可以认为这是有意要抹去平时行政与战时行政之间的界线。

谋求军产联合

田中由原敬内阁的陆军大臣成为军事参议官，后转入政界出任政友会总裁的时期，也正是大正民主运动高昂的时期。田中等人扩充总体战机构的做法也因此遭到了反对。

以第一次世界大战为契机，成为国际潮流的民主主义对日本也产生了巨大影响，在日本国内对自由主义和民主主义的关注急速高涨，同时，也带来了反战和平的呼声。日本国内对军国主义和军队的批判、责难也在一时之间变得强烈起来。

在这种时代背景之下，试图完备能够应对总体战之军事装备是极其困难的。这不仅在财政上是一个大问题，舆论对这件事的态度可以说是非常严厉的。

为了实现军事近代化，经田中的直系即宇垣一成陆军大臣之手，果断削减了4个师团（约10万人）。军事近代化的代表事件就是建设空军的构想。在裁军过程中，航空兵科独立出来，航空部、飞行大队分别发展改组为航空本部和飞行联队。并且增设了两个飞行联队，还特别将其中的一个联队设置为轰炸机联队。

其间，主导航空兵科独立的军人是田中的直系井上几太郎（陆军士官4期），他与田中国重、矶村年大将是同一时期的最高干部。田中、宇垣、井上三者在军部的关系可以追溯至 1911（明治 44）年，那时田中义一即将出任军务局局长。根据井上的说法，田中和井上开始整理航空行政是田中就任原敬内阁陆军大臣之后的事情。

从第一次世界大战的状况来看，日本空军的力量与欧美相比差距格外明显，田中在此时期对这种情况表示了担忧。因此，田中一就任陆相，就将宇品①的运输本部长井上招进了陆军省，来研讨如何确立制度、制定和空军有关的政策等方针。

1918（大正 7）年，临时航空技术练习委员会设立，根据田中的命令，井上就任委员长。这个委员会虽然是为了将法国的航空技术应用于日本而设置的调节机构，但该委员会的所有一切经费支出，均按照田中的指示出自出兵西伯利亚的临时军费。对于这个机构，田中毫不吝啬地给予了大力支持（井上几太郎刊行会编『井上幾太郎伝』）。

另外，田中和井上于 1919 年设立了作为陆军大臣直属机构的航空部（井上任本部长），小矶国昭（后首相）、堀丈夫（后第一师团长）任职于此。这几人都是田中的直系。

---

① 宇品，位于日本广岛市南端，濒临广岛湾。宇品港（今广岛港）自明治时期起成为侵略中国的基地。——译者注

经由田中之手，陆军的航空部门逐步得到了整备，其中应该关注的是，1919 年 12 月，陆军将军用机的制造委托给了中岛、三菱、川崎、石川岛等公司。执行这个指示的是时任陆军航空本部长的井上，当然，井上之所以这么做是得到了田中的授意。

井上在早些时候就曾打算将军用机的制造委托于民间，其中井上最期待的就是中岛知久平的中岛飞机。中岛原本是海军军人，从在军中时就意识到若进入总体战阶段，有必要增加航空战斗力的比重，并且提出在海军内部应该确定航空战略的意见。

但是，"大舰巨炮"主义色彩浓厚的海军并没有充分意识到这一点。中岛退伍之后，竭尽全力致力于民间航空产业的发展。陆军内对此持支持态度的是井上、田中等人，而海军内认识到航空战斗力重要性的则是铃木贯太郎（后首相）等一群人。

中岛等民间人士开始生产飞机后，陆军为其提供了120 马力的引擎，中岛以此为样本，最终制造出了中岛式飞机。

田中的总体战论

在此再次对田中的总体战理论进行梳理。在乡军人会和青年团组织成立时，田中的发言中多次提及了我们已经接触到的他的总体战理论。在此，还可引用题为"国家总动员的要素和军事训练的意义"的田中的演讲稿，以下是其中的一部分。

> 国防不单意味着战争，在经济产业和国民教育中，国防也是不可或缺的。所以，不该只应军人讨论国防。全体国民都应该将国防视为己任进行讨论。只有意识到国防不单是指兵器弹药，拿起锄头铁锹也可以作为国防用具，握起桨橹也可以成为国防用具，才能说大家彻底明白了国家总动员的意义。（辻村楠造监修『国家総動員の意義』）

田中所说的构建总体战国家的条件，是指无论职业、身份、立场如何，只有心怀以"国防"（=国家防卫）为归宿的姿态，才能构成"国家总动员体制"的基础。所以，组织团体也好、个人也好，其行为和行动以各种形式对国防做出贡献才是最重要的。

田中的总体战理论，归根结底就是将各个团体、组织、个人都集中在国防这一点上，别无其他。关于此点，田中还有如下进一步的阐述。

> 国家总动员的要素不只是军事，与农业、工业、教育、技术、运输、交通、地方行政等其他方面都有关系。我们无论如何都应该达到此目的，从国防及国家总动员的角度出发，努力奋斗，各司其

职，使国家向着兴隆发展的方向迈进。（『国家総動員の意義』）

田中所思考的总体战的形式，正如字面所示，被定义为国家所有力量的总和，即农业力量、工业力量、教育力量、技术力量和运输力量等。不用说，这样的解释方法并不是田中特有的。

只是当时刚刚开始切实地设置国家总动员机构，田中不断反复强调总体战并不仅仅限定于军事，对非军事领域来说这也是一个有密切关系的课题。这一观点本身的逻辑是简单明了的。

田中认为，在确保大量精锐兵力或者说配备能够适应总体战的近代兵器这个课题之上，非军事领域的各个力量的总和才是决定总体战胜败的重要因素，所以从逻辑上来说，在政治上创造出能够适应总体战的"政治"或"政治体制"是不可或缺的。

田中以陆军大将的身份出任政友会总裁及内阁总理大臣。我们认为他出任这些职务的动机中，就有构建能够应对总体战的政治体制的考虑。如果是出于这个原因，对于田中来说，军事和政治不需要存有分界线，让二者互相融合成为恒常化才是理所应当的。

军事对政治的干涉或者说军部夺取政治权力的历史背景，毫无疑问就是这个构建总体战体制课题的存在。所以，军事和政治甚至经济、教育等诸领域的一体化、一元化是极其自然，而且是必然的结果。

因此，由此诞生的总体战体制，并不是应对总体战的临时避难性的体制，而是在平时也一直努力朝着一个整体发展的"政治体制"。

换言之，总体战体制同时也是政治体制，我们可以理解为这是日本型政治的本质。所以由此而诞生的政治体制与其说是总体战体制，不妨认为是通过"总体战社会"的形式驯导国民的体制。另外，只要构成总体战社会的成员本着平时也能够应对总体战这种意识和精神，组织、团体以及企业也肩负着对总体战能够做出贡献的期待，那它们的社会身份以及阶级性就没有任何差异。即这种社会构建了某种平等性，从这一点看，总体战社会也算是一个平等社会。

当然，即便田中自身没有将总体战理论解释为我们以上论述的内容，但其逻辑归结下来，就是构建一个与平等社会的实现表里一体的总体战体制乃至总体战社会吧？

与此相关联，田中曾经将军队教育与国民联系在一起，对两者关系做了如下论述。

> 当今的所谓军队教育，不仅仅是军队培养军人的技能，换言之，培养良兵是为了培养良民，军队将进而成为感化此招募区的人们、让他们变得善良的一个机关。（中略）所谓全民皆兵的制度就是国

防不仅仅由军队承担，而是掌握在全体国民手中。国防成为国民必须负担的事物，其中一部分国民作为代表加入军队，因此，从国防上说，军队是国民的学校。(『偕行社記事』第 433 期附录，1911 年 11 月)

前面已经提到，田中对"良兵即良民"的坚定信念，在"军队是国民的学校"这句话中就已经体现出来，同时与其在"军队教育"之中推进军事和教育的一体化以建立起总体战社会这一主张是有关联的。

另外，田中也对第一次世界大战做了如下概括〔摘自其 1921（大正 10）年 8 月的演讲〕。

此次的大战，可以说是科学的战争。虽然此时战火已熄，国际联盟得以新立，普遍热切盼望和平，但世界上的国际竞争并未因此而消失。所以，不能将国防等闲视之，鉴于大战经验，我相信今后一定会更进一步加强对兵器的研究。(田中义一『大処高処より』)

此处田中论述了对第一次世界大战的基本认识。第一个要点，明确指出这是"科学的战争"，所以为了迎接"科学的战争"，已经到了需要全面动员的时代了；第二个要点，他指出，在国际和平浪潮之中，依然存在国际竞争主义再次膨胀的可能性。

也就是说，田中不仅充分认识到第一次世界大战进入总体战阶段，也认识到：未来的总体战将是前所未有的现代战，而且现在已经进入了新的总体战的准备阶段。田中将其称为"国际竞争主义"。

田中一方面对大战后出现的国际联盟所象征的国际反战和平思潮给予了一定程度的评价，另一方面也阐述了自己冷静的见解。

> 大战之后和平论的高涨为历史规律。惨绝人寰的欧洲大战之后，诅咒战争、厌弃军备都是可以预期到的战争的反作用，今日的反军备热即由此而生，故不足以过分惊讶，然务须防其发展至极端，此为政者之任务。(『大処高処より』)

综上所述，与其说田中捕捉到了以第一次世界大战为界线正式登上历史舞台的民主运动和总体战理论，更确切地，可以认为是田中试图乘着民主运动之潮流，将日本社会顺利地改造成总体战社会。这就是田中认为的"为政者之任务"。

第八章

总体战体制下的政党政治

揭开政党内阁时代的序幕

原敬政友会内阁的成立，揭开了政党内阁时代的序幕，这也是大正民主运动的一大成果。

政党内阁阻断了军阀、官僚主导的政治运营，民众参与政治的机会和可能性得到骤然提升。同时，由于政党内阁是以议会为基础选举出来的政治势力，可以和军部、官僚等非选出势力形成对抗，并有望进行政党势力占优势的政治运营。

说得更具体一点，就是普选运动所象征的国民对民主化的要求通过《普通选举法》得到了实现。其结果，就是农民劳动党、劳动农民党等无产阶级政党相继成立。即便是作为天皇制权力支柱的军事机构，也不得不响应民众的要求进行了宇垣军缩。民众逐渐积蓄了左右政治的力量。

在这种政治局面下，日本国内公布了限制民主活动的《治安维持法》和《治安警察法》。尽管宪政会、政友会、革新俱乐部这三个政党主导的第二次护宪运动使清浦奎吾内阁垮台了，但这些反动政策被强行推行，以政党政治为中心的日本政治举步维艰。

第二次护宪运动的结果，就是以宪政会总裁加藤高明为中心成立了护宪三派联合内阁。就在《普通选举法》通过的时候，政党政治中发生了不可思议的事情。

那就是政党政治的先驱、曾组织原内阁的政友会，竟然无视自身拥有的众多优秀党员，迎立田中义一为政友会总裁。而护宪三派内阁对抗、凭借护宪运动所抵抗的，正是这位属于非选出势力的陆军大将——田中义一。

在犬养毅政友会内阁之前的政党内阁时代，军人出身而成为政党总裁的也只有田中义一一人而已。

就在即将走上"宪政常道"之时，为什么一个军人出身的总裁登场了呢？政友会内部到底发生了什么事情，那个让田中成为总裁的人又对田中抱以了怎样的期待呢？作为当事人的田中，进入政界又有什么样的目的呢？

要回答这一系列的问题，就要从政友会发生变化的背景以及政党政治的实际状况说起。

田中义一内阁成了大正民主时代向昭和法西斯时代过渡的桥梁，我们不禁要问，田中义一内阁在日本政治史上的意义究竟为何？同时，为什么民主主义会被法西斯所取代也是一个不得不追问的重要课题。

政权组建设想的延长线

稍稍回顾一下，日本宪政史上首个真正的政党内阁——原政友会内阁，表面上看也的确是以在众议院中掌握多数议席的政友会为基盘的。

但是，田中义一陆军大臣率领的陆军、山县有朋影响下的官僚势力和枢密院以及贵族院中最大的派系——研究会，这些非选出势力也是原内阁不可或缺的支持基础。也就是说，原内阁是非选出势力和选出势力协调关系后的一个产物。

大正民主主义运动的一个重要成果就是成立了政党内阁。但这个政权的基础依然是天皇权力体制内妥协和协调的产物，并不意味着民众胜利了。虽然原内阁中除了陆军大臣、海军大臣以外，成员基本上都是政友会的党员——从这个角度来说是一个政党内阁，但从支撑内阁的基础来讲，依然没有摆脱混合内阁的性质。

如果按照政党内阁原本的含意，即只有排除所有非选出势力的干涉，通过独立的力量组建内阁才能称得上政党内阁的话，那么认为原内阁是一个纯粹的政党内阁，就未必妥当了。

而且，从实质上来说，政友会设想的传统的政权组建构想和举国一致路线是比较接近的。田中当选为政友会总裁的过程暴露出了政友会的性质。此事也和原内阁的实际状态有很深的关系。原内阁之所以能够正常运营，主要是依靠原和山县——这两大政治势力的领袖的支持。原被暗杀后，第二年山县也去世了。这样一来，原本平衡的关系开始崩溃。

同时，在原政友会内阁时期被排斥在政治权力中心以外的反政友会、反山县派的官僚势力和在野党宪政会等在原和山县去世前后，纷纷提出自己的政治设想，意在夺取下一届政权。

所谓政治设想，即前者的举国一致路线和后者的政党内阁路线。其中以后藤新平为首的反山县官僚势力和萨摩派以及政友会内阁时期的在野小党——革新俱乐部联合起来，提出"举国一致"的口号，实质性地开始夺取政权活动。

与此相对，原死后，山县派系的官僚势力对政友会的支持开始减弱，使其政权担当能力削弱，暴露出政友会政治基础的薄弱。原的后继者高桥是清所率的内阁总辞职后，由海军出身的加藤友三郎出任首相，组建内阁。加藤的政治基础正是以萨摩派的官僚势力以及研究会、交友俱乐部为中心的贵族院。加藤之后依然是海军出身的山本权兵卫组建内阁。

政友会虽然协助山本内阁，但实际上并没有加入内阁。所以政友会处于离权力中心越来越远的状态。

山本内阁之后，在举国一致路线的延长线上，枢密院议长清浦奎吾出任了首相。清浦内阁摆出了明显的排斥政党政治的姿态。面对如此局面，政友会一度放弃了构建传统政权的设想，不再提"情投意合""举国一致"的话，转而回到了"宪政常道"上来，打算通过真正的政党政治来组建政党内阁。

也就是说，政友会放弃了与陆军、官僚等各个政治势力合作、联合的关系，形成了打算只依靠选出势力来组建政党内阁的政治设想，并着手准备。

因此，政友会开始和长年相对抗的宪政会协作，并以确立政党政治为目标开始了第二次护宪运动。二者在打倒清浦内阁上统一了步调。

面对民众确立普选制度、推行健全财政的要求，此时政友会中的实力派人物，也是下任总裁的有力候补者——横田千之助认为，如果不能回应舆论的要求，脱离广大民众的基础，将来是不可能确立政党政治的。

所以以横田为中心形成的党内革新势力即总裁派，不顾坚持传统政权设想的床次二郎等人的强烈反对，和宪政会、革新俱乐部结成了护宪三派联合，以期强化政党间的合作关系。

由于政友会内部的对立，反对横田等总裁派的床次等149人退出了政友会，结成政友本党。这使得政友会减少了129个议席。之后，在清浦内阁实施的总选举中又丢失了24个议席。和政友会的一蹶不振相比，宪政会增加了48个议席，最终获得151个议席，一举扩大了政治影响力。

1924（大正13）年6月7日，宪政会总裁加藤高明成功组阁，这就是护宪三派联合内阁。然而主要内阁成员都是宪政会党员，政友会不断向宪政会妥协，为维持党势已经耗尽了精力。

虽然名义上是护宪三派联合内阁，但实际上从一开始就是在宪政会主导下运营的内阁。

横田等政友会的干部们主张确立普选制和对贵族院进行改革，并为获得舆论的支持而奔走。这一主张与宪政会的主张是一样的，所以无法体现政友会的独特性。

正当政友会内部陷入极度焦躁之时，党内革新势力的领导者——横田因病去世（1925 年 2 月）。高桥是清总裁也感到党务运营已到极限，所以坚定了辞去总裁之意。这样一来，政友会的干部们就需要寻找替代横田、高桥的政友会新总裁人选了。

下任总裁的人事问题，与到底是继承现在的政友会路线还是再设计新的路线这样的路线选择问题相交织。所以总裁人选是决定政友会未来方向的重要问题。

换言之，即到底是继续发展横田提出的政党内阁路线，还是回到原敬曾经的和非选出势力相互合作的路上，继续走"情投意合"甚至是"举国一致"的路线。

人选由选择何种路线来决定。将田中义一作为继任总裁有力候补人提出，正是在政友会想要决定未来方向的时候。

是谁举荐了田中？

政友会内部拥立田中的经过不太确定。高桥总裁原本考虑，按照常情，下任总裁自然是提出了政党内阁路线的党内最大的实力派人物——横田。

但是，高桥总裁没有积极发言争取，党内同意高桥意见的人并非多数。加上横田过世，事实上，从主张政党内阁的人中推举出总裁人选的路径消失，迎立党外人士来当总裁的办法骤然浮出水面。

在政友会内部，以小泉策太郎为代表的干部们认为，为了重建将来的政治基础及与宪政会的政党内阁路线划清关系，政友会有必要回到传统的政权设计上去，也就是通过和非选出势力的联合来扩大政友会的势力，进而掌握主导权。

一直和小泉联络、积极活动，包括为了拥立田中而和陆军接触等的，是田中政治资金的提供者——久原房之助（久原矿业株式会社创立者）。

那么，他们让田中做政友会的总裁，是希望达到什么目的呢？这应该比谁拥立田中当总裁更为重要。

政友会的创立者，也即第一代总裁是伊藤博文，伊藤之后第二代总裁是西园寺公望。山县去世后，西园寺公望作为准元老在政界拥有巨大的发言权，是个有实权的"太上皇"。在政友会总裁由谁继任的问题上，西园寺公望在和松本刚吉面谈时说："今后，这个政党如果能有合适的首领倒也就罢了。从现在的状况来看，即使出现混合内阁也是无可奈何的事。横田连你也没告诉，田中好像也有不妨弃军从政的想法"（『大正デモクラシー期の政治　松本剛吉政治日誌』，1925 年 3 月 3

日）。

由此可以看出，政友会认为和陆军、官僚势力等非选出势力合作，更有利于他们获得政权。

西园寺公望还说："此前也有过让田中当总理之类的说法，这是必须要小心的。关于田中有种种恶评。比如说田中和后藤混在一起，还有说西原依附于田中，胜田也跟着田中，久原藏在田中的背后，等等，这些不得不注意"（『大正デモクラシー期の政治 松本剛吉政治日誌』，1925 年 3 月 3 日）。从西园寺的话中也可以看出，他对于追捧田中的人抱有警惕，而且对田中就任总裁以及他做未来的执政者是否合适，都给出了忠告。

在西园寺看来，想从没有强有力领导者的政友会中选出总裁来是非常困难的，利用这个机会，为取代以贵族院为主要基础的清浦内阁、夺回政权，取得陆军的支持、建立一个混合性质的政权是现实的选择。

所谓混合内阁，从字面上来解释，就是既不是像清浦那样完全不以议会为基础、与议会直接对立的"超凡"内阁，也不是宪政会那样纯粹走政党政治路线的内阁。

从这个意义上说，西园寺对曾在寺内正毅"超凡"内阁中活跃一时的西原龟三、胜田主计、后藤新平等田中周边的人物抱有警惕。

再加上山下龟三郎（后山下汽船社长）、福原侯（贵族院研究会常务）等这些田中周边的人在内政上提出"产业兴国"的口号，主张积极扩大财政和地方预算规模；在外交上主张修正重视欧美的路线，积极入侵中国关内及满蒙地区——事实上，他们把这些主张的实现寄托在了田中身上。对于在外交上基本坚持重视欧美路线的西园寺而言，田中身边的这些人无疑会让他感到不安。

同样被视为田中自身问题的，是其现役陆军大将的身份。即便退役进入政界，对于山县死后的陆军，他依然拥有很大的影响力。同时，在乡军人会和青年团也都是田中一手扶植起来的，那么自然畏惧田中能够实际控制民间军事组织。

换言之，本该是以议会势力为政治基础的政党领袖，此时却要把一直排斥政党政治的在乡军人会和青年团组织当作有力的支持基础。而且这是任何人都能充分预想到的事。

正力松太郎（读卖新闻社社长）曾问横田有无拥立田中的可能性。横田回答说："我现在还没有决定。毕竟他挂着佩刀啊"（『政界往来』1940 年 9 月号）。可以看出横田对田中的经历表现出慎重的态度。高桥总裁也顾虑国民对田中陆军大将身份的印象。

而且，即便就任总裁之后，被古岛一雄（革新俱乐部）问及竞选状况时，田中回答说："啊，是那样啊。我可是有 300 万的在乡军人啊"（古岛一雄『一政治家の回想』）。从田中有这样的政治感觉这一点来看，可以说前述的畏惧是当然的。从这里也可以看出田中根本没有作为政党领袖的意识。

在这里介绍两篇当时媒体对田中资质的评价。

一个是以敢说而闻名的记者——三宅雪岭所写的《田中义一论》。三宅说：

> 即便说田中男爵，也不应该不看结果地胡乱预测，但不能凭此就认为他不具备做党首的资质。虽然说他爱当老大，政治上有投机的一面等，能列举出他的很多缺点。但让他做党首那简直是量身定做的一样。（『中央公論』1927 年 6 月号）

三宅认为田中拥有"作为政党首领的资格"而给出了善意的评价。

三宅对田中的颇为善意的评价是因为他认为田中作为政党领袖（总裁）以及作为政治家是有一定水平的。同样对田中给予好评的，是以研究社会主义思想而著名的森户辰男。森户在《田中的超精神主义》中说：

> 田中首相是坚定的爱国者，也是忠诚的国体信奉者。这样，他奋起采取行动，以决然和炽热的态度来拥护我岌岌可危之国体，力图使我国体坚若磐石。（『改造』1926 年 7 月号）

在森户眼中，田中是一个爱国主义、国家主义者，同时也热烈信奉天皇，所以田中接受皇命势必进一步拥护国体。从字面上的意思来看，当时日本社会对田中的期待，就是确保新天皇统治下日本的安定和秩序的恢复。

放弃政党内阁路线

曾在原内阁中担任陆军大臣的田中，由于配合内阁抑制了陆军内部的扩军计划，从侧面帮助了内阁，所以提高了在内阁中的威望。当陆军大臣时留下的这个业绩帮助田中构建了在政友会内部的人脉，这也构成拥立其的人事布局。

与此同时，政友会内部及其周边对田中不放心，也是事实。

政友会是一心想要回到传统的政权设想上去的，这一本质，是横田去世之后，政友会全体能就拥立田中的问题达成一致、拥立田中一事得以推进的要因。这个过程也是政友会放弃政党内阁路线的过程。

关于其中情况，拥立田中之干将小泉策太郎日后留有这样的记录："本想奠定政党政治基础的原内阁没成想出了意外，以致高桥内阁之后由加藤友三郎大将出任首相，时运向混合内阁倒转。相信田中觊觎神器、组建内阁也并非无望"（『中央公論』1935年9月号）。

小泉等政友会的干部之所以拥立田中，是因为在他们认为高桥内阁之后发展政党政治无望，组建一个政党内阁路线和举国一致路线混合的内阁是当前夺取政权的捷径。

所以小泉等人期待田中能发挥使非选出势力和选出势力联合起来的作用，进而组建一个由政友会单独构成的内阁。其背景是，高桥内阁之后先后为加藤高明、山本权兵卫、清浦奎吾内阁，实际上组建非政党内阁已成政界定式。

但随着第二次护宪运动的展开，成立政党内阁的时机已经到来。出于对成立政党内阁的期待，政友会的干部中有人开始对拥立田中为总裁犹豫。但小泉等人一直在党内进行说服工作。

由于护宪三派联合内阁的实际主导权在宪政会手中，所以政友会中对宪政会的不满不断增加。在这种局面下，让非选出势力的代表田中出任党首，组建政友会单独组织的混合内阁的机运再次高涨。

到了1924年秋高桥总裁的辞职已成定局时，虽然政友会中多数人对田中仍不够放心，但还是同意迎立他为总裁。同时为了能够组建田中内阁，正式开始了打击加藤高明宪政会内阁的行动。历经以上种种，政友会向田中发出了就任总裁的正式邀请。

虽然拥立田中的过程比较曲折，但应田中的请求，政友会再次密切了与陆军、长州派系的官僚以及贵族院等非选出势力的接触，并试图以他们为政治基础提出政友会自己的政策。

正如《中央公论》对此的评论："请田中出任新总裁的根本原因，就是政友会要打破三派联合的局面，开始独自行动"（『中央公論』1925 年 5 月号）。这也就意味着政友会置第二次护宪运动的成果、目标于不顾，选择了原内阁那样的混合内阁。

而且，山县和原曾承担的使非选出势力和选出势力联合起来的角色，将要由田中来承担，可以说这是拥立田中最大的理由。

1925（大正 14）年 4 月 13 日，政友会议员总会通过了田中就任总裁案，随后 5 月 14 日的政友会临时大会正式决定田中担任第五代政友会总裁。

从政党政治史的角度来看田中就任总裁一事，即政友会自己放弃了蜕变为名副其实的政党的机会。宪政会一贯的目标是重视对英美的关系、以实施《普通选举法》为契机确立资产阶级民主主义，而政友会为了强调与宪政会的不同，最终滑向了大正民主主义政治基调的反面、一种"反动"政治，可以说田中就任总裁是一个重要的转折点。

田中陆军出身，一贯与政党政治对立。让这样一个实力派人物出任政友会的总裁，政友会内部也有不少质疑。当然，媒体和舆论的普遍反应，都是"为什么是田中大将就任总裁？"

图9 高桥是清与田中

推荐田中出任总裁的有田中的同乡三浦梧楼（观树将军）、小泉策太郎、秋田清等人。推举他的最大理由无疑是出于政友会的内部状况。

高桥是清总裁的引退，加上首选接班人横田千之助的去世，因党内斗争而自行分裂对政友会而言只是一个时间问题。此时，革新俱乐部的犬养毅以及中正俱乐部的若尾璋八都同意和政友会联合，但前提是拥立田中为总裁。

1925（大正14）4月3日，第50次议会结束后高桥是清总裁和护宪三派联合内阁的加藤高明首相进行了会谈，高桥表明自己打算从政界引退，并推荐田中为继任总裁。第二天，高桥在赤坂的私邸召开了政友会最高干部会议，表明自己引退并商讨后继总裁人选。大概就是在此次会议上对田中的推举得到了承认。

而这时，田中正在他的故乡——荻。对外宣称的回乡理由是要出席毛利辉元的300周年祭，以及要主持他父亲田中信佑的第33次法事。在此当口，政友会本部联络田中，要求他火速回京。

田中赶忙踏上归途。4月7日晚上8点20分，田中抵达东京站，据说政友会相关人士均去迎接（保利史华『宰相となるまで田中義一』）。

第二天也就是4月8日，高桥总裁访问田中在东京的府邸，正式邀请田中出任政友会总裁。9日，田中办理了编入预备役的手续，结束了44年的陆军军人生涯。

随后直至田中就任，政友会迅速活动起来，召开了干部会、在京众议院议员会、议员总会等一系列会议，最终于 5 月 14 日召开了政友会临时大会。

这次临时大会，到会的有政友会众议院议员 108 人、革新俱乐部议员 18 人、中正俱乐部议员 11 人，共计 137 名众议院议员出席会议。另外，贵族院、政友会的各支部都派来了代表。

田中在党大会上的演说

这里先整理一下田中就任新总裁时在党大会上发表的就职演说。当然这份演说没有脱离固有的就职演说的模式，但随处可见田中的特色。

首先，关于对现状的认识，田中是这么说的（「党大会に於ける演说」，保利史华『宰相となるまで田中義一』）：

> 仔细观察我国之现状，就会发现不管是政治、经济、教育还是军备等，各个方面都有欠充实。产生了种种令人担忧的现象，国民感到不安。也就是说，欧洲大战改变了世界上的国际关系，吾等虽有一等国之虚名，但却停留在旧式的政治舞台之上。相信这么说一点也不过分。现在的欧洲诸国，不管

是战胜国还是战败国，都痛感战争的惨祸，都在为政治、经济的改造复兴尽莫大的努力。

第一次世界大战中，日本作为协约国一方的成员，除了谋取德国在中国的利权以及向地中海派遣了小规模舰队外，并没有过多军事上的负担，反而一直起着"远东军事工厂"的作用，从而出现了战时繁荣。战争暴发户随之出现，日本也成了国际联盟的常任理事国，这些都使得国民当中萌生了"一等国意识"。但由于战时繁荣中生产设施规模过于膨胀，导致了生产过剩，所以没过多久就显现出了负面影响。

正是由于有"一等国家"的意识，所以田中说进入1920年代以后，各方面都显得"有欠充实"。

与之相反，成为第一次世界大战主战场的欧洲各国，在战争结束之后为了摆脱困境，"都在为政治、经济的改造复兴尽莫大的努力"，从而引起"激烈的产业竞争"，也就是"经济战"。而日本获得了大战胜利带来的莫大好处且怀抱"一等国意识"，忽视了国家战略。所以，田中说今后的日本应该走"产业立国"之路，希望能将此作为政友会的主要政纲之一。

1920年代的国际基调是反对"侵略性军国主义"思想。所以在这个背景之下，田中所谓的产业立国论，强调以提升日本的资本主义水平为目标。

对于第一次世界大战之后国际形势的变化，田中做了如下整理。

> 刚才我说到第一次世界大战使得国际关系发生
> 了显著变化，其实这并不仅仅单指国际关系的变
> 化，也包括国际关系思想发生了一大转变这层含
> 意。如此，问题的性质就重大起来。战争的惨祸告
> 诉我们，原来的侵略主义、国际竞争是一定会幻灭
> 的，而以民族平等友爱为基调的国际新思潮将开启
> 全新的时代。如果各位认可我的观察，就能看出什
> 么是吾等前进的政治之路。

田中在此所说第一次世界大战给国际社会的思想带
来了转变，简要地说，就是"侵略主义"已经后退，
取而代之的是"相互协调的国际思潮"。

田中总结说，日本也应顺应这个国际思潮，"相信
日本的出路就在于谋求接壤善邻与我国建成互通有无之
贸易关系，实现共存共荣"。

也即，田中所展示出来的历史认识是，历经一战，
过去那种以军事力量为先锋进行帝国主义侵略的时代已
经结束。不过毕竟这是正式场合，而且是政友会总裁的
就职演讲，从这一点来看，这其中既有对国内外阐明政
治理念这一场合的束缚，也有作为公开政党的立场吧？

接下来田中坚定地说："现在考虑未来，列国已经
放弃了带有侵略性的军国主义思想，合作的新思想将成
为时代的潮流"。可就在这次演说之后，1927 年 4 月 20

日田中成功组阁，不久就对中国山东半岛进行了军事侵略。那么我们对田中的"侵略主义性质"外交，又该如何评价呢？

田中曾说过："从此以后会渐渐地或许是急速地发展，祈祷人道和平主义普遍践行时代的早日到来"。然而，就是在田中内阁时期，日本曾三次出兵侵略山东，这成为昭和时期侵略中国的开端。田中政权还镇压日本国内的共产党（三一五事件），并由此推进彻底的思想管控。他的作为和他此时所标榜的无论如何都联系不到一起。

那么田中自身又是怎样看待演说内容和现实政治的脱离？这里所说的"脱离"，或许只是第三者站在历史后来者的角度得出的结论。

但是，即便只看看田中对亚洲各国的强硬外交政策，就可以断言这绝不是什么"与接壤邻国的友善外交"。如果说演说内容是田中的理想的话，那么在政治的现实选择中，正如被称为"田中强硬外交"所显示的，让军事力量充当先锋是不可避免地吧。

加入政党的理由

那么应政友会的邀请出任总裁的田中，对于进入政界，又打算怎样大展宏图呢？和就任总裁时文言演讲词不同，田中面对一般选民时的演讲比较口语化，也更接近他的本意。来看看他是怎么说的。

1925（大正14）年11月19日，政友会总裁田中义一在和歌山市进行演讲时，对自己进入政界的动机是这样说的。

> 搞政治工作才能实现我的理想。现在是立宪政治的社会，脱离了政党就不可能搞政治。（中略）我是想从根本上改变政党的走向，让政治呈现出新的局面。（「軍事より政治へ」，『田中義一関係文書』）

前半段，田中还在说以政党为主体的"立宪政治"已经成为常态，所以积极加入政党是为了实现"理想"。而在后半段，田中认为由一个政党来代表国家的利益和目标的话，国家的利益和目标就会被政党的利益和策略所左右。田中对此非常不满，所以说要从根本上改革政党。这也可以看成是田中对政党政治的强烈批判。

对田中来说，政党是代言国家意志的政治组织，在此意义上，他并不喜欢加藤高明内阁那样的政党政治。

从这段话中也可以看出，在田中对政党的认识中，基本上是不承认政党主导的政治运营模式的。这也是表明田中并没有打算转身成为真正的政党政治家的证据。

宪政会追求的是资产阶级民主主义的发展，并在此过程中扩大政党的政治基础，借以维持天皇制国家的稳定。而在田中的这段话中，虽然承认了一定程度的民主化的必要性，但绝没有像宪政会那样的想法。那么田中对政党又有何求呢？

田中接下来在演讲中说："今后应避免过去那种耍小聪明的政治，为此将产业立国标榜为根本政策。国防的根本上的国民化，在此意义上，是以经济、产业、教育为基础的。所以为了彻底进行国家总动员，就必须打破中央集权的弊病，以期地方分权后以市町村为所有事情之基础"。

在此我们看一下田中领导之下的政友会提出的几个政策立案，其中涉及他最基本的问题关心点和大概的政策设想，以期从中得知产业立国和国家总动员政策之间的关联。

田中在此所说的"产业立国"是指："所谓产业立国之策，是指给疲软的产业带来活力，对混乱的工商业施以切实的统制，此为提升我国民经济组织令其复苏的政策"（「産業立国策の遂行と海外発展」，『田中義一関係文書』），可见主要目的是对经济进行统制。这里的对经济进行统制，就是指在国家的领导之下推行积极的产业振兴政策，为强化基础产业提供坚定的财政援助。

产业立国与国家总动员

先来对田中所强调的产业立国政策的内容做些许探

讨，从中看看这个产业立国案和田中长年希望实现的国家总动员体制之间的关联。

首先，田中在 1925（大正 14）年 11 月 14 日召开的政友会中央大会上曾做如下发言。

> 如今我帝国在政治、经济、思想上面临最为重大的时刻，可以说我等现今正站在分水岭之上，对此应对合适与否直接关系国运的兴衰。（中略）此际，如不以非常之决心确立产业新兴方策，则我国之前途不容乐观。故此我党提出产业立国，以促进国民之觉醒。（田中义一「我が党の主義本領 産業立国を標榜して国民の覚悟を促す」，『政友』第 297 期，1925 年 12 月）

田中做此发言正值 1920 年代中期，在一战带来的繁荣已经过去，经济低迷、政治变动的状况之下，面对如何克服国家危机、构筑能够应对总体战的国家这个课题，这份讲话即田中给出的答案。在田中的答案中，由国家主导的产业振兴和国民团结一致的协作都是不可或缺的。

对田中而言，在这里展现出来的国家面貌，是以国家政策动员国民，获得他们对国家的坚定支持为前提的。在此，田中虽然替换成以政友会之名，但这个政友会只不过是国家的代言人，并非国民的代表者。这里所说的国家，是以支持将积极的经济政策作为基调之产业立国政策的资产阶级和为之效力的官僚为核心的国家。

总而言之，所谓产业立国政策，是指在国家强有力的主导之下对经济实施统制的积极的产业振兴政策，其中，尤其为了重点强化国家基础产业，要对其坚决给以财政援助。也即1920年代中期，经济的低迷被视为国家的危机，为了摆脱这个危机有必要将断然推行国家主导的经济运营作为目标。田中还指出，为了实现这个目标，必须获得官僚阶层的支持，并且要重视他们所发挥的作用。

进一步，田中向国民阐释了"国家总动员"——将其作为产业立国的具体办法。田中说："为了打破此艰难局面，想要增加生产，内求国民生活安定，外谋国家命运发展，我相信除了进行国民总动员以外，绝无其他办法可以实现"（田中义一「第一线に立って民衆に訴ふ」,『政友』第298期，1926年1月）。

产业立国政策是采取积极的财政政策来活跃经济活动，但这只不过是原内阁时期政友会传统政策的延长罢了。田中在这里批评宪政会提出的实施财政紧缩、整理行政与财政的政策过于消极，借此来向大家展示两党在政策方面的不同。

在这里需要关注的是，作为具体推行产业立国政策的方法，田中提出了国家总动员论。此时，国家总动员具有以下含义。

构成国家总动员的要素并不单单是军事。农业、工业、教育、学问、技术、运输、交通以及地方行政等所有方面都和国家总动员有关。我们该如何达到这个目标呢？应站在国防以及国家总动员的角度上，各司其职、努力进取，使国家向繁荣发展迈进。（中略）所谓国家总动员就是全体国民秩序井然地为国家的工作而奋斗。我痛切感到，国民只有深刻理解了其中含义，努力致力于经济产业教育等所有事情，国家的观念、皇室的观念才会兴旺起来。（田中义一「軍事より政治へ」）

田中所说的"产业立国"，并不是狭义上的振兴产业，而是从政策上使国民都拥有明确的共同目标，从而实现产业兴国。而且田中还特别强调了这么做的意义所在。

其目的就是，使国民都具有"使国家向着繁荣发展迈进"的意识，只有这样"国家的观念、皇室的观念才能强化起来"。

从这个发言的内容来看，田中试图以政友会总裁的立场，用产业立国、国家总动员等理论来唤起国民，使其拥有天皇制国家守护者——军人所持的那种对国家（＝天皇）的忠诚之心。

对于田中来说，这种两面性并不矛盾，而且他在自己的政治主张中进行了一定的整合使其具有逻辑性。他对自己的责任定位是，身为一党党首，首先应该在政治上守护并发展国家（＝天皇）。

结果，田中军人时代的思想并没有本质上的改变，反而是政友会为了适应田中的这种性质而呈现一定程度的保守、右倾。政友会也正是借推举田中为党首，积极打出了自己的独特性。

那么，就有必要让国民认识到，当时的政治状况正如田中所指，国家处于整体危机中。因为按田中的说法，正因为现在是危机的时代，为了克服危机，所以要培养国民无条件地对国家（＝天皇）的忠诚，国民对国家的积极支持是不可或缺的重要因素。

散布国家危机论

那么田中所谓的"危机"，具体来说是指怎样的事态呢？田中曾这样说过：

> 我等面对的现实是，在政治、经济等领域上出现了众多令人担忧的现象。我相信匡救之道不在于设施政策上的细枝末节，而在于从根本上改造政治组织、经济组织。所以希望大家注重其中的意义，能够支持政府的这个政策。（「立憲政友会臨時大会における田中新総裁の演説（草稿）」，『田中義

一関係文書』）

田中所说的"危机"，内容虽然不清楚，但却是要依靠"国家民生的共同努力"来克服的对象，就像他在演讲中所主张的——"欧洲大战改变了世界上的国际关系，吾等虽有一等国之虚名，但却停留在旧式的政治舞台之上"（田中义一「国家民生の共同協力を俟つ」，『政友』第291期，1925年6月15日），即打破现状。

在田中看来，为了克服危机需要从国民的思想精神层面上来动员其忠于国家（＝天皇），而国内要求民主的各种活动势必会成为使国家分裂的原因。所以田中作为政友会的总裁，对党提出了以下期待。

> 现如今的日本，无论对内对外都正值国难当头，如何应对，对于政党来说也绝不是件容易的事。换言之，与平时有所不同，今后我党党员都必须有作为"一扫国难之行者"的觉悟来担当国势。同时，完成如此重大的任务，无论我党如何重视，也绝不是一党一孤所能完成的。所以必须相互体谅，得到各位国民的后援才行。特别是《普通选举法》已经颁布的今天，在本来就存在的政党的地盘、党员的多寡等问题上，我认为我们也应该自己添加一些的新想法了。（「政友会支部長会議における田中新総裁の演説要領」，『田中義一関係文書』）

在国家危机（＝"国难"）的状况下，田中认为政党应发挥的作用，并不是实现"政党内阁"提出的政治层面的民主化，而是以"举国一致"来排除一切政治斗争，实现一个共同目的。

田中是用"一扫国难"这个词来说明这个共同目的。但紧随其后的，必然是以国家（＝天皇）之名来统合全国的各个领域。

田中怀着这样的意图来宣传国家总动员论，并希望能够借此达到他在政治上的目的。所以在他看来，实施普选所带来的政党基础和党员的扩大，是可以与实现强权统治与统合相互平行、没有任何矛盾的。

所以田中这里所提到的政党组织的扩充、强化，并不以政治层面的民主化为目的。"强化"只是为了更为广泛地进行国家总动员，并以此成果创造出他一直向往的适合"大陆国家日本"的强有力的国内统治体制。

也正是因为这样，田中才下定决心从军界转到政界，以期通过扩大活动领域，在自己领导之下实现政治目的吧？政党组织，特别是政友会为田中的这个想法提供了一个绝好的平台。

的确，田中缺乏政党政治家的素养，政党运营的技术也处于生手水平，所以有不得不依靠亲信、智囊的一面。但田中自身在政治上的素养和他作为军人所持有的国家观、天皇观，都与此时政友会逐渐清晰起来的性质一致，田中和政友会确实正在使相互的政治目的统一起来。

田中利用一切机会阐述自己进入政友会的抱负和动机，在这些发言中明显能看出的是，不管怎么说田中都是一个天皇制崇拜者。就像前文引用的田中发言那样，他对其单纯明快的国家主义思想反复强调，可以说至少这一点就有别于一般的政党政治。

站在客观的角度来看，很难认为这是一个国内外危机四伏的时期。但田中敢于进行危机假设，并且作为克服方策提出了国家总动员论。随后，通过使政治的焦点集中在这一点上，让国内的各种矛盾都暂时搁置。田中的希望就是在政友会的旗号下创造出一个举国一致的体制。至于这带来了怎样的结果，看看两年之后田中内阁的所作所为就可以得出清楚答案。

以确立国家总动员体制为目标

田中进入政界后，正如他自己所说——"所谓国家总动员就是全体国民秩序正确而井然地为国家的工作而奋斗。我痛切感到，国民只有深刻理解了其中含义，努力致力于经济、产业、教育等所有事情，国家的观念、皇室的观念才会兴旺起来"（田中义一『軍事より政治へ』），意欲通过提倡国家总动员论，获得国民对国家政策的全方位支持，进而将国民统为一体。

换言之，如果目标是构筑非战时的国家总动员体制，那么就和政党为了在资产阶级民主主义体制内扩大支持基础，多少要允许一定的民主化存在这一目标相矛盾了。

随着《普通选举法》的实施，民众参政机会大为增加。对于邀请田中出任总裁的政友会来说，为了应对这种局面，采用了国家总动员这种动员大众的政策，利用田中作为防民众的自主性于未然的一种手段。

而且田中一手栽培起来的在乡军人会和青年团的会员都可以大举动员起来，扩大政友会在地方上的基础。可以预见的是，在不远的将来，《普通选举法》实施之后的首次选举中，田中在陆军时代积累起来的丰富的政治资金和人脉应该都会投入进去。

但面对田中总裁的诞生，舆论界发出了一片惊讶之声。这里引用一下最能代表这个声音的渡边铁藏（东京帝国大学教授）所写的一段评论。

> 高桥辞去政友会总裁的职位，将其让给了陆军大将田中义一男爵。闻听这件事情，就像是傍晚的暴雨后又来了一个霹雳一样，让不明政界情况的人感到惊讶。世间喧嚣不已，观此变化，可知政友会已经不再和宪政会为伍，进入反噬阶段。而且，现任总裁参加护宪运动，又身列护宪内阁，制造转身的机会势必非常困难。即便能够有此机会，总裁作

为内阁的一员也势必会同样受到伤害，对将来把握接近政权的机会不利。为了解决这个问题，才采取了更换总裁的做法。（渡边铁藏「政党軍に降伏す」，『改造』1925 年 5 月）

渡边在此尖锐地指出，田中出任总裁是为了打倒护宪三派联合内阁——加藤高明内阁，这也意味着政友会意在建立独立政权。

而且，渡边批评说：更为重要的问题是，政友会为了其自身的发展，竟然拥立军人出身的党首，其右倾化和反动的走向暴露无遗。

就此问题，渡边继续批评说："值此普通选举实施之际，政友会不顾政党的名誉，也没有忍耐持久的精神，厚颜无耻地拥立了一个陆军军人为党首，仅此一事，必将招致对其作为政党的心理和行动的疑惑和轻蔑，这就不能不说是他们自作自受了"（渡边铁藏「政党軍に降伏す」）。

就在普通选举制得以实施和政治制度民主化不断前进之时，政友会偏偏选择了和民主动向互不相容的军界出身的田中就任总裁。在渡边看来，这件事反映了政党的败北，背叛了国民对政党的期待。

当时的媒体对于这样的批判都积极予以了报道。例如，三宅雪岭也提出："首先，已经到了普通选举的时代，政党应该是从自己党中选出党首才对。即便这次是不得已，那么今后就要注意这一点了，希望政党就要像政党那样发展"（三宅雪岭「政友会論」，『改造』1925 年 5 月），对政友会在政党政治上的成熟度也表示了怀疑。

不仅仅是渡边，就田中出身于军界这一点进行批评的评论还有很多，这里再引一例。

> 高桥氏离开之后，田中大将除了将他那似是而非的墨索里尼式的、武断的政治憧憬只言片语展示给了他所依靠的在乡军人会杂志和他的战友以外，对国民没有公开发表任何足以让人充分肯定的政治理想。估计他会和西园寺一样，不能在国民的面前明确其政治思想的轮廓。他宛如夺取莺巢的布谷那样飞舞着下来，以未经任何政治训练之身登上他人准备好的政党党首之位。（相马由也『俎上の田中大将と其一味』）

当时，田中在国民当中的确声名显赫，但那只不过是作为军人在军事领域的名声。对于田中的政治理想以及就任总裁的经过，民间并没有充分的了解。所以，如果是战时让作为军人的田中站出来也就罢了，可现在是非战时，而且是护宪运动刚刚结束之时，由军人出身的田中来担任一个极有可能夺取政权的政党的总裁，这对于一般国民来说就很难理解了。

从渡边的批评也可以看出，田中出任总裁给刚从政党政治的发展中看出大正民主运动之成果的人们带来了深深的沮丧，也让他们对将来感到不安。而且，这一切也预示着政党政治的极限及其在不远的将来即将终结的命运，这让人们备受打击。

在这种对政党的批判的同时，在田中就任政友会总裁中发挥了重要作用的政友会的重要干部冈崎邦辅则从另一个角度做了评价：

> 军人脱掉军服进入我等政党之中，所以今后军人也不能再像过去那样，打着军队的旗号为所欲为了。这是政党的胜利啊。（岩渊辰雄「田中義一」，『中央公論』1926 年 1 月）

也即希望以政党接纳田中而结束政党和军部的对立。虽然政友会的干部们想法不一定都和冈崎一致，但这种观点在当时的舆论中也广泛可见。

田中政友会内阁的成立

1927（昭和 2）年 4 月 17 日，以台湾银行救济紧急敕令案被议会否决为机由，民政党组建的若槻礼次郎内阁总辞职已无挽回余地。按照宪政的正常惯例，田中义一政友会内阁于同月 20 日成立。田中兼任外务大臣，除了陆军大臣、海军大臣和司法大臣以外，内阁成员均由政友会人士担任。这是一个很彻底的政友会内阁。

图10　天皇大令降下，田中内阁成立。

但是，如果看一下具体内阁成员，就会发现不管是在内政上还是在外交上，主张强硬路线者都占据了主要席位。而且这些人的强硬主张可以说是到了过分的地步。

比如，内务大臣起用的是铃木喜三郎。他是司法官僚出身，是田中就任政友会总裁的主推者之一，曾任大日本国粹会的顾问（1919年）。铃木公然主张扑灭社会主义思潮，并一直批评以议会为中心的政治体制。在他担任内务大臣期间，实施了像1928年3月15日镇压共产党那样的一系列铁腕政策。

田中内阁的法务大臣是律师出身的原嘉道。在政府内外一片反对声中，他以紧急敕令的形式强行通过了内务省刑事局主张的对《治安维持法》的修改。原嘉道的背后有枢密院议长仓富勇三郎以及右翼组织国本社的首领平沼骐一郎（当时的枢密院副议长，后任首相）的支持。

外交方面，上届政权的外交大臣币原喜重郎的对中国外交被批评是"软弱外交"，田中外交则采取了"强硬外交"路线。

币原的外交政策，是在把与欧美的协作放在首位来考虑的情况下，谋划确保日本资本在中国的利权及扩张。田中外交上则尝试修正日本对欧美的协调政策。也就是说，为了扩张日本在中国的利权，不惜以军事力量为背景与欧美对立。田中为日本选择了一条独立帝国主义国家之路。

图11 讽刺田中内阁的漫画（『労働農民新聞』1927年4月27日）。

田中外交的实践者，是外务政务次官森恪。说是田中外交，实际上更应该称为"森外交"。由于田中内阁不满前内阁对中国的外交政策，所以在内阁组建约一个月后的 5 月 28 日，即以保护在中国山东济南和青岛的日本人为名派出了军队，这就是第一次山东出兵。

　　此次出兵的真正原因，是同年 4 月蒋介石率领的国民党军开始北伐，而日本在中国东北地区（满洲）的权益有可能受损。田中内阁在加强对中国的军事压力的同时，也计划和欧美列强划清界限以图扩大日本在中国的权益。为此，同年 6 月 27 日至 7 月 7 日，陆海军的首脑以及和中国有关的外交官等齐聚，召开了东方会议。一手操持这个会议的就是森恪。

　　作为东方会议的结果，公布了《关于东方会议〈对支政策纲领〉田中外相训令》。该训令的开头部分是这样写的："我对支政策之根本是确保远东的和平、实现日支共荣。至于实现此目标的方法，鉴于日本在远东的特殊地位，将不得不对支那本土与满蒙区别对待"（外务省编『日本外交年表並主要文书』下）。

　　也就是说，田中对中国本土和"满蒙"是做了严格区别的，对日本而言，日俄战争以后"满蒙"成为特殊的场所，所以明确了把割裂"满蒙"和"支那本土"（中国本土）放在考虑范围内的处理方式。以下这一段更为露骨地体现了这一点。

关于满蒙特别是东三省，对我国国防以及国民的生存具有重大利害关系。所以不仅仅要特殊对待，而且要维持该地区的和平与经济发展，使其成为安住之地，这是身为接壤邻邦不得不深切感到的责任。（『日本外交年表並主要文書』）

该史料展示了田中内阁对中国外交的基本姿态，也表明日本下定决心，即便是动用军事力量也要确保其所谓的在"满蒙"的利益。和币原喜重郎的对华外交相比，呈现出了极为明显的对比性姿态。问题是，田中的这种外交，最终成为皇姑屯事件的主要背景。

终章

天皇震怒与田中之死

虚假上奏

田中内阁在出兵山东（1927 年 5 月 28 日下令出兵）之后，在次年（1928 年）4 月 19 日的内阁会议上决定再次出兵山东。第二次出兵山东是对第六师团（熊本）下达了出兵命令，向山东省的中心城市济南派遣了约 5000 名士兵。第二天内阁发表了派兵声明，这次出兵的理由和第一次出兵的理由完全相同，即保护当地的日本人。

田中内阁在声明中宣称："被迫再次向山东方面派兵，是自卫上不得不采取的措施。断然没有对支那及其人民不友好的任何意图，也不打算在南北两军的军事行动中起到缓冲的作用"（「对支出兵に关する政府声明」，『内閣制度九十年史资料集』）。但实际上，5 月 3 日，日军在济南与国民政府军发生军事冲突，制造了导致许多平民死伤的济南事件。

田中内阁以保护国人为名，实际上却是要保护并扩大日本在山东省内的利益。之所以这样做，是因为维护支持政友会的三井集团的利益是无比重要的课题。

田中内阁是想利用日本对张作霖的影响，在蒋介石的北伐军到达满洲地区前将其拦截在山东境内。但是，张作霖逐渐明确了想要摆脱日本影响的态度，迫使日本不得不重新考虑其经营满洲的策略。

在这种状况下，6月4日发生了关东军激进派军官炸死撤往沈阳的张作霖的皇姑屯事件。这是由于张作霖对日本不恭顺的态度引起关东军军官的不满，他们决定除去张作霖，然后由日本直接控制满洲地区。

皇姑屯事件发生一年以后，1929（昭和4）年7月1日，日本政府公布炸死张作霖事件的责任者是以河本大作大佐为中心的关东军军官。

在此期间，田中首相曾向昭和天皇报告说制造皇姑屯事件的犯人为日本军人。随即出现了批评的声音，认为陆军出身的田中不庇护日本以及不为日本军人说话是不恰当的。受此影响，田中只好推翻之前的报告，再次奏报天皇，称此事件真正犯人并非日本军人，这激怒了昭和天皇。

天皇震怒的真相

天皇出人意料的震怒让田中大感惊恐。这种惊恐可以说是田中本人对天皇很久以来的敬慕之心引起的。此种敬慕之心可参见下引文字。

在1921年9月题为"奉迎东宫殿下联合分会代表者告诸君"的演讲当中，田中有如下发言。这里的"东宫殿下"就是当时的皇太子，也就是后来的昭和天皇。

皇太子殿下秉性纯良、睿智仁慈，圣德遍及四方。德之所至，不惟臣民恐悦，即各国官民敬虔伺奉尚恐不足。能够拥戴如此德行的皇太子殿下，是吾等日本国民的一大光荣。各国官民对我皇室萌生如此崇敬之念，将来在国际关系上必对我国带来莫大好处。（田中义一『大处高处より』）

由此可见，田中对皇太子以及皇室抱有深深的崇拜之情。对于皇太子访问欧洲一事田中也是积极支持。田中强烈期待皇太子即位后能成为开明且具有近代性的天皇。

即使程度有所不同，田中这种对皇太子、天皇、皇室的感情是普遍存在于日本领导层中的。但像田中这样反复诉说深切之情的人却为数不多。

这样的田中却招来了即位不久的昭和天皇的震怒，不管出于什么理由，对田中来说都是一个巨大的打击。对皇太子也就是后来的昭和天皇的"恭敬欢喜"之情会变成"惶恐不安"，这恐怕也是田中始料未及之事。

在这里介绍另一个能够证明田中对天皇和皇室看法的发言。这是1924（大正13）年8月田中的演讲记录。

我经常在想，我等拥戴如此德高望重的皇室，拥有万世一系的天皇所君临的国体，在世界历史上，像我们这样尊贵的国家是绝无仅有的。这是不用我说的事实。2500多年来，皇统连绵不绝的国家除了

日本以外是没有的。所以我们必须要保护如此光辉的国家，拥护国体，使日本的国威永世不朽地流传下去。我认为这是日本国民应有的信念。（「附録 時局に対する吾人の覚悟を述べて聯合分会代表諸君に切望す」，田中义一『大処高処より』）

当然，这样的天皇观、皇室观并不是田中所独有的，这是在当时的正式场合中作为固定言辞被宣讲的。但就像前文提到的那样，田中是能够在所有场合反复彻底地重复同样内容者中的一个。

表达过和田中基本一样的天皇观、皇室观的军事官僚还有一人，就是东条英机。东条曾对亲信说："像我等臣子不管再怎么努力也只是人的范畴，天皇陛下则属于神的范畴。所以更让我痛感日本有天皇是多么的幸运啊"（赤松贞夫『東条秘書官機密日誌』）。东条英机的夫人东条胜子也曾说："对东条而言，天皇陛下无疑是神"（楳本捨三『東条英機とその時代』）。

单从这些言语来看，东条对天皇的崇拜着迷似乎更胜于田中，但这些所谓东条的话都是转述的，只能算间接证词。而田中的发言则是他自己在演讲中，是在拥有众多读者的出版物中留下的直接证言。

不管怎样，毫无疑问，对于田中和东条这两个身上有诸多共同点、均曾担任首相的军事官僚而言，天皇的地位是绝对的，是二人的归属意识所在。

图12　田中内阁总辞职后的纪念留影。

在 1943 年开始的反东条英机内阁的工作中，天皇一直都在庇护东条。当东条敏感地察觉到昭和天皇最后不得不放弃自己时，他不顾亲信的竭力挽留，辞去了首相之职。同样，田中觉得自己已经失去天皇信任时，就无法继续留在首相的位置上。因为从理论上来讲，首相之职采取的是天皇降旨的形式，即天皇指名制。所以只有天皇的信任能够保障首相的权威。

我们通过资料来追溯其间的经纬。

首先，《西园寺公望和政局》（第 1 卷）中言及，田中在 6 月 27 日上奏天皇，内容是："就张作霖事件，已令陆军、关东厅和满铁进行各种调查。经过调查已判明，庆幸日本陆军方面没有犯人"。而且关于事件发生的责任问题，田中表示是警备责任者的疏忽造成的，已经进行了处罚。

但此前，田中就已经上奏折向天皇说明了整个事件的经过，并言："这一事件犯人为日本陆军中人"。所以面对田中第二次的说明，昭和天皇表示不满："这和你最初说的不是不一样吗？"同时昭和天皇还对陪同的铃木贯太郎侍从长（海军大将，后出任首相）说："田中总理所说的话实在无法判断，朕不愿再听他说话"。

铃木侍从长将昭和天皇的话原原本本地传给了田中首相，"田中首相惊泣难安，当时就决意辞去首相之职。田中内阁就此倒台。"其中的经过已经广为人知。

《西园寺公望和政局》（第 1 卷）所记录的昭和天

皇和田中首相的往来当中，并没昭和天皇亲自向田中提出"递交辞呈"的对话。

再从《牧野伸显日记》（中央公论社，1990）来看看当时的情况。

当时身为内大臣的牧野伸显的日记记录更为详细。首先，牧野得到了田中将于 6 月 27 日向天皇汇报事件经过的信息，于是提前找铃木贯太郎侍从长和一木喜德郎（宫内大臣）进行协商，讨论该如何应对田中："得到内报，满洲事件的最后处理结果将于 27 日上奏天皇，鉴于事体极为重大，故进行协商"（『牧野伸顕日記』，1929 年 6 月 25 日）。

外务官僚出身的牧野伸显一直保持着亲英美的姿态。在他看来，田中推翻最初报告给天皇的"日军犯人说"是应该承担重大责任的，决定借此机会罢免田中，宫中三职（宫内大臣、侍从长、内大臣）商议之后确定后向天皇转达了这个意向。因此，牧野也尝试着与元老西园寺公望进行接触。

围绕此事件的博弈与田中之死

西园寺最初是同意牧野等人提出的处置田中的方案的，但西园寺认为引导昭和天皇亲自说出处分田中的话，恐难如愿，所以并没有完全赞成牧野的提案。

在皇姑屯事件真相暴露之时，西园寺就劝田中要严肃处理日本军人，认为通过迫使田中痛下决心来挽回局面，是消除欧美对日本不信任感的唯一办法。

田中首相正是接受了西园寺的提议才上奏昭和天皇，提出通过军法会议来处理犯人的方针。对此，天皇曾指示："要特别严肃军纪"，田中也回答说："必誓死完成陛下的旨意"，应承下来（『冈田启介回顾录』）。

在一直亲英美的西园寺看来，作为继原敬、高桥是清之后确保了政权的政友会总裁，田中在这件事上处理不当而造成政权瓦解绝非其本意，所以向田中提议严肃处理。

但是，和亲英美派对立的亚洲门罗派集团，也就是日后的军部以及官僚中间，认为可借机拥促田中首相一举确立日本对满洲地区的统治权，继而寻找对中国本土发动作战的机会。而且亚洲门罗派的一股势力，日渐强大。

对田中被这股势力拥戴这一事实忧虑加深的牧野等人，因此想要利用这个机会逼迫田中总辞职，从而压制亚洲门罗派的势力。从这个层面来讲，可理解为围绕本事件的所有博弈，都是亲英美派和亚洲门罗派两派的相互斗争。

《冈田启介回顾录》记录了以下情景。受到天皇质问的田中回答说："关于此事情，请容我细禀"，而此时愤怒的昭和天皇说："没必要听你的说明"，随后就起身入内。

惊慌失措的田中回到首相官邸后，在内阁会议上向大家介绍了上奏天皇的过程。以小川平吉铁道大臣为首的政友会内阁成员们纷纷批评昭和天皇的言语。受到内阁成员鼓励的田中再次提出觐见天皇。铃木侍从长回答说："我可以替你去通报，但估计是白搭"。

至此，田中认识到自己已经失去了天皇的信任，所以不顾周围的挽留宣布内阁总辞职。

田中在总辞职之后，进入到了事实上的隐居状态。又因心脏病的原因，身体欠佳。1929 年夏天，在儿子龙夫的陪同之下，他返回故乡荻之平安古的家里待了一个月。

《田中龙夫评传》中说："1929 年的夏天特别热。在充满绿意的平安古的家中，没有外人打扰、父子安静地度过的这一个月里，父亲看上去要比我开心"（安广欣记『至誠は息むことなし　田中龍夫評伝』）。

从荻回到东京后，9 月 29 日的早晨，田中心脏病第三次发作，当家人把医生叫来时，已经回天无力。

世间传说田中是"自杀"而死。根据田中龙夫的证言，是因为田中的遗体"仰面摆放在榻榻米上时，其口开而不闭，故用三角巾将其颚固定，从而造成自杀之误解"。

而且田中龙夫说，在最后的告别——去世的前一天，父亲对他和家人说："所谓司令官就是不管战局如何变化都不可动摇的人物"。

此语表达了田中何样心境,实难推测。但不妨从反面理解,田中或许是对自己擅变判断而致天皇震怒的悔恨吧。

田中奏折

在本书结束之际,虽简而必谈的当然是"田中上奏文"。

田中死后,所谓"田中上奏文"的存在震动世间。准确地说,特指在中国——这一侵略战争受害国中流传的可疑文件。该文件在日本有"田中笔记""田中记录"等称呼,在中国则被称作"田中奏折"。[①]

一般认为该件是 1927(昭和 2)年田中义一就对中国政策秘密向昭和天皇上奏的内容。其内容为,按照明治天皇遗训,第一步先使中国割让台湾,第二步合并韩国,第三步夺取满蒙的计划。

众所周知,日本的历史学界认定该件为伪造,而中国的历史学者中主张其为真实者依然不在少数。

从日本外务省掌握的情报来看,田中秘密上奏的内容于 1929 年 9 月不知通过什么途径落入了中国政府手

---

① 以下一律按中国方面的惯称,译为"田中奏折"。——译者注

中，中国政府意欲在第三次太平洋问题调查会上提交该材料，作为批评日本有侵略中国意图的证据。

虽然这份材料最后在会议上并没有出现，但却以"田中义一上日皇之奏章"为题被刊登在南京发行的1929年12月的《时事月报》上。从此"田中奏章"的"存在"广为传播。

当时，日本外务省认为此文件广泛流传，被作为反日排日的材料，因此向中国政府提出了取缔要求。1930（昭和5）年2月9日，重光葵驻华公使与中国外交部长王正廷进行会谈，提出相关要求。

由于日中之间的外交交涉，和"田中奏折"有关的事态一度平静。但随着1931（昭和6）年9月18日满洲事变的爆发，中方认为日本进入了"田中奏折"中所写的第三阶段，并开始对"田中奏折"的存在以及其中露骨的侵略方针展开批判。

受到满洲事变的冲击，欧美列强也开始关注"田中奏折"。在国际联盟第69次理事会上，该文件被提交讨论。而且在第二次世界大战结束后的远东军事审判（东京审判）中，国际检察局（IPS）也同样关注该文件，但曾担任田中义一内阁书记官长的鸠山一郎在1946年5月5日的《纽约时报》上否定了该文件的存在，美国国务院远东局局长J·巴拉坦因也提出了同样的见解。至此IPS才打消了追究其原件所在的念头。

不管怎么说，从田中死后到日本战败，幻影一般的

"田中奏折"都是一个独立的政治问题。即便"田中奏折"不存在，仅其中所描述的日本侵略中国的具体经过这一点就足以引人注目，因此，也会被政治所利用。

虽然把这些责任都让田中义一来背负有些说不过去，但不可否认的是，直到战后一直存在各种议论，田中内阁对中国的"强硬外交"是其背景之一，这是不可否认的。

田中义一简略年表

年份	事 件	重 要 时 事
1864（元治元）	6.22 生于长州藩荻市片河町（菊屋横丁）	
1872（明治五）		设立陆军幼年学校、陆军士官学校
1882（明治15）	4 月 为报考陆军教导团前往东京	颁布《军人敕谕》
1883（明治16）	2.15 陆军教导团炮兵科入伍 10.8 陆军士官学校入学	
1886（明治19）	6.25 任陆军步兵少尉，步兵第一联队小队长	
1889（明治22）	12.2 陆军大学入学 12.21 任陆军步兵中尉	颁布《大日本帝国宪法》
1890（明治23）		第一次全国选举 第一次帝国议会
1892（明治25）	12.2 陆军大学毕业	
1893（明治26）	12.8 任第一师团副官	

年份	事　件	重　要　时　事
1894（明治27）	10.16 随军参加花园河口登陆、金州、大连、旅顺等地的战斗 12.8 任陆军步兵大尉，步兵第二旅团副官	对清宣战、攻占平壤、黄海海战、占领海城
1895（明治28）	2.28 任第一师团参谋 参加大平山、营口、田庄台战斗	日中《马关条约》 三国干涉还辽、乙未事变、割取台湾
1896（明治29）	10.27 任参谋本部第二部部员	日俄《山县—罗拔诺夫协定》
1897（明治30）	12.9 任陆军大学兵学教官	
1898（明治31）	5.18 受天皇命令前往俄国，参谋本部候补部员	
1900（明治33）	6.19 参谋本部付* 10.30 任陆军少佐	义和团运动
1902（明治35）	6.30 回到日本	缔结英日同盟 中俄《交收东三省条约》
1903（明治36）	5.13 任陆军大学兵学教官	

续表

年份	事 件	重 要 时 事
1904（明治37）	6.20 任满洲军参谋 参加大石桥、海城首山堡、辽阳、沙河等地的战斗	对俄宣战，设置大本营 日韩《日韩议定书》 日韩《日韩协约》
1905（明治38）	参加黑沟台、奉天等地的战斗	旅顺战役、对马海战。美国总统西奥多·罗斯福劝和，颁布《和平克复》敕谕
1906（明治39）		成立南满洲铁道株式会社
1907（明治40）	5.1 任步兵第三联队长，《军队内务书》改正审查委员 10.13 任陆军步兵大佐	日韩《日韩协约》，伊藤博文出任朝鲜总督 改三年兵制为二年
1909（明治42）	1.28 任陆军省军事课长，《步兵操典》改正审查委员	伊藤博文在哈尔滨被暗杀
1910（明治43）	11.30 任陆军少将，步兵第二旅团长	大逆事件，创立帝国在乡军人会
1911（明治44）	9.1 任陆军省军务局局长兼军事参议院干事长 9.30 帝国在乡军人会理事兼委嘱编纂讲演部长	第三次日英同盟

年份	事　件	重　要　时　事
1912（明治45）	6.4 军用汽车调查委员会 12.23 任步兵第二旅团长	宣统退位，袁世凯出任大总统，明治天皇驾崩
1913（大正2）	10.14 前往欧美各国考察	立宪同志会成立，山本权兵卫内阁组建，承认中华民国
1914（大正3）	3.1 身体康复。途径俄国、德国、奥匈帝国、罗马尼亚、葡萄牙、土耳其、希腊、法国、比利时、英国后前往美国 8.6 回到日本	西门子事件，山本内阁倒台，大隈内阁组建，昭宪皇太后去世，原敬就任立宪政友会总裁，第一次世界大战，对德宣战，攻陷青岛，天皇赏赐在乡军人会
1915（大正4）	10.4 陆军中将，参谋次长	"对华二十一条"，增设两个师团
1916（大正5）	3月在群马、爱知、静冈、东京、茨城、埼玉、枥木、山形、三重等地方在乡军人讲演	寺内内阁组建，宪政会成立

年份	事　　件	重　要　时　事
1917（大正6）	5.1 前往中国，途径青岛、南京、上海、大冶、汉口、北京、天津、奉天、大连 6.29 回到日本 在东京、神奈川、长野、富山、滋贺等地为在乡军人讲演	俄国十月革命
1918（大正7）	10.18 临时外交调查会委员 10.22 军需评议会会长	《日中共同防敌军事协定》，米骚动，决定出兵西伯利亚，原内阁组建
1919（大正8）		《国际联盟盟约》
1920（大正9）	9.7 受男爵称号，位列贵族	日俄尼港事件，占领北桦太
1921（大正10）	6.8 任陆军大将 6.9 如愿被免去职务 8.3 补军事参议官	就宫内某重大事件＊＊山县有朋提交封事 华盛顿会议，首相原敬遇刺

年份	事　　件	重　要　时　事
1922（大正11）		从西伯利亚撤兵、山县有朋去世
1923（大正12）	5.1 日本任乡军人会副会长 9.2 任陆军大臣	关东大地震、山本权兵卫内阁组建、虎门事件
1924（大正13）	1.9 任军事参议官	为了政界的革新掀起欢迎田中大将的运动
1925（大正14）	4.9 按照田中的意愿编入预备役 4.14 被立宪政友会推举为总裁	《普通选举法》、《治安维持法》
1926（大正15）	1.29 按照《贵族院令》第一条第四项出任贵族院议员	组建若槻内阁、改元昭和
1927（昭和2）	4.19 受命组建内阁 4.20 任内阁总理大臣兼外务大臣	召开东方会议

续表

年份	事件	重要时事
1928（昭和3）*		实施全国选举，政友会成为第一大党，皇姑屯事件
1929（昭和4）	7.2 田中义一内阁总辞职 9.29 心脏病发作，暴毙	

译者说明：* 与正式武部员有一定区别。

** 指对大正天皇婚事的种种谣言。日本回避直接说明，就说成"宫内某重大事件"。由于皇族没有接纳山县有朋的意

见，这件事标志着元老政治的衰退。

参考资料：田崎松末『評伝』田中義一下（和平综合战略研究所，1984）等。

参考文献

一　史料

1. 未刊史料

A 国立国会图书馆宪政资料室藏

『田中義一関係文書』，『寺内正毅関係文書』，『宇垣一成関係文書』，『桂太郎関係文書』，『岡市之助関係文書』，『山県有朋関係文書』，『後藤新平関係文書』，『田健治郎関係文書』

B 防卫省防卫研究所战史部藏

陸軍省『西密受大日記』（大正七年二月），陸軍省『密大日記』（大正十三年五冊の内一），陸軍省『甲輯第四類　永存書類』（昭和三年），陸軍省編『軍備整理綴関係』（大正十一年至十五年）；陸軍省編『軍備縮小問題関係書類』（大正十二年十二月至昭和六年），参謀本部編『昭和三年支那事変出兵史』

C 国立公文书馆藏

『各種調査委員会文書　講演綴』（第三六巻）

2. 已刊史料

綾部致軒編『田中中将講演集』不二書院、1916。

参謀本部編刊『帝国国防資源（小磯国昭少佐私案）』、1917。

石川六郎編集、徳富蘇峰監修『西伯利亜』（新時代叢書、第三巻）、1919。

大日本帝国議会誌刊行会編刊『大日本帝国議会誌』第八、十三巻、1956。

帝国在郷軍人会本部編刊『帝国在郷軍事会業務指針』、1929。

坂西利八郎『隣邦を語る―坂西将軍講演集―』坂西将軍講演集刊行会、1933。

教育総監部編刊『精神教育より観たる軍隊内務書』、1934。

偕行社編纂部編『軍隊教育の研究（第一輯）』（偕行叢書9）偕行社、1936。

教育総監部編纂『精神教育資料』（第四輯）、1941。

帝国在郷軍人会本部編刊『帝国在郷軍人会三十年史』、1943。

稲葉正夫・小林竜夫・島田俊彦編『現代史資料（11）・続満州事変』みすず書房、1965。

陸軍省編『明治天皇御伝記史料　明治軍事史』（下巻）、原書房、1966。

大山梓編『山県有朋意見書』原書房、1966。

外務省編刊『日本外交年表竝主要文書』原書房〔複刻版〕、1966。

外務省編刊『日本外交文書』（大正五年第一

冊）、1967。

陸軍省編纂『陸軍沿革史』（上巻）、原書房〔複刻版〕、1969。

日本近代史料研究会編『日本陸海軍の制度・組織・人事』東京大学出版会、1971。

参謀本部編刊『西伯利亜出兵史』（上・中・下）新時代社〔複刻版〕、1972。

南満州鉄道株式会社編刊『南満州鉄道株式会社五十年史』原書房〔複刻版〕、1974。

同上『南満州鉄道株式会社　第二次十年史』原書房〔複刻版〕、1974。

憲兵司令部編『西伯利亜出兵憲兵史』図書刊行会、1976。

上原勇作関係文書研究会編『上原勇作関係文書』東京大学出版会、1976。

防衛庁防衛研修所戦史室編『戦史叢書　陸軍軍需動員〈1〉計画編』朝雲新聞社、1976。

山本四郎編『寺内正毅日記――一九〇〇～一九一八』京都女子大学、1980。

伊藤隆編『大正初期山県有朋談話筆記　政変思出草』山川出版社、1981。

原敬文書研究会編『原敬関係文書』（第一巻）、日本放送出版協会、1984。

山本四郎編『寺内正毅関係文書（首相以前）』京

都女子大学、1984。

山本四郎編『寺内正毅関係資料』京都女子大学、1985。

二　评论、记录、回忆录等

上田外男『大正の政変』明治出版社、1913。

鵜崎熊吉『閥人と党人』東亜堂書房、1913。

半沢玉城『大正政戦史』国民時報社、1914。

田中義一『社会的国民教育』博文館、1915。

徳富猪一郎『大正政局史論』民友社、1916。

徳富蘇峰『公爵桂太郎伝』（坤巻）桂公爵記念事業会、1917。

山口圭蔵『欧州大戦と日本の将来』高文館、1917。

大日本文明協会編刊『欧州大戦の経験』1917。

田中義一『欧州大戦の教訓と青年指導』博文館、1918。

田中義一『壮丁のために』在郷軍人会本部、1918。

田中義一『欧州大戦の教訓と青年指導』新月社、1918。

黒田甲子郎『元帥上原勇作自伝』（上巻）、同伝記編纂所、1920。

佐藤鋼次郎『軍隊と社会問題』冬夏社、1920。

橋本勝太郎『経済的軍備の改造』博文館、1921。

中尾龍夫『軍備制限と陸軍の改造』文正堂書店、1921。

坂本箕山『元帥公爵山縣有朋』至誠堂書店、1922。

入江貫一『山県公のおもかげ』博文館、1922。

筑紫熊七、『国民必読・軍縮の第一歩』東亜印刷株式会社出版部、1923。

小林順一郎『陸軍の根本改造』時友社、1924。

小林雄吾編・小池靖一『立憲政友会史』（第一～四巻）、立憲政友会史出版局、1924～1926。

高橋義雄『山公遺烈』慶文堂書店、1925。

小谷保太郎『観樹将軍回顧録』政教社、1925。

田中義一『大処高処より』兵書出版社、1925。

石井三二馬『政局の黎明に躍動する人々』須田書店、1925。

荒木武行『横田千之助論』大観社、1925。

田中義一『試練の坩堝』警醒社、1925。

山浦貫一『政局を繞る人々』四海書房、1926。

相馬由也『俎上の田中大将と其一味』教化的国家社、1926。

小磯国昭・武者金吉『航空の現状と将来』文明協会ライブラリー、1926。

沢本孟虎監修『国家総動員の意義』青山書院、1926。

立憲政友会編纂『政治講座』日本政治学会、1926。

大津淳一郎『大日本憲政史』（第四巻）宝文館、1927。

矢野政二（矢野滄浪）『田中義一論』時事評論社、1927。

遠島哲男編『快傑横田の論策』時事評論社、1927。

尾崎行雄『尾崎行雄全集』（第一〇巻）、平凡社、1927。

保利史華『田中義一―宰相となるまで―』第一出版社、1928。

東京朝日新聞政治部編『その頃を語る』東京朝日新聞社、1928。

榎本法令館編輯部編『彼は如何にして今日の地位を得たか』榎本書店、1928。

田中朝吉『原敬全集』（上・下巻）、原敬全集刊行会、1929。

河谷従雄『田中義一伝』田中義一伝編纂所、1929。

吉野作造『対支問題』日本評論社、1930。

竹越与三郎『陶庵公―西園寺公望公伝―』叢文閣、1930。

片山景雄『木堂犬養毅』日米評論社、1932。

田健治郎伝記刊行会編刊『田健治郎伝』1932。

徳富猪一郎編『公爵山県有朋伝』（上・中・下巻）、山県有朋公記念事業会、1933。

木村毅『西園寺公望』書物展望社、1933。

井上馨候伝記編纂会『世外井上公伝』（第五巻）、内外書籍、1934。

徳富猪一郎監修『伯爵清浦奎吾伝』（上・下巻）、同刊行会編、1935。

井上貞一『偉人山本権兵衛』実業之日本社、1935。

小泉策太郎『懐往時談』中央公論社、1935。

鎌田沢一郎『宇垣一成』中央公論社、1935。

林権助『わが七十年を語る』第一書房、1935。

荒木貞夫編（代表）『元帥上原勇作伝』（上巻）、同刊行会、1937。

黒坂勝美『福田大将伝』同刊行会、1937。

栗原広大（著作兼発行者）『伯爵伊東巳代治』1938。

宇垣一成『身辺雑話』今日の問題社、1938。

故海軍大将伝記山本編纂会編『伯爵山本権兵衛伝』同頒布会、1938。

平野嶺夫『岡崎邦輔伝』晩香会、1938。

前田蓮山『床次竹二郎伝』床次竹二郎伝伝記刊行会、1939。

鷲尾義直編『犬養木堂伝』（中巻）、東洋経済新報社、1939。

　山崎一芳『久原房之助』東海出版社、1939。

　陸軍航空本部編刊『小笠原中将―想ひ出の記
―』1939。

　小泉策太郎『随筆西園寺公』岩波書店、1939。

　京口元吉『大正政変前後』白揚社、1940。

　斎藤子爵記念会編刊『子爵斎藤実伝』（全四巻）、
1941～1942。

　中村嘉寿『海軍の父山本権兵衛』水産社、1942。

　前田蓮山『原敬伝』（下巻）、高山書院、1943。

　中村嘉寿『人間山本権兵衛』軍事教育研究
会、1943。

　山浦貫一『森恪』高山書院、1943。

　大竹博吉『外交秘録　満州と日露戦争』ナウカ
社、1943。

　渡辺茂雄『宇垣一成の歩んだ道』新太陽
社、1948。

　鷲尾義直『古島一雄』日本経済研究会、1949。

　小泉策太郎筆記・木村毅編『西園寺公望自伝』
大日本雄弁会講談社、1949。

　若槻礼次郎『古風庵回顧録』読売新聞社、1950。

　岡田啓介『岡田啓介回顧録』毎日新聞社、1950。

　原田熊雄述『西園寺公と政局』（第一巻）、岩波
書店、1950。

森島守人『陰謀・暗殺・軍刀——外校官の回想——』岩波書店、1950。

原奎一郎編『原敬日記』乾元社、1950～1951。

幣原喜重郎『外交五十年』読売新聞社、1951。

原田熊男述『西園寺公と政局』（第五巻）、岩波書店、1951。

宇垣一成述・鎌田沢一郎著『松籟清談』文芸春秋社、1951。

古島一雄述・鷲尾義直編『政界五十年　古島一雄回顧録』三元社、1951。

古島一雄述『古島一雄清談』毎日新聞社、1951。

小坂順造編『山本達雄』山本達雄先生伝記編纂刊、1951。

ハインツ・グーデリアン（堀場一雄訳）『一軍人の回想』1953。

重光葵『外交回想録』毎日新聞社、1953。

渡部一英『巨人中島知久平』鳳文書林、1955。

小幡酉吉伝記刊行会編刊『小幡酉吉』1957。

山本英輔『山本権兵衛』時事通信社、1958。

細川隆元『田中義一』時事通信社、1958。

高倉徹一編『田中義一伝記』（上・下巻）、同刊行会、1958、1960。

岡義武・林茂校訂『大正デモクラシー期の政治　松本剛吉政治日誌』1959。

石上良平『政党史論原敬歿後』中央公論社、1960。

前田蓮山『歴代内閣物語』（上巻）、時事通信社、196一。

小磯国昭自叙刊行会編刊『葛山鴻瓜』同刊行会、1963。

佐々木到一『ある軍人の自伝』普通社、1963。

北村敬直編『夢の七十年―西原亀三自伝―』平凡社、1965。

海軍大臣官房『山本権兵衛と海軍』原書房、1966。

谷寿夫『機密日露戦史』原書房、1966。

井上幾太郎伝刊行会編『井上幾太郎伝』同刊行会、1966。

小林龍夫編『翠雨荘日記―臨時外交調査委員会会議筆記等―』原書房、1966。

鶴見祐輔『後藤新平伝』（第三巻）、勁草書房〔復刻版〕、1966。

防衛庁防衛研修所戦史室編『戦史叢書・大本営陸軍部（1）』朝雲新聞社、1967。

稲葉正夫編『現代史資料（37）・大本営』みすず書房、1967。

角田順校訂『宇垣一成日記Ⅰ』みすず書房、1968。

陸軍省編『自明治三十年至大正十五年陸軍省沿革史』厳南堂書店（復刻）、1969。

外務省政務局第三課編『日露交渉史』原書房、1969。

高田一夫『政治家の決断』青友社、1969。

伊藤正徳『加藤高明』（下巻）、原書房〔復刻版〕、1970。

原奎一郎『ふだん着の原敬』毎日新聞社、1971。

参謀本部編『西伯利出兵史』新時代社〔復刻版〕、1972。

鈴木武雄『西原借款資料研究』東京大学出版会、1972。

額田坦『秘録宇垣一成』芙蓉書房、1973。

大谷敬二郎『軍閥』図書出版社、1971。

岡田益吉『軍閥と重臣―新聞記者のみた昭和秘史―』読売新聞社、1975。

松下芳男『近代日本軍人伝―人物でつづる日本軍事史』柏書房、1976。

高橋是清『高橋是清自伝』（上・下巻）、中央公論社〔復刻版〕、1976。

盛善吉編『シーメンス事件―記録と資料―』徳間書店、1976。

松尾勝造『シベリア出征日記』風媒社、1978。

熊野英坤編『田中義一追憶集―没後五十年目で見

るおらが大将』元総理大臣田中義一顕彰会、1978。

相良俊輔『赤い夕陽の満州野が原に―鬼才河本大作の生涯―』光人社、1978。

棟田博『宇垣一成―悲運の将軍』光人社、1979。

上法快男『陸軍省軍務局』芙蓉書房、1979。

田崎末松『評伝田中義一――十五年戦争の原点』平和戦略綜合研究所、1981。

山本四郎編『西原亀三日記』京都女子大学、1983。

山本四郎編『寺内正毅関係文書―首相以前』京都女子大学、1984。

西口克己『山宣』青木書店、1986。

本庄繁『本庄日記』原書房、2005。

三　学術著作

信夫淳平『近代外交史論』日本評論社、1927。

信夫清三郎『近代日本外交史』中央公論社、1932。

篠崎嘉郎『満洲金融及財界の現状』大阪屋号書店、1928。

信夫淳平『満州特殊権益論』日本評論社、1932。

矢内原忠雄『満州問題』岩波書店、1934。

中野登美雄『統帥権の独立』有斐閣、1936。

葛生能久『日支交渉外交史』（下巻）、黒龍会出版部、1939。

信夫清三郎『大正政治史』（全四巻）、河出書房、1951～1952。

井上清『日本の軍国主義』東京大学出版会、1953。

遠山茂樹・今井清一・藤原彰『昭和史』岩波書店、1955。

松下芳男『明治軍制史論』有斐閣、1956。

植田捷雄『近代日本外交史の研究』有斐閣、1956。

中山治一『日露戦争以後』創元社、1957。

御手洗辰雄『山県有朋』時事通信社、1958。

岡義武『山県有朋―明治日本の象徴』岩波書店、1958。

堀川武夫『極東国際政治史序説―二十一箇条要求の研究―』有斐閣、1958。

信夫清三郎・中山治一編『日露戦争史の研究』河出書房新社、1959。

信夫清三郎『真説日本歴史　大正デモクラシー』（第一一巻）、雄山閣、1959。

古屋哲夫『日露戦争』中央公論社、1960。

黒羽茂『世界史より見たる日露戦争』至文堂、1960。

石上良平『政党史論　原敬没後』中央公論社、1960。

上村伸一『外交五十年』時事通信社、1960。

松下芳男『日本軍制と政治』くろしお出版、1960。

鶴原和吉『大正デモクラシーにおける政治と民衆』中央公論事業出版、1961。

藤原彰『軍事史』東洋経済新報社、1961。

藤村道男『山県有朋』吉川弘文館、1961。

秦郁彦『軍ファシズム運動史―三月事件から二・二六後まで』河出書房新社、1962。

竹内好編『現代日本思想大系9　アジア主義』筑摩書房、1963。

日本国際政治学会太平洋戦争原因研究部編『太平洋戦争への道』朝日新聞社、1963。

松本清張『昭和史発掘』（第一―三巻）、文芸春秋新社、1965。

安藤彦太郎『満鉄―日本帝国主義と中国』御茶の水書房、1965。

篠原一・三谷太一郎編『近代日本の政治指導』東京大学出版会、1965。

松尾尊兊『大正デモクラシーの研究』青木書店、1966。

関寛治『現代東アジア国際環境の誕生』福村出版、1966。

入江昭『日本の外交』中央公論社、1966。

栗原健『対満蒙政策史の一面—日露戦後より大正期にいたる—』原書房、1966。

角田順『満州問題と国防方針—明治後期における国防環境の変動—』原書房、1967。

大久保利謙編『体系日本史叢書3　政治史Ⅲ』山川出版社、1967。

金原左門『大正デモクラシーの社会的形成』青木書店、1967。

住谷悦治他編『講座日本社会思想史2　大正デモクラシーの思想』芳賀書店、1967。

吉村道男『近代日本外交史叢書　日本とロシア』（第一巻）、原書房、1968。

前島省三『昭和軍閥の時代』ミネルヴァ書房、1969。

岡義武『日本近代史体系5　転換期の大正』東京大学出版会、1969。

井上清編『大正期の政治と社会』岩波書店、1969。

高橋正衛『昭和の軍閥』中央公論社、1969。

伊藤隆『昭和初期政治史研究—ロンドン海軍軍縮問題をめぐる諸政治集団の対抗と提携—』東京大学出版会、1969。

山本四郎『大正政変の基礎的研究』御茶の水書房、1970。

中村菊男『近代日本政治史の展開』慶応義塾大学法学研究会、1970。

臼井勝美『日中外交史―北伐の時代―』塙書房、1971。

歴史学研究会・日本史研究会編『講座日本史7 日本帝国主義の崩壊』東京大学出版会、1971。

満州史研究会編『日本帝国主義下の満州』御茶の水書房、1971。

竹村民郎『独占と兵器生産』勁草書房、1971。

臼井勝美『日本と中国―大正時代―』原書房、1972。

鈴木武雄監修『西原借款史料研究』東京大学出版会、1972。

細谷千博『ロシア革命と日本』原書房、1972。

勝田龍夫『中国借款と勝田主計』ダイヤモンド社、1972。

高橋幸八郎編『日本近代化の研究』（下巻）、東京大学出版社、1972。

馬場伸也『満州事変への道―幣原外交と田中外交―』中央公論社、1972。

橋川文三『順逆の思想―脱亜論以後―』勁草書房、1973。

藤村道生『日清戦争―東アジア近代史の転換点―』岩波書店、1973。

金原左門『大正期の政党と国民』塙書房、1973。

宮地正人『日露戦後政治史の研究』東京大学出版会、1973。

大山梓『日露戦争の軍政史録』芙蓉書房、1973。

菊地昌典『ロシア革命と日本人』筑摩書房、1973。

高橋治『派兵』（第一～四部）朝日新聞社、1973。

臼井勝美『満州事変』中央公論社、1974。

児島襄『天皇』（第一、二巻）、文芸春秋、1974。

大江志乃夫『国民教育と軍隊』新日本出版社、1974。

三谷太一郎『大正デモクラシー論』中央公論社、1974。

松尾尊兊『大正デモクラシー』岩波書店、1974。

テツオ・ナジタ（安田志郎訳）『原敬―政治技術の巨匠』日本放送協会出版、1974。

佐藤誠三郎・R・デリングマン編『近代日本の対外態度』東京大学出版会、1974。

色川大吉・奈良本辰也・小木新造編『歴史の視点』（下巻）、日本放送出版協会、1975。

林茂編『ドキュメント昭和史』平凡社、1975。

安部博純『日本ファシズム研究序説』未来社、1975。

井上清『日本帝国主義Ⅲ―軍国主義の展開と没落―』現代評論社、1975。

松下芳男『日本軍閥の興亡』芙蓉書房、1975。

太田雅夫『大正デモクラシー研究』新泉社、1975。

大江志乃夫『日露戦争の軍事史的研究』岩波書店、1976。

鹿野政直『日本の歴史　大正デモクラシー』小学館、1976。

中村正則編『大系日本国家史5　近代Ⅱ』東京大学出版会、1976。

三谷太一郎『日本政党政治の形成』東京大学出版社、1976。

細谷千博『シベリア出兵の史的研究』新泉社〔復刻版〕、1976。

江口圭一『都市小ブルジョア運動史の研究』、未来社、1976。

今井清一『日本近代史Ⅱ』岩波書店、1977。

大久保利謙他編『論集　日本歴史』有精堂出版、1977。

加登川幸太郎『中国と日本陸軍』圭文社、1978。

細谷千博・斉藤実編『ワシントン体制と日米関係』東京大学出版会、1978。

北岡伸一『日本陸軍と大陸政策』東京大学出版

会、1978。

　信夫清三郎『大正デモクラシー史』日本評論社、1978。

　藤原彰『天皇制と軍隊』青木書店、1978。

　升味準之輔『日本政党史論』（第五巻）東京大学出版会、1979。

　富田信男編『明治国家の苦悩と変容』北樹出版、1979。

　近代日本研究会編『近代日本と東アジア』山川出版、1980。

　井上清『宇垣一成』朝日新聞社、1980。

　藤井徳行『近代日本政治史研究』北樹出版、1980。

　富田信男・安藤実他『日本政治の実力者たち』（第二巻）、有斐閣、1980。

　纐纈厚『総力戦体制研究―日本陸軍の国家総動員構想―』三一書房、1981。

　三輪公忠編『再考・太平洋戦争前後』創世紀、1981。

　栄沢幸二『大正デモクラシー期の政治思想』研文出版、1981。

　坂野潤治『大正政変―1900年体制の崩壊』ミネルバ書房、1982。

　黒羽茂『日露戦争史論』杉山書店、1982。

野村乙二郎『近代日本政治外交史の研究』刀水書房、1982。

富田信男・纐纈厚他『政治に干与した軍人たち』有斐閣、1982。

大江志乃夫『昭和の歴史3　天皇の軍隊』小学館、1982。

鈴木正節『大正デモクラシーの群像』雄山閣出版、1983。

山本四郎『原敬　政党政治のあけぼの』清水書院、1984。

日本現代史研究会編『1920年代の日本の政治』大月書店、1984。

天野卓郎『大正デモクラシーと民衆運動』雄山閣出版、1984。

大江志乃夫『日本の参謀本部』中央公論社、1985。

纐纈厚『日本陸軍の総力戦政策』大学教育出版、1999。

黒沢文貴『大戦間期の日本陸軍』みすず書房、2000。

吉田裕『日本の軍隊―兵士たちの近代史―』岩波書店、2002。

樋口秀実『日本海軍から見た日中関係史研究』芙蓉書房出版、2002。

纐纈厚『近代日本政軍関係の研究』岩波書店、2005。

大内力『ファシズムへの道』中央公論新社、2006。

色川大吉『明治の文化』岩波書店、2007。

四　英文资料

Huntington, Samuel P. , *The Soldier and the States*, *the Theory and Politics of Civil – Military Relations* (Harvard University Press, 1957) .

Finer, Samuel E. , *The Man on Horseback*, *the Role of the Military in Politics* (Penguin Books, 1962) .

Hackett, Roger F. , *Yamagata Aritomo in the Rise of Modern Japan*, *1838 – 1922* (Harvard University Press, 1971) .

Morley, James W. , *The Japanese Thurst into Siberia*, *1981* (Columbia University Press, 1972) .

Maxon, Yale C. , *Control of Japanese Foreign Policy*, *a Study of Civil – Military Rivalry 1930 – 1945* (Greenwood Press, 1973) .

Smethurst, Richard J. , *A Social Basis for Prewar Japanese Militarism*, *the Army and the Rural Community* (University of California Press, 1974) .

Sunoo, Harold H. , *Japanese Militarism*, *Past and present* (Nelson Hall Chicago, 1975) .

Perlmutter, Amos. , *The Military and Politics in Modern Times*（*Yale University Press*, 1977）.

Morton, Wiliam F. , *Tanaka Giichi and Japan's China Policy*（Dawson, 1980）.

Berghhn, Volker P. , *Militarism*, *the History of an International Debate*, *1961 – 1979*（Cambridge University Press, 1981）.

五　对田中义一的评论

「浜口雄幸と田中義一」林茂編『人物・日本の歴史　第一四巻　戦争の時代』読売新聞社、1966。

三宅雪嶺「田中義一論」『中央公論』1927 年 6 月号。

馬場恒吾「田中義一論」『中央公論』1928 年 8 月号。

有竹修二『昭和の宰相』朝日新聞社、1967。

殖田俊吉「田中義一の真骨頂」『実業之世界』1951 年 3 月号。

殖田俊吉「遺稿・昭和デモクラシーの挫折」『自由』1960 年 10 月号。

「田中上奏文の考証」『中国』1965 年 4 月 ~ 7 月号。

衛藤瀋吉「田中義一と大陸進出」『中央公論』1965 年 1 月号。

小泉策太郎「原さんの遭難から田中総裁の登場ま

で」『中央公論』1935 年 4 月号。

　森戸辰男「田中首相の超精神主義」『改造』1928
年 6 月号。

　江口圭一「田中上奏文の真偽」『日本史研究』第
80 号、1965。

　中島亀次郎「田中総理の自刃」『文芸春秋』臨時
増刊、1963 年 8 月。

　飯坂孫太郎「社会化せる軍人田中義一」『解放』
1921 年 3 月号。

　岩淵辰雄「田中義一」　『中央公論』1956 年 1
月号。

　志賀義雄「田中義一の自殺」『人と日本』1970 年
7 月号。

　増田毅「原敬の中国観」『神戸法学雑誌』第 18
巻 3、4 号〔1969 年 3 月〕所収。

　鈴木貞一「北伐と蒋・田中密約」『秘められた昭
和史―別冊知性』第 5 号、1956。

后　记

　　我长期以田中义一的思想和行动为研究对象，过去在东京的时候曾以田中义一为题材出版过一本书——《近代日本的政军关系　军事政治家田中义一的轨迹》（『近代日本の政軍関係　軍事政治家田中義一の軌跡』大学教育社、1987）。那本书没有字数的限制，引用了大量资料，基本上采用了以史料来说明田中的思想和行动的形式。此后，作为历史学家，不管写什么题目的文章，我都采用了那种形式。

　　本书距《近代日本的政军关系　军事政治家田中义一的轨迹》一书，时隔20年，是我20年来不断总结完善的全新的田中义一研究。由于本次有字数限制，故极力压缩了史料的引用。即便如此，也可能让读者感到稍稍繁杂。而且，本书所取材的田中义一的行动，涉及面非常广，意义深远，可以说就是一部活生生的日本近代史。

　　可也正如本书序章所记，写田中义一时需要考虑到哪些事是非写不可的。也正因为有些事是一定要写的，所以不得不放弃一些其他相关事件。

　　本书的核心内容是从本人长期研究的总体战体制和军政关系史的角度来剖析田中义一的思想和行动。所以从某种意义上来说，本人写这本书的目的并不仅止于写人物传记，而是希望能够通过田中的足迹来鸟瞰当时的时代或者时代的思想。

这种尝试能将这一目的多大程度地表达给读者，还需要等候读者们的评价。但如果要讲田中义一生活的时代的政治史、军事史，那么田中义一无疑是与之最相称的人物。

我现在生活在山口县。每当国内外的学者、编辑来到山口时，我总要邀请他们到田中义一的故乡——荻一游。而且我的学生每年的研修旅行也必在那里举行。除了田中义一以外，这里还出过伊藤博文、山县有朋、桂太郎、木户孝允等众多说到日本近代史就不能不提的人物。我在这些人物出生、学习、飞跃的地方散步后，最后一定会坐在位于松本川河畔的田中义一家的廊下，浮想那个时代的点点滴滴。

在这种漫想中，我一直认为，对于田中义一这个人物，不能只是简单地把他总结成军国主义的象征，或是侵略中国的领头人。为什么会出现田中那样的军国主义者和侵略主义？在那样一个政党政治的时代，为什么政友会会邀请被历史打下如此烙印的田中去当总裁？田中又是怎么登上首相之位的？我想从田中自身及其周边人物的言语中，找到历史的真相。

这样的想法，即便是在结束了本书的现在，也仍然存在。追逐田中，就是追逐日本的近现代史，这种认识于我是进一步增强了。

最后一点，我研究田中义一时所用的政治史、军事史方面的珍贵资料有不少是芙蓉书房出版的，能够由出版业绩出众的芙蓉书房出版本书，实在令人喜出望外。在日本出版业如此不景气的情况下，我向芙蓉书房出版社负责人平泽公裕先生衷心表示感谢，也希望拙作能够拥有更多的读者。

此外，本书执笔时，劳烦了卢益焕同学（博士二年级）整理原稿，郭鑫同学（博士一年级）整理参考文献和制作年表。他们两位是在我这里学习的留学生，借此处向他们表示感谢。

纐缬厚

2009 年 5 月

图书在版编目（CIP）数据

田中义一：日本总体战体制的始作俑者／（日）纐
缬厚著；顾令仪译． －－北京：社会科学文献出版社，
2017.7
（中日历史问题译丛）
ISBN 978 - 7 - 5097 - 9949 - 9

Ⅰ．①田…　Ⅱ．①纐…　②顾…　Ⅲ．①田中义一（
Tanaka，Giichi 1863 - 1929）－传记　Ⅳ．①K833.137 = 5
中国版本图书馆 CIP 数据核字（2016）第 268659 号

·中日历史问题译丛·

田中义一
——日本总体战体制的始作俑者

著　　者／〔日〕纐缬厚
译　　者／顾令仪

出 版 人／谢寿光
项目统筹／徐碧姗
责任编辑／徐碧姗

出　　版／社会科学文献出版社·近代史编辑室（010）59367256
　　　　　地址：北京市北三环中路甲 29 号院华龙大厦　邮编：100029
　　　　　网址：www. ssap. com. cn
发　　行／市场营销中心（010）59367081　59367018
印　　装／北京季蜂印刷有限公司

规　　格／开　本：889mm × 1194mm　1/32
　　　　　印　张：13.875　字　数：265 千字
版　　次／2017 年 7 月第 1 版　2017 年 7 月第 1 次印刷
书　　号／ISBN 978 - 7 - 5097 - 9949 - 9
著作权合同
登 记 号／图字 01 - 2015 - 5547 号
定　　价／59.00 元

本书如有印装质量问题，请与读者服务中心（010 - 59367028）联系